心理咨询案例解析丛书 赠

王齐先生

点亮心中明灯

光照生命之旅

齐心努力读书

奔向锦绣前程

癸卯冬至

赵孟頫廿八世孙赵杨[illegible]书

策　　划　韩永杰　陶超杰　王珣昱

顾　　问　董　毅　张军凯

协调/执行　陈昆阳　聂　宁

执　　笔　吴秋兰　杨帆思晋　王楚绒　向建光

统　　筹　师　兢

心理咨询案例与策略丛书

王齐　著

爱的港湾

——幸福的婚姻家庭

云南人民出版社

图书在版编目（CIP）数据

爱的港湾：幸福的婚姻家庭 / 王齐著. -- 昆明：云南人民出版社, 2024.2
（心理咨询案例与策略丛书）
ISBN 978-7-222-22694-4

Ⅰ.①爱… Ⅱ.①王… Ⅲ.①婚姻问题②家庭问题 Ⅳ.①C913.1

中国国家版本馆CIP数据核字（2024）第035772号

策划编辑： 苗晋诚
责任编辑： 宁　琳
特约编辑： 施建国
装帧设计： 计文婷
责任校对： 曹爱平
责任印制： 马文杰

AI DE GANGWANG
爱的港湾
XINGFU DE HUNYIN JIATING
——幸福的婚姻家庭

王齐　著
执笔　吴秋兰　杨帆思晋　王楚绒　向建光

出　　版　云南人民出版社
发　　行　云南人民出版社
社　　址　昆明市环城西路609号
邮　　编　650034
网　　址　www.ynpph.com.cn
E - mail　ynrms@sina.com
开　　本　787mm×1092mm　1/16
印　　张　18.25
字　　数　280千
版次印次　2024年2月第1版　2024年2月第1次印刷
印　　刷　昆明琨煜印务有限公司
书　　号　ISBN 978-7-222-22694-4
定　　价　48.00元
如需购买图书、反馈意见，请与我社联系
总编室：0871-64109126　发行部：0871-64108507
审校部：0871-64164626　印制部：0871-64191534

云南人民出版社微信公众号

序言

在“心理咨询案例与策略丛书”《爱的港湾——幸福的婚姻家庭》写作完成之际，丛书的编辑建议，本书的序言可以由我自己来写。现在前三册书稿的完成，标志着该丛书已经初成系列，可以对前面的写作做一个总结，谈谈该丛书写作过程中的感想和体会，对后续的写作也大有裨益。

《爱的港湾——幸福的婚姻家庭》延续了“心理咨询案例与策略丛书”中《告别学生的烦恼》和《照亮心灵的角落》的特点和特色，理论以及理论应用与案例结合，传统与现代结合，技能技术在案例中得以体现。由于家庭咨询与个体咨询有不同的侧重点和不同的一些理论体系，在现实的心理咨询培训中，家庭咨询的培训和实践相对还是一个短板。本书对其理论做了较详细的归纳和整理，对有关婚姻家庭的重要方面整合集中，以方便读者朋友对其全貌有所了解，也让一些对婚姻家庭方面有困惑和问题的读者能更容易地看到可以从哪些方面入手。对有意从事婚姻家庭咨询的心理咨询师、社区工作人员、心理学爱好者、志愿者、妇联工作人员等有借鉴和指导作用。理论部分包括“家庭功能”“亲子沟通”“爱情”以及“婚姻家庭的咨询策略”等。每一部分涉及的内容和相关条目都做了解读或解释。

在本书的写作过程中，我们对于案例部分的写作也做了一些调整。主要是针对前两本书已经描述过的一些心理咨询过程，特别是一些对话和技巧，为了防止读者朋友有“重复厌倦感”，我们有意识地以综述、表述，或故事的形式来呈现，同时也避免了案例对话过于冗长。涉及婚姻家庭的部分还是以咨询对话的方式呈现给大家。

婚姻家庭咨询与个体咨询有相通相同的部分，但其操作模式、应对策略、思路以及解决问题的路径等会有不同。普遍来说，个体咨询一般针对个体的“心理问题”“成长问题”等进行咨询，而家庭咨询主要针对“互动模式”“关系的调整”“角色定位”等开展咨询。本书的案例对此做了详尽的呈现与说明，当然，有时个体咨询和家庭咨询的侧重点也可能会互换。

孔子在《论语》中说：“不患人之不己知，患不知人也。”大意是说不要担心别人不了解自己，而担心自己没有能力或不了解自己。这在恋爱婚姻中显得如此地深刻、透彻！

西方的哲人、思想家对婚姻家庭也有许多经典的论述和感悟。如：“婚姻产生人生，爱情产生快乐，快乐消灭了，婚姻依旧存在，且诞生了比男女结合更可宝贵的价值。故欲获得美满的婚姻，只需要具有那种对于人类的缺点加以宽恕的友谊便够了。”

“我的意思并不是说在婚姻问题上可以不考虑社会关系，我的意思是说自然关系的影响比社会关系的影响要大得多……”

“只有以爱情为基础的婚姻才是合乎道德的。”

……

古今中外的哲人、思想家、心理学家、社会学家的理论和研究让我们清楚地看到，随着人类的社会化对婚姻的道德要求是不可避免的。弗洛伊德的精神分析让人类懂得了人的社会属性对自然属性会产生“压抑”。压抑必不可少，但随着人类的进步与发展，这种社会化也越来越强大，这种压抑给人们带来的痛苦和困惑也越来越多，这在婚姻家庭中尤为明显。现代社会的婚姻家庭要实现从最基本的自然属性“原欲”到自我实现自我超越的高级属性“升华”是多么艰巨和艰难啊！

赫伯特·马尔库塞在《爱欲与文明》一书中提出了“额外压抑”这一概念，以此补充和修正弗洛伊德精神分析学说。弗洛伊德理论有一个基本假设，即文明与爱欲具有对抗性，马尔库塞认为由于文化的发展与升华，人类不能不对爱欲做一定程度的限制、减缩或压抑。马尔库塞用这个概念的意图在于证明建立一种非压抑性文明的可能性。但是，在发达工业社会里，人类爱欲所遭受的压抑非但没有减轻，反而越来越严重。

希望这本《爱的港湾——幸福的婚姻家庭》给到读者朋友启发和帮助，所谓“不患人之不己知，患其不能也”。

王 齐

目录

导言

随着人类生产力的不断改善，人类文明的不断进步，人们的婚姻制度和观念也在不断地演变和发展进步。婚姻是社会发展的产物。婚姻制度的演变离不开传宗接代和生存的需要，一旦现有的生存环境发生了改变，婚姻的方式也会随之改变。

婚姻制度是现代社会随着文明的发展，对种族延续的社会化要求。因此，夫妻关系是人类延续的重要保障。

物种的生存和延续是生命意志的外化和驱动力，生物本身天然地有生存意志、物种延续、基因遗传的本能。人是我们赖以生存的、生机盎然的这颗蓝色星球的高级智慧生命体，同样具有种族延续和基因遗传等天然本能，同时也具有生命意志、身心灵、文化传承、社会发展等的自然进化与社会化过程。现代婚姻制度是种族延续和基因遗传的保障和需要，这种社会化过程也是文明的需要和进步。

家庭在社会发展与文明进步中有着特殊的意义。由于人是不能够一个人独自生存的，人是社会化的群居动物，家庭是社会的最小单元。人的成长成熟是一个漫长的过程，至少需要十多年。因此在人的成长过程和发展中，家庭起到了重要的作用。

家庭功能有多种分类，有的分四类，有的分五类，有的分作七类。一般都包含以下内容：经济功能、情感功能、性与生育功能、教育功能、抚养与赡养功能等。似乎人们在讨论其功能时有意无意地忽略了“家庭”这一概念，自远古以来就一直存在而且是非常重要的“寻求安全感的需要”或者叫作“安全功能”。这是人类从一开始在以自然、环境、同类、其他野生动物争夺生存空间与资源以及保护自我的需要和必然选择。人类在不断地演化过程中一直伴随的千古的那种安全的需要和情结——“洞穴情结”。洞穴是原始人安全和生存的需要和场所，家和家庭是现代人安全需要和情感的归宿，也是现代人洞穴情结的延续。

当我们提出“洞穴情结”和“安全功能”这两个概念的时候，“家庭”的内涵和外延都被扩大了，它连接着过去也延展到未来。在本书的案例中，您会看到有些家庭矛盾问题和冲突与这两个概念有关。就像远古的人类为了生存与自然以及其他野生动物的缠斗的情景多多少少会以不同的形式残留在我们的记忆中，又如我们现在的自卑情结、自恋情结、恋父恋母情结等，除了我们成长的创伤外，也有一些残存记忆和残留意识作祟。这种残存记忆和残留意识可能在某种特定的环境或刺激下被唤醒，犹如某些集体被无意识唤醒一样。“洞穴情结”和家庭的“安全功能”在后面的章节中会作专门的论述。

“修身齐家治国平天下”这句话出自《礼记·大学》，其具体含义是只有自我、家庭被管理好，国家才能被治理好，天下才能太平。可见，家庭处于多么重要的位置，它是连接个体与国家的纽带、桥梁，它是个体成长的“摇篮”，是国家栋梁的发源地。放到当今社会来说，家就是一个人从自然人逐渐成长成熟成为一个社会人的“保障基地”。它是每一个人走向社会为国家、为社会做出贡献的学习、训练成长“基地”，也是最初的最小的社会单元。家庭为每一个人成为独立的社会适应良好的人做好一切准备，就像一个港湾为每一天即将出海的帆船做好一切准备，并且随时准备迎接其归来，或再次起航。

精神分析的创始人，现代心理学之父弗洛伊德认为原生家庭对孩子的心理健康和人格发展起着至关重要的作用。人格和行为特征大多来自早期的童年经验，这些经验主要来自原生家庭的影响。原生家庭有三个要素：父母的个性、父母的婚姻关系、家庭环境。父母的个性是指父母在家庭和孩子成长过程中的人格特征和行为方式。父母的婚姻关系是指父母之间的互动关系，也就是夫妻关系，这种关系影响孩子的情感发展、性格行为特征和其他孩子成长的各个方面的发展。家庭环境包括家庭成员的数量、经济状况、文化背景、教育方式等。因此，家庭、夫妻关系、家庭关系、互动模式、教育理念等对每一个家庭成员，特别是对孩子成长的影响既深刻又深远。在人的一生中，原生家庭对我们的成长和发展起着重要作用。

根据我们多年的咨询经验以及现实的许许多多独立人格对社会做出各种贡献的人和案例屡见不鲜，因此不能把个人的身心灵的问题一味地归咎于原生家庭，这种现象在目前的社会生活和现实当中有流行的趋势，仿佛个体遇到了任何困难、困惑、痛苦，人们习惯性地归因于家庭和家庭环境，这种情况是值得警惕的。影响人的独立和身心灵发展的因素是复杂而多变的，无论是来访者本人还是咨询师，都应该有清醒的认知，家庭只是其中的部分因素。

特别提示：在心理咨询过程中，咨询师在探寻问题原因时，尽量要避免只归因于一方面原因，而忽略其他原因，以免误导了来访者，同时也避免给你的咨询和这个家庭因为你的咨询带来新的困惑。

“婚姻家庭”无论从社会学、哲学、心理学、人类学、宗教学等都是重要的话题和研究的方向。婚姻家庭对人和人的成长影响极大，它影响到人生的全过程，也涉及生活、学习、工作、社会交往等方方面面。随着社会经济的不断发展，传统与现代的各种冲突加剧了人们的矛盾和困惑。现实中由于婚姻家庭的原因给人们带来的问题、困惑、冲突、伤害、压力等越来越多，也就对家庭咨询和家庭治疗的需求越来越多。一般情况下，我们接触到的家庭咨询多以失恋、夫妻关系不和、家庭关系等情况为主。另外，以孩子的教育问题为主的咨询也较为普遍。根据我们的经验，在一个家庭中，孩子的学习成绩是家长们最为关心的问题之一，然而，单纯因学习问题和困惑寻求帮助和咨询的并不多见，大多数情况是因为孩子出现了某种行为问题或心理问题才主动寻求帮助和心理咨询，如厌学、网瘾、人际关系障碍、早恋、社会适应不良、抑郁、焦虑、情绪失控等。

现实情况是，以孩子的发展与教育问题的咨询大多都需要“家庭”配合。也就是说孩子的教育发展问题一般来说不会是简单的“孩子的问题”，基本上都是“成长过程中的问题”。不论其问题发生暴露在什么时间什么地点，它的成因都与家庭有关。因此，孩子的心理咨询在一定程度上会转变成家庭咨询。随着社会的进步与发展，绝大部分孩子从幼儿园到小学、中学到大学逐渐成为一个独立的人，在这个过程中，最容易暴露问题的场景就是“学校”。也就是说，在很多情况下，问题的暴露或表现在学校，问题的产生或成因在家庭、在成长的过程，单凭这一点就可以看出家庭咨询的重要性了。毫不夸张地说，家庭咨询和家庭治疗在未来的需求会越来越大，它们将会是今后的一个朝阳行业。

本书是“心理咨询案例与策略丛书”的第三本书，名为《爱的港湾——幸福的婚姻家庭》，顾名思义是以婚姻家庭咨询案例与策略为主。在书中，我们一如既往地向读者朋友呈现相关的咨询案例的过程、知识点、技术技能的应用以及心理咨询的策略等，尽量做到通俗易懂、深入浅出。相信对心 理咨询师、心理工作者、社会工作者、心理学爱好者有所启发和帮助，希望那些有类似情景的家庭或被婚姻家庭各种矛盾问题所困扰的朋友们，能学习到如何应对、处理、调整而做出相应的有益的改变和启发。

书中案例不是某一个案例的再现，而是根据欲呈现的主题、技术、技能、理论和问题的应对方案、解决路径、思路策略等，集合多个案例并加上一些科学性的构思设计整合而成。因此，案例不涉及来访者的具体情况和人口学资料，遵循了保密原则。在案例中，每一位读者都有可能从不同的层面看到某些自己或身边人的影子，如有雷同，请您不要大惊小怪。我们有共同的文化背景，生活在同一个地球，每个人除了不同的个性之外，一定有某些共性。我们所呈现的案例中，除了个性之外，同样也一定会涉及某些人生的共性。很多问题或情景只是人或环境的共性罢了。

第一章　家庭功能

家意味着很多不同的东西，在不同文化背景下会有不同的含义。家是最基本的社会单元，也是最小的社会系统。家是人们生活生存的处所。它意味着人的社会化、安全感、归属感、认同感、情感连续和生活保障等。

一、孔子说

婚姻家庭从古至今都是社会发展、种族延续、文化传承的重要保证和载体。《孔子家语・大婚解》为我们很好地诠释了婚姻家庭与治国的关系及理念，也让我们看到我们的先哲对婚姻家庭之重视程度。

《孔子家语・大婚解》涉及一些孔子的政治思想。孔子认为，人道中政治是第一位的。如何为政，要做到三点：夫妇别，男女亲，君臣信。指出“夫妇”各有其职责，“男女有别”又相亲相爱。“爱与敬”是“政之本”，人道与天道合一，也让现代的人们看到儒家思想把婚姻家庭提得如此之高。

二、夫妻关系是家庭关系的核心

在人的一生中，原生家庭对我们的成长和发展起着重要的作用。在家庭中，有爷爷奶奶、外公外婆、兄弟姊妹，父母、子女、夫妻等关系。同一个人在家庭中会有多种角色，您既是儿子或女儿，同时又可能是兄弟姊妹、丈夫妻子、父亲母亲等角色。不管您是什么角色您都需要知道并明确意识到“夫妻关系”是家庭关系的核心。家庭的各种互动和功能都是围绕这个“核心”展开的。在您的原生家庭中，您的父母的夫妻关系是您原生家庭的核心，一旦您与您的妻子组成了新的家庭，无论形式上或地域上是否分开居住，您和您妻子的夫妻关系就成为新的家庭的核心，这就使我们看到家庭关系和角色的复杂性。这意味着家庭与家庭、家庭关系与家庭关系、角色与角色等有不同和区别，又有重叠，因此，在家庭关系中的角色定位相对准确并具有适当边界或边界感就显得很重要了。许多家庭问题和困扰就是角色错位和缺乏边界感和边界意识造成的。

三、家庭功能

根据马斯洛的需要层次理论而言，生理需要、安全需要、社交需要、尊重需要和自我实现需要，每一个层次家庭和家庭功能都贯穿其中。举个例子：生儿育女既满足了生理的需要，实现传宗接代、种族延续，又满足了自我实现和自我超越的需要……

家庭功能包括经济功能、情感功能、性与生育功能、教育功能、抚养与赡养功能、安全功能等。

1. 经济功能。家庭的生产、工作、劳动、分配、消费等功能，也是家庭功能和家庭成员的物质基础和保障。

2. 情感功能。人是有思想情感的高级生命，人有情感沟通交流的需要。在人的生命中，家庭始终担负着身心灵的情感发展、交流、释放、排解、升华等功能，也是情感联系和交流最密切的社会系统。

3. 性与生育功能。婚姻制度是人类的进步发展的社会化，现代社会通过法律以及道德使得生育制度化、规范化。因此，家庭成为性活动和生育的基本单元，也是种族延续和基因传续的保障。

4. 教育功能。随着社会学、自然科学、哲学、人类学以及心理学等的不断发展，人们注意到并逐渐重视人是需要终身学习、发展的。因此，教育就不仅只是对孩子的教育，也包括家庭所有成员的学习与发展。其中，父母对子女的教育在家庭中占重要的地位。

5. 抚养与赡养功能。抚养和赡养是家庭代际关系中双向的义务和责任，也是人类社会文明进步的要求和体现。

一些书籍和学者从不同的角度和作用把家庭功能做了不同的分类和细化，如娱乐休闲功能、调剂调节功能等。在我们长期的心理咨询过程中，特别是家庭咨询中，我们总结出现代社会的家庭功能中必须要有“安全功能”。

6. 安全功能。包括人的保护隐私的需要、自尊心得到保护的需要，以及源自远古残存的恐惧心理的安全需要等。

前面五大功能在有关家庭功能的书籍或研究中几乎都有介绍或论述，本书不再赘述。

第六条家庭的“安全功能”则很少被提及和归纳列出。然而，家庭的安全功能无论从历史、文化传承、现实、自然和社会需要都真实地影响着人类生活的方方面面。从心理层面来看，如集体无意识、潜意识、恐惧感、抑郁焦虑等都与家庭的安全功能有关。在我们的心理咨询和家庭咨询中，由于家庭的安全功能缺失或忽视带来的心理问题和困惑也屡见不鲜。这一章我们将向读者朋友重点介绍人的“洞穴情结”和家庭的“安全功能”。

四、洞穴情结和安全功能

我们的祖先在生存与发展演化过程中，不得不与各种自然灾害做斗争和妥协，如风雨雷电、极寒酷暑、洪涝灾害等；也不得不面对其他野生动物甚至同类的攻击与争斗，主要是资源的争夺和生产生活空间的争夺，当然，也包括战争。所有这一切就让人类发展出了对安全和安全感的需要。同类、族群、家庭都需要有安全的居所，远古的人们能找到的最安全和最具有安全感的空间就是洞穴。在长期与自然社会的各种争斗中，远古的人类发展出了“洞穴情结”。随着千万年的不断演化，特别是现代社会进入到科学技术高度发展的信息化时代，这种洞穴情结逐渐被淡化或遗忘了。但是，现代人对家对安全感的需要比起古人类不但没有减少反而增强了。那时的人们更多表现为对生命生存、休养生息、疗愈躯体创伤等的需要，现代人除了与古人共有的需要外还增加了心理精神创伤疗愈、隐私保护、逃避现实等的需要。从房地产商大肆开发房地产，人们对房地产的强烈需求以及城市乡村满目钢筋水泥的高楼大厦、别墅、花园楼房是不是有一种现代“洞穴”的感觉。更典型的洞穴情结的表现是，多少男人或女人，回到自己居住的小区时，宁愿待坐在自己的汽车里而不愿回家。其实，现代人虽然不像远古人类那样需要随时防备其他野生动物的攻击或同类的斗争，虽然自我生命的保护不需要像古人类那样随时保持警惕，但是，人类的“洞穴情结”从没有消失，它只是被深深地潜抑在人类的意识里。在人类的集体无意识中一直残存着这种记忆，在我们的潜意识中一直残留着这种意识。房子、汽车、独处是最能体现现代人这种洞穴情结的形式及表现。

洞穴情结，是指人类为了满足安全和安全感的需要寻求安全处所的愿望或创伤的固着。远古的人类多以洞穴来实现安全的需要，随着人类生存制造能力的发展，逐步以房屋来实现替代洞穴的功能。

现代社会家庭是社会化的基本单元，也是最小的社会系统。家庭又以房屋作为生活的物化形态，也是洞穴情结的外在形式。因此，家庭功能必然要包含“安全功能”，家庭要提供并满足每一个家庭成员的安全和安全感的需要。

在本书的案例中，我们呈现了有关家庭安全与洞穴情结带来困惑的咨询案例。我们提出了男人是有洞穴情结的动物，这主要是针对洞穴提供的安全处所的独立性、安全性和私密性以及雄性动物自我疗愈的特点来说的。

原始社会的男性洞穴情结来源于他们在生存发展中需要与各种异类或者同类征战，争夺资源甚至是交配权等，以保护自己和族人。他们时常伤痕累累，这时候他就需要进洞，进入到一个安全的空间疗愈伤口、休养生息，他不想要自己的同类特别是异性和孩子看到他的伤口和窘境。当他再次走出洞穴的时候，他会是一个完好的有能力的男人，他仍然是这个族群、这个家庭的首领和支配者。

现代男性的残存记忆和残留意识中潜抑了男性特有的洞穴情结。这种情结的表现形式不像古人类那样，更多的是躯体的伤害和疗愈，现代人则主要是心理的精神创伤。表现为对自尊的需要、自卑感强烈、面子观念、价值感缺失等。男性在现实的生活、工作、学习、人际交往中竞争激烈，工作压力、经济压力过大，抚养、赡养的责任与义务，家庭内部的各种角色定位，恋爱婚姻的压力，工作、社会交往等关系复杂给现代社会的男性带来前所未有的心理压力和精神创伤。家庭就成为自我实现自我超越的重要一环，也是自我向道德升华的重要的要素。同时，也是自我追寻快乐原则和人性本我，实现自然属性的需要。现代男性更多的是与自尊、自卑有关的心理创伤。

当一个男性无论是在工作、学习、社会交往、人际关系中出现问题和困惑，一般情况下，他首先顾及的是自尊，也就是所谓面子观念。这时候，他需要“进洞”，进入他认为安全的模式进行自我疗愈、调整、自我安慰或自我批判等，然后达成自我和解。当他走出洞穴的时候，其自身已经为自己找到了“台阶”，至少做了部分自我疗愈。在我们的咨询案例和生活的实际中，有的男性受挫或受伤后独自在车里待上几个小时抽烟、独处、思考；或者把自己关在某个房间不愿见人；还有一种很常见的“进洞”方式是自己拿一份报纸、书籍，家里人也不知道他是否在看，总之就是不理人；或者拿着手机用打游戏等方式漠视家里的人和事。家里人都隐约知道他在生气或遇到了某种问题和困难，但又不知道他生什么气，遇到了什么困惑和问题，这些是现代人洞穴情结的典型表现。其实，他是在自我疗愈，自己说服自己，自己给自己找台阶下，总之这是自我和解的过程。这时，作为妻子或是家里的其他成年人最好暂时不要打扰他，让他进入他的“洞穴”，给他时间和空间，等他主动开口才是明智之举。在真实的案例中，太多的妻子、爱人以爱的名义，打着关心的旗号去骚扰他，她可能会说，我们是一家人有什么不能说的，你不跟我说难道你要跟外人说吗？或者美其名曰说我们一起分析一下，我是好心好意关心你等。她们不知道这时男性不是不需要关爱，只是作为妻子或爱他的人所表达的关爱不合时宜。这时的任何好奇和“关爱”对于这个男性来说都是在破坏他的安全空间，甚至损伤了他的自尊，很多时候反而加强了他的坏情绪。这时候我们需要理解他，给他时间、空间去梳理他的洞穴情结，让其先自我调整，他的合理化过程就是自我接纳的过程。当他走出“洞穴”，也许会变得絮絮叨叨对您说个不停，这时您不烦他就好。这时，您可以给到他您的看法、观点、建议。

五、爱的港湾

前面我们已经说过夫妻关系是家庭关系的核心，夫妻关系是爱情关系、性关系、经济关系和法律关系的统一体，包含夫妻相互享有的权利、自由和义务。成功的婚姻是夫妻双方正好是两位自我接纳适应良好、能干而自信的丈夫或妻子。婚姻的成功并不意味着找到一个合适的伴侣，而是使自己适合对方。婚姻是现代社会随着文明的发展，对种族延续的社会化要求，因此夫妻关系是人类延续的重要保障。

家是每个家庭成员爱的港湾、疗伤地、避风港、充电站。正是由于家庭中的成员相互依赖，而且社会关系密切，要想彼此了解对方难免有些困难，正因为他们是如此的亲密，在家庭情景中甚至无法去理解他们自己的行为。婚姻、父母、性、子女和兄弟姐妹的关系，每一项都是错综复杂而且非常麻烦的，当你把这些微妙的问题全部放在同一个物理空间时，增加内部的压力，又强迫他们处理外在世界的变化，这时冲突就可能形成。既然家庭的结构本质无法避免冲突的产生，那么，认识和面对冲突并合理有效地应对化解冲突就是每个人所无法回避的。在处理家庭问题和矛盾当中，就需要有一些与处理其他外部问题和矛盾不同的方式，这些方式包括尊重、理解、调和、包容……

在家庭内部，由于天然的亲密关系，尊重就显得特别重要。尊重需要从思想、情感、言行举止等方面去身体力行地实现，要让其他家庭成员能够感受到并接纳。尊重对方就是尊重自己，尊重他人的隐私就是尊重自己和尊重家庭，在尊重的前提下，家庭成员共同应对困难和问题，要实现尊重、理解、包容，您沟通交流的态度比内容更重要，方式比目的更重要。

家庭的特征是家庭成员之间的关系会随着时间的变迁而有所变化或转移。比如，随着子女的出现，夫妻角色中增加了父母的角色；一个人一旦结婚，就增加了新生家庭和原生家庭的关系问题，而且将两个原来没有关联的家庭系统联结在一起。这种结构一旦形成，又是固定不变的。同一个人在生活中会有不同的角色，不同的时间场合情境下会以不同的角色出现且应定位准确。家庭中每个成员间以及原生家庭与新生家庭间，既相对独立又有相互交叉。人与人之间、家庭与家庭之间，无论是有形或无形的交叉重叠，都应有边界或边界感，很多家庭的问题和混乱就源于边界的缺失。

一个功能稳定的家庭所具备的特征是既能维持自身系统的生存，也能鼓励家庭成员实现个人的潜力。既能给成员提供保护和安全感，又能允许他们有探索和自我实现的自由。有能力找到办法来处理成员之间偶有的利益冲突，成功地在家庭的系统需求和成员个别利益之间取得平衡。

第二章　亲子沟通

原生家庭指孩子出生成长的以家庭为单元的环境，这个环境对孩子的成长有深远的影响。弗洛伊德认为，原生家庭对孩子的心理健康和人格形成起着至关重要的作用。在弗洛伊德的原生家庭理论中，他明确提出了人格和行为特征大多来源于早期的童年经验以及原生家庭的影响。原生家庭可以塑造一个人的性格、态度和行为模式。原生家庭中存在着父母与孩子的互动以及各种家庭角色的互动，这种互动关系和互动模式对孩子的心理健康和人格形成有重要的影响。

原生家庭的环境会影响孩子的情感、性格、行为特征。弗洛伊德认为，原生家庭的要素主要包括父母的个性、父母的婚姻关系和家庭环境、教育方式。这些要素会直接影响孩子的情感发展、性格形成和行为方式。父母应该在孩子成长的过程中培养其良好的情感模式、积极的性格和理性的行为方式，为孩子的健康成长提供良好的家庭环境。

现代社会，教育已经成为每个家庭的头等大事，社会的不断进步与发展，教育资源得到了极大的改善，然而教育理念的发展与更替仍然受到传统观念及家庭模式的影响和制约。一些落后的家庭理念，比如重男轻女、早生贵子以及学而优则仕等观念影响着孩子的成长与发展。有些家庭的家庭关系失衡，严重的角色错位以及原生家庭与新生家庭之间、家庭成员之间缺乏边界意识和边界感，严重地影响了家庭的功能发挥与正常的家庭关系，也影响了下一代的教育与发展。因此，家庭功能的发挥与实现，对亲子沟通和孩子的成长有直接的影响。

一、亲子关系

在亲子关系中，你既是孩子的父母，又是孩子人生道路上的良师益友。普遍情况下，子女与父母的期望值会有较大差距。全面了解孩子是管理、教育、培养孩子，使之健康成长的前提，不要把家长成人式的认知和家长自己成长的缺失、情绪、情结等转嫁给孩子。

在我们的咨询案例中以及现实生活中，很多家庭的父母最容易忽略的，也是最容易出现的问题是在不知不觉中把自己成长的原生家庭带来的缺失、创伤、困惑，希望在自己的孩子身上不再发生，从而得到某种补偿，想当然地去掌控孩子的成长方向，或者希望把自己身上没有实现的愿望和期待在自己的孩子身上实现。更普遍的情况是，家长们在自己的成长过程当中的各种创伤和缺失，希望不要在自己的孩子身上再次发生，而以爱的名义去强势地用成人的方式要求孩子，从而忽略了孩子每一个发展阶段的真实需求。这些不当的方式，甚至是违反发展心理学的规律，给自己的孩子带来了很多伤害和痛苦，更直接的后果是把孩子本不该在他这个年龄阶段所要面对和承载的对人生和社会的担心、恐惧、焦虑等直接转嫁给了孩子。直接的表现如“你不好好学习，以后怎么在社会上立足啊！”“你不听话将来一定会吃亏的。”“我只是想，你不要像我一样没本事。”“我都是为你好。”类似的这些说法和情况，其实是一种“非爱行为”。作为父母谁不希望对自己的孩子好呢？问题是所谓的“为你好”要符合孩子成长阶段的身心发展规律，要是孩子在当前所能接受接纳的。另一种在现代教育和咨询当中能看到的普遍现象是比较心态，在家庭与家庭之间、学校与学校之间、家长与家长之间、同学朋友之间的相互比较，甚至对各种外在条件之间进行比较。这种比较既反映了成人的自尊与自卑心态，也会给孩子的心理带来伤害和不良影响。在我们的现实咨询当中，家长们最多比较的是成绩和家长的社会地位、经济基础。有些家庭把参加了什么兴趣班、补习班，请了什么辅导老师都拿来比较，他们忽略了每一个孩子的个性和独特性。很多家庭对孩子有过高期望、过度保护、过分干涉，其实，真正懂得教育理念和有爱心的父母，应该懂得孩子的成长过程是父母陪伴孩子重新再成长的过程。

非爱行为：非爱行为是以爱的名义对自己最亲近的人进行一种强制性的控制，让他按照自己的意愿去做。这其实是一种非爱性的掠夺，往往发生在夫妻之间、恋人之间、母子（女）之间、父子（女）之间，也就是世界上最亲近的人之间。

每一个新的生命的出生，都是大自然赐予新生命的父母的再次生命体验和成长体验，他会唤起您的爱心、同理心、怜悯心、激情以及对生命与生命延续的敬畏。前面已经说过，作为父母要实现家庭的各种功能，陪伴孩子共同成长，在这个过程当中，你需要做的是符合心理发展各个阶段的规律以及孩子在每个阶段的需求。同时，有格局和发展意识的父母，会去发现和开发自己孩子的兴趣爱好点、优点和特长并加以适当地引导，让孩子在家庭的爱与呵护下健康成长，形成有独立人格、有社会责任感、社会适应良好的人。

二、和孩子共同成长

在家庭关系中，每一个人承担着多重角色，每一个角色定位准确，并实现这个角色的功能、义务与责任，对孩子的成长有模板效应，父母是孩子的榜样，孩子的成长很大程度上是模仿习得而来的。因此，您作为孩子的爸爸或妈妈，您首先要做好丈夫或妻子，做好儿子或女儿，做好兄弟姊妹，做好女婿儿媳等家庭角色，在家庭中尽量避免抱怨埋怨，在亲密关系和亲子关系中，也需要尽量避免用爱的名义绑架子女或他人，避免以此类不当的方式来实现自己的愿望或缺失。家庭不是讲对错好坏的是非之地，更不是道德评判的“法庭”，家庭是一个有机的整体，一荣俱荣、一损俱损，只有运动员，没有裁判员。在家庭的互动当中，应尽量避免在负面情绪中表达，如果非要表达，可以直接表达情绪本身或您的感受，避免攻击及伤害他人。

在家庭互动和亲密关系中，还需要学会：倾听与关注；快速发现子女或他人的优点和长处；加以适当的赞美和赞扬；完整地接纳，避免道德评判；找出可以接受并能够实施的应对策略等。这也是家庭之外的有效人际沟通的技巧技能。当你关注并学习上述有关亲子关系的理念和技能后，你就需要做出具体的、有效的行动。

我们给出以下建议：

1. 陪伴。孩子呱呱坠地到独立成人是一个漫长的过程，在这个过程当中，孩子的成长离不开成人的呵护与陪伴，孩子的身心灵发展和社会化过程，是从陪伴到实现自我独立的过程，因此越小的孩子越需要成人陪伴。最后，实现独立，成立新的婚姻家庭。

2. 游戏。游戏在孩子的成长过程中有不可替代的作用，也是孩子社会化过程的重要方式和步骤。越小的孩子其本能和本我意识越强，按照精神分析的观点，本我是遵循快乐原则的。游戏既遵循了快乐原则，又实现了与自然、社会和他人的连接，逐步向自我过渡及发展。

3. 阅读。阅读能力是身心灵发展的重要机制，人区别于其他动物的重要标志是人具有多重情感、思维能力和理智，特别具有强大的学习能力，在人的生命旅程中，间接经验远远大于直接经验，大部分知识是通过学习得来的，自己能亲身体验的只占极小的一部分，因此，阅读能力对于一个人来说就显得尤为重要。

4. 习惯。养成良好的时间管理、生活、学习、系统思维的习惯等。

5. 学会放弃。如放弃自己孩子不感兴趣的各种辅导班，放弃不适合自己孩子特点的过高的要求、降低期待等。

6. 自己的事情自己做。发现、发展、培养孩子的兴趣爱好并加以引导。

7. 合理使用负面强化。比如强势地给孩子补习其弱项和短板，有时候不但没有效果，反而可能让孩子丧失自信心，形成自卑感。

家长要注意培养孩子的以下能力：

1. 培养与人合作的能力。首先要培养孩子与父母合作的意愿和能力。如果您为人父母，请你设想一下，孩子与父母合作的能力——从小到大，越小的孩子越需要父母去配合他的需要。孩子是从父母的主动配合，以孩子可以接受的方式与他合作，然后，随着孩子的成长，逐渐演变成孩子配合家长和家庭成员，实现与你们的合作，最后形成他独立的社会适应能力的过程。简单地说，就是从你与孩子的合作到孩子与你、与你的家庭成员、与社会的合作过程。

2. 养成并保持学习的习惯。人具有终身发展的需求，所以需要终身学习。

3. 培养独立思考的能力。在孩子的成长过程当中，听取和接纳孩子的想法和意见，对其形成独立思考的能力有很大的帮助。

4. 培养自主选择的能力。随着孩子不断的成长，家长要适当地把替代孩子做选择逐渐地过渡到让其学会并适应自己做选择和决定。

5. 培养审美意识。在人的一生中，审美意识对人的心理和精神的升华作用非常突出。审美意识对消除人的负面情绪和心理创伤具有不可替代的疗愈作用。

6. 培养战胜困难的能力。在孩子的成长过程当中，挫败感对战胜困难非常重要，家长要避免对孩子的过度保护，适当的挫败是有正向意义的。

7. 作为一个具有使命感的人。在人的生命旅程中，按照马斯洛的人本主义哲学，人的高层次需求是满足自我实现和自我超越的需要。这种自我实现和自我超越，与社会、国家以及人类进步与发展有不可分割的联系。作为一个有使命感的人，就需要对全社会、全人类乃至宇宙时空作出自己独特的贡献。

三、亲子沟通中的有关原则

在家庭教育和亲子沟通中，由于不同的家庭有不同的家庭背景、文化背景、环境因素、成长经历等，其出现的问题和困惑也多有不同，看上去相同或相似的问题，其引发的原因和解决的方式方法也各有不同。这里我们不可能给出有针对性的具体的解决方案，但是在应对家庭问题过程中，特别是在孩子教育与亲子沟通中有一些原则对家长和家庭关系的改善是有帮助的。

1. 无害原则。每一个家庭在孩子的教育与发展中都会有一些行之有效的方式和独特的办法，这种方式和办法只要符合了“无害原则”，能解决问题就可以使用，也就是说，怎么有效怎么来。

2. 快乐原则。人的本我是追寻快乐原则的，家长们要知道，无论是与孩子发生冲突对立需要孩子做出改变，或要求孩子实现某个目标，或达成某种愿望，您需要孩子配合您或接受您的观点和建议，您首先要做的是与孩子达成沟通。要实现沟通与合作需要遵循快乐原则。一般来说，越小的孩子其本我的特征越强。

3. 滞后原则。在亲子关系中，家长大多数时候处于强势一方。这就可能会在有意无意中把自己的负面情绪带到交流沟通中，形成无效沟通甚至给孩子带来某些伤害。这时候就需要您滞后处理，不在负面情绪中表达，非要表达就说自己的感受和情绪本身。这样可以大大减少攻击性和指向性。

4. 整体原则。在亲子沟通中要有整体观、大局观、全局观，很多问题看似这样造成的，也许还有某些不为我们知道的其他因素作祟，家长不要只盯着某个问题不放，应该遵循整体原则找出其他因素，从那些容易见效的，孩子能够实施的因素入手。

最为普遍的情况是孩子学习方面的问题，太多家长一味盯着学习本身，从上课听讲、家庭作业到各种补习班，晓之以理、动之以情地说教和帮助。然而，影响孩子学习成绩的因素还有很多，比如，孩子没有养成良好的作息习惯和时间管理习惯，在日常学习和生活中孩子缺乏专注力，孩子在成长过程中的某些心理创伤或情结等都可能会影响到孩子的学习情况。这就需要从整体和长远的视角多维度地帮助孩子。

5. 审美原则。在亲子沟通中，有意识地培养孩子的审美意识对化解家庭矛盾有特别的意义和效果。比如文学艺术、音乐绘画、对真善美的鉴赏等有可能让孩子具备宽广的胸怀和宽阔的视野，这种审美的意识和能力既遵循了快乐原则，又使人得到某种升华，同时也遵循了道德原则。

上述原则是我们在长期从事心理咨询工作和心理咨询师培训工作中总结出来的，希望对读者有所启发和帮助。特别希望对家长、老师、心理工作者、心理学爱好者有用。

第三章　爱情是婚姻家庭的基础

人类文明发展到今天，人的自然属性和社会属性产生了很多交叉、重叠、融合，这在婚姻家庭观中尤为明显。婚姻既要符合现代文明的要求，又要实现人类最原始的原欲和冲动，这无疑彰显了自然与道德的高度融合，这就要求婚姻家庭势必要兼顾两种属性之功能。那么，爱情成为婚姻家庭的前提和基础就显出特别重要的意义了。

现代的婚姻制度把爱情、性、传宗接代、教育发展等整合在家庭功能中去实现，既要满足自然属性和人性之本能，又要实现现实的生存需求，同时，还要为其留出升华的空间满足道德感、价值感的需要，从这一点看，恐怕就可以理解婚姻家庭的复杂性、多样性和重要性了。

卢梭在《忏悔录》中提出了他对于婚姻和恋爱的看法，他认为，婚姻是一种社会制度，而爱情是一种自然的情感。他主张取消包办婚姻，支持自由恋爱，人们能够根据自己的感受选择配偶。他认为，只有在真正的爱情和相互尊重的基础上建立的婚姻才可能是幸福的，他始终强调恋爱婚姻的重要性。他认为，婚姻应该基于互相的爱和尊重，而不是基于传统的家庭财产和社会地位。他反对婚姻被当作是一种商业交易或是社会约定，他认为婚姻应该是由两个人自愿选择，建立在彼此真诚的感情基础之上，卢梭的观点强调了人的自由和平等，以及婚姻的纯洁性和浪漫性。

一、关于爱情

如果要给“爱情”下一个定义，恐怕是一件出力不讨好的事情。人类几千年以来爱情都是生命、青春、激情、存续……是一个永恒的话题。古今中外无数的文学艺术作品都以爱情为主题，谁能给爱情一个完全的定义呢？恐怕不同的人对爱情有不同的理解和认知。不同的地域、不同的国家、不同的信仰、不同的文化背景、不同的民族、不同的意识形态等对爱情的理解会有不同的差异。不同的人生阶段、不同的环境、不同的遭遇境况、不同的现实状态等等对于爱情也会有不同的解读和认知。古往今来，人们以爱情为主题的诗歌、绘画、音乐、文学等作品被歌颂传扬，感染影响着我们，渗透在生活生命的方方面面。然而，爱情从来没有一个标准答案。

但丁说：“爱情使人心的憧憬升华到至善之境。”

莎士比亚说：“忠诚的爱情充溢在我心里，我无法估计自己享有的财富。”

泰戈尔说：“爱是理解的别名。”

巴尔扎克说：“爱情越热烈、越真诚，就越要含蓄。”

高尔说：“爱情没有特定的法则。”

《诗经》中有很多关于爱情的美妙诗句：“知我者，谓我心忧；不知我者，谓我何求。悠悠苍天，此何人哉？”

孔子说：“吾未见好德如好色者也。”

古今中外，多少对爱情的吟咏颂扬，多少爱恨情仇的描写赞叹。从诗歌、散文到哲学思辨，再到寓言故事、神话、小说、纪实文学等，爱情均是其中永恒的主题。爱情在人类的历史长河中永不褪色。

爱情不仅只是美好和浪漫，也难免为情所困、所累、所扰、所伤……巴尔扎克曾指出，我们都是红尘中人，一定承受着尘世之苦。我们在享受爱情美好的同时如何守护爱情就成了现代婚姻家庭模式下一个重要的课题。本书中也涉及这方面的咨询案例，我们结合现代心理学和心理咨询的相关技术技能，从帮助来访者面对问题困惑入手，正视现实、正视自我、接纳现实、接纳自我。在恋爱婚姻家庭中有问题是正常的，如何去面对并有效应对化解问题和困惑是无法回避的。

虽然不同时代、不同环境、不同民族、不同地域、不同文化背景对爱情的理解和认知有所不同，我们难以对爱情下一个明确的定义，它具有诸多的不确定性和不稳定性，也就是说爱情是千变万化的，但我们依然能找到一些共性或共同特征。

第一，它是一种内在的冲动和本能。人的原欲和本能冲动始终是它的原动力。按照弗洛伊德的研究，力比多的基本含义是表示一种性驱力及人的原欲，即性本能的一种内在的、原发的能量和动力。

第二，它是相互的吸引。排除那些与恋爱婚姻没有直接联系的表征，我们讨论的是与爱情直接相关的特征和概念。异性间的相互吸引和“爱”的冲动、直觉是爱情的重要特点，无论自己对对方有少的爱意，都需要对方也有这种爱意，如果有一方对另一方没有感觉，或是吸引不了对方，那么这种单方面的爱或爱意就不能称其为爱情。

第三，相互尊重。爱情的一个重要特征是需要尊重对方的意愿和意志，而不是只满足自己的欲望和意愿。爱情需要首先满足对方的思想、情感、心理、生理等需求并达成合作实现双方的需要。

第四，热情与崇拜。男女是有差别的，在爱情婚姻中男性需要更多地被理解和被崇拜；女性需要更多地被懂得被呵护。由于男女性别特征不同，男人更多的特质是主动、宽广豁达、勇气、慈悲、担当、责任、坚强和负有牺牲精神；女人更多的特质是柔情似水、赋予同理心、慈善、包容和悲悯等柔美之情。爱情中的男女会激发出那些各自不同的特质，并在其过程中相互交融、互相爱慕、彼此成就。

第五，完全的信赖。前面我们已经说过现代的爱情婚姻涵盖了自然属性到社会属性的许多内容。现代人要通过爱情和婚姻来实现自我的本能、价值、审美以及道德等的需要，要实现这些功能必须要有信赖作为前提。

第六，爱情是灵与肉完美而奇妙的结合。只有这种灵与肉的结合，才能让人类身心灵得以绵延不断并得以不断地演化进化。

第七，爱情最重要的元素是自由。所谓自由是必须要尊重对方自由的选择权，如果没有了这一条，那么就谈不上爱情了，也就失去了人区别于其他动物的情感和理智了，只剩下本能。

自然是多彩的，世界是千变万化的，人各有各的不同，社会在变化中进步，人性是丰富多彩的，爱情也是充满激情浪漫奇妙的，真正的爱情值得人们拥有。

二、关于爱情保鲜

在现实的生活和心理咨询中，经常会遇到这样一个问题，我们已经恋爱多年没有了当初的激情，或是我们结婚后逐渐失去了相互的吸引和感觉。所谓“七年之痒”“左手摸右手”等说法就是其现实的表现。

还有一些情侣、夫妻虽然在一起生活，但他们的生活早已变成了一种缺乏活力、乏味的维系状态。在我们的咨询中甚至有的夫妻各吃各饭，各睡各觉，一个月也说不上几句话。更多的情况是由于孩子教育问题、面子观念、经济原因、情感问题等双方争执吵闹缠斗不休，所谓爱情早已散失殆尽，双方维持一种婚姻的形式而已。

如同爱情一样，爱情保鲜也没有固定的模式，它也需要根据您的实际情况和环境做出您独特的方案和策略。在现实中，这方面的困惑又真实存在并且成为一个普遍的需要应对的话题。我们根据长期的咨询经验尝试总结一些有关爱情保鲜的共性特征和策略。希望给读者朋友和有这方面困惑的人们有所启发和帮助。

1. 保持好奇心。需要有良好的身体，这会让您的力比多旺盛，保持您的活力，同时对世界保持好奇心。活力和好奇心可以增加您的吸引力。

2. 培养审美能力。审美能力在爱情中作用极大，第一条基本属于本能范畴，审美能力连接本能趋向升华。把本能与道德感结合融合在现实中。

3. 保持神秘感。现实中恋人或爱人之间反复出现这样的问话：“在哪？和谁在一起？在做什么？”仿佛亲密的关系不能有一丝自我和独立的其他关系。最亲密的关系也需要有各自的独立的社会关系、人际关系，这种亲密关系之外的“关系”是对亲密关系的补充和支持。一个丧失了独立性的人其神秘感也就丢失了，他的吸引力会急剧下降。另外，人是有好奇心的动物，在亲密关系中保持一些神秘感可以激发对方的探寻欲望和开发动力。

4. 适当的距离空间感。人是一种奇妙的动物，在恋爱婚姻关系中，不能在一起的时候巴不得分分秒秒在一起，真的实现以后又希望有一些自我的独立时间和空间，适当的距离感对亲密关系的保鲜是很有帮助的，所谓“小别胜新婚”。

5. 尊重隐私。恋爱婚姻中的主角分别在各自的原生家庭、社会系统和环境中成长，一般需要二十年以上方能走到一起步入婚姻的殿堂组成新的家庭。在各自的成长过程中，有不同的经历、创伤挫败、失意、情感曲折、身心灵的伤痛等。当两个差异巨大的人从陌路到萍水相逢再到恋爱婚姻的亲密关系是一种冥冥之中的缘分，也是一种身心灵的对撞与融合，它需要双方具有奉献精神，拿出勇气相互信任共同努力去面对生活的新的挑战，这种挑战有一个重要的内容就是“接纳”。接纳对亲密关系有特殊的意义，很多人认为既然我们确立了恋爱婚姻这么亲密的关系，那么我们之间就应该没有秘密，双方似乎是“透明的”。现实生活和心理咨询案例告诉我们，越是亲密关系越需要尊重对方，其中最重要的是尊重对方的隐私和曾经的伤痛。在我们的咨询案例中，有的恋人总是喜欢打听对方与前任的各种关系，然后与现在的关系进行各种比较，其结果是既揭了别人的伤疤，自己又受了伤。

稍微补充一下，保护尊重隐私不仅仅是过去已经发生了的，更需要包括现在和以后的。在亲密关系中尊重他人就是尊重自己，珍爱对方也是珍爱自我。理想的、自在的亲密关系需要允许双方留出一定的思想、情感、行为属于自我的“秘密”空间。除非是其主动告知，否则，这是属于当事人自己独有独享的东西。就像一个上锁的抽屉，什么时候打开，是自己看还是和他人一起看只能由他自己决定。

6. 自由。雪莱说过："爱情唯一重要的元素是自由"。在现实生活的案例中，太多的恋爱婚姻关系从自由恋爱变成了各种控制、被控制的关系。自由是爱情最重要的特征，失去了这个特征，爱的火花将急剧熄灭，就算仍然保持在婚姻状态中，这种婚姻也会失去活力和激情。这里说的"自由"至少表明了必须尊重对方自由的选择权利，双方给予对方自由的选择权利，那么爱情才有"保鲜"的可能。爱情是自私的也是具有奉献精神的，其中给予您爱着对方自由的选择权利是您最终的奉献。

其他。一些所谓保鲜技巧，属于心理咨询人际关系的基本方法和技能。如倾听、多听少说、共情等，如果你感兴趣大可以自己阅读学习一下。至于目前市面上流行的那些"爱情保鲜"秘籍，求抱抱、买包包，各种脑洞大开的仪式感早已经被程式化、世俗化了。就像是在爱情的花朵上浇了一点水，施了一次肥，适不适合就要你自己判断了。

长久的爱情需要同时满足三个维度。

曾经在耶鲁大学、康奈尔大学执教的顶级心理学家 Robert Sternberg在1986年提出了经典爱情理论"爱情三因论"，他指出爱情由三个因素组成：亲密关系；激情；责任。

同时拥有这三个因素的爱情被称作为"完美式爱情"，据Robert Sternberg在1998年的调查显示，拥有完美式爱情的恋人享受着"灵魂伴侣"式的真爱体验，在陷入爱河至少十五年或更长的时间内都会维持良好的爱情关系，这样的恋人们无法想象世间还有其他任何人能替代彼此并度过如此漫长的时光，他们携手并肩优雅地解决了人生中的一系列困难并享受和对方在一起的每一分每一秒。

第四章　婚姻家庭的咨询策略

现实的心理咨询中，有关情感问题、婚姻家庭咨询和伴侣咨询的越来越多，虽然情感、婚姻家庭咨询和伴侣咨询与其他个体咨询有很多共性，各种技术技能以及基础理论也共通不悖，但是，情感、婚姻、家庭咨询还是有其特殊性和特点，需要在心理咨询中加以注意，并根据其特殊性制定咨询方案和应对策略。有些在个体咨询中常用的技术技能可能在家庭咨询情景中变得不适用了，或者需要谨慎使用。比如，共情、归因、情感反应、内容反应等。

当爱情步入婚姻家庭时，它的内涵和外延都增加、扩大了，这意味着共同协作努力和奉献，它同时满足自我的需要和对方的需要，双方同甘共苦、共同成长。原生家庭与新生家庭间相对独立，相互依存，从形式上看，无论它们是否在“同一屋檐下”，各自都是相对独立的系统，同时又有心理、生理上的边界和重叠。这必然增加了家庭关系的复杂性、多样性和不确定性，也增加了家庭成员之间的角色和关系。对每一个家庭成员的综合能力要求也更高了。

从心理咨询的角度理解，就算学习了许多有关心理学和心理咨询的理论和方法，可能也做过个体咨询，真正要进入到婚姻家庭咨询对心理咨询师或治疗师的要求会更高或有所不同，要成为一个真正有素养的婚姻家庭咨询师可能还需要走很长的路，起码还需要学习体验、实践婚姻家庭咨询的理论和咨询治疗体系和方法。

一、婚姻家庭咨询

从家庭功能来说，婚姻家庭咨询治疗理论是和个体咨询理论不一样的咨询治疗体系，20 世纪中叶，以美国为代表的西方发达国家，对婚姻家庭治疗和短期治疗进行了科学的系统的研究，使得它们在家庭心理咨询治疗理论方面和认识上快速向前发展。一些新的咨询治疗理论和理念得到确立与发展，有些理论体系对我们来说还很陌生。

什么是婚姻家庭咨询治疗？

婚姻家庭咨询与治疗理论认为，个人的问题与其紧密相关的人际关系和环境密不可分，尤其是最紧密的婚姻家庭关系中的沟通互动问题，是与其当前存在的心理问题紧密相关的。家庭咨询与治疗，是从家庭的、整体的关系改善与调整而对其进行咨询与治疗。婚姻家庭咨询与治疗是一种被很多实证研究以及临床实践证明有效的心理咨询与治疗形式。

在婚姻家庭咨询与治疗中，家庭系统被认为是一个基本社会单元，通过系统的婚姻家庭咨询与治疗理论及技术，从家庭模式、沟通互动模式、家庭系统、家庭结构以及权利义务等不同方面改善家庭功能，从而达到治疗目的。

现实生活和心理咨询中能看到许多常常被忽略了的矛盾或让人困惑纠结的互动模式。

比如，在亲子关系中，夫妻双方给出的信息不一致：一个说先做作业，另一个说先锻炼身体；一个说是，另一个说否。

比如，给出的要求和信息与现实不一致。我们经常能看到在路上或电梯间遇到熟人，家长会要求孩子："叫人，叫叔叔阿姨。"然而，成人之间却不作出表率，孩子会想为什么要我主动叫人，他们大人为什么不主动？

我们经常能听到这样的说法："我要求我的孩子必须懂礼貌。"遗憾的是，作为家长，却当着孩子的面相互争吵、抱怨，甚至与自己的长辈争执不休，作为家长应该知道，你们的言行举止与你们的要求之间的矛盾，会给你们的孩子带来内在冲突。问题是，大部分人在家庭环境中并不能觉知。

还有一种情况是，夫妻之间由于男女性别差异、成长差异、文化差异以及思维方式的差异等，对同一件事或同一句话理解不一样造成各种误解、误会、矛盾冲突，但在他们的亲密关系中不能觉察和改变。

比如，情侣或爱人之间送礼物。男方买贵了，妻子说“浪费，不会过日子”；买便宜了，女方说：“小气。”注重仪式感女朋友说：“不注重仪式感。”又或说：“不懂浪漫。”总之，怎么做都不对。对方都有话说，搞得人不知所云、不知所措、无从下手。

这种两难的沟通模式会让伴侣或孩子处于一个压力情境中，因为无论怎样做，结果都是让对方失望。这种沟通模式在家庭系统中，很难建立真诚的情感表达方式，如果放在孩子身上，会对孩子与家庭成员的亲密关系建立以及心理成长带来消极影响。

父母一直帮孩子作出各种决定，却经常说：“我相信你会做出正确的决定。”

类似的矛盾情景会给孩子带来很多压力，一方面没有机会去锻炼自己的独立决定能力，另一方面却要压抑着内心的愿望去面对父母这种充满矛盾的表达，尤其是当决定产生的结果不理想时。

婚姻家庭咨询不仅针对婚姻家庭关系问题，也针对在此家庭中成员的心理健康问题。

二、婚姻家庭咨询治疗理论体系与理念

20 世纪初，西方已经开始了婚姻家庭治疗，1942 年，美国婚姻家庭治疗协会的前身——美国婚姻咨询师协会成立。

婚姻家庭治疗理论基础包括梅西会议研究的一般系统理论和控制系统理论，还有艾瑞克森治疗理论，人本－存在主义哲学，社会心理学，建构主义哲学等，并在实践中得到应用。

20世纪60年代，各种婚姻家庭治疗理论开始陆续建立，比如短期治疗、策略家庭治疗、结构家庭治疗、系统模式治疗，更多的婚姻家庭治疗理论持续被建立和发展起来，美国各州也成立了婚姻家庭治疗协会，有很多咨询方面的学者和临床应用心理医生也在从事着婚姻家庭治疗的研究和发展。

萨提亚模式在我们国内比较流行，学习掌握运用它的理论和可操作性的人比较多。

美国婚姻家庭治疗协会对于婚姻家庭治疗特点进行了总结：短期；问题解决定向；有针对性，并有一系列现实可行的治疗目的。

三、婚姻家庭治疗在中国的发展现状

婚姻家庭治疗从对个人影响最大的人际关系出发，对于心理问题的阐释和治疗思维进行了进一步的拓展。作为整合治疗和类团体治疗的一种形式，在实践中，婚姻家庭治疗理论与个人心理治疗理论有共性也有差异，这就给我们提供了对于来访者心理问题和治疗方面更立体、更广阔的认识系统，他们的综合运用对于实践非常具有指导意义和现实意义。

我国社会人口密度大，家庭结构复杂，传统文化根深蒂固，现代意识蜂拥而至，对家庭和家庭关系产生了深刻的影响。很多家庭的家庭规则和家庭情感沟通模式存在不同的问题。

在实践中，能观察到一些来访者很难描述自己的情绪感受，也很难去表达自己的情感需求，因为在他们成长的家庭中本来就忽视或缺乏了他们的情感体验和情感表达。

西方国家的婚姻家庭治疗理论是在他们的家庭特点和家庭问题基础上提出的。虽然人类在关系、沟通和家庭等方面存在共性，但是在我们的实践中，也必须考虑到我们的社会文化和家庭结构的一些特点，系统和科学地整合我们的治疗思路和治疗计划，从而使国人在婚姻家庭咨询治疗中受益。特别是要注重相关心理咨询、家庭咨询、心理学常识的宣传与普及，减少和消除人们对心理咨询的误解和偏见。现实情况是，很多人把心理问题与精神病画等号，把心理咨询视作为精神治疗；还有一些人受传统观念、面子观念作祟，“家丑不可外扬”、自卑、性问题、家暴问题等，宁肯自己忍受，不愿寻求帮助。

家庭咨询是指通过家庭成员与专业的咨询师，对家庭问题进行分析、梳理和改善的过程。面谈是家庭咨询中最主要的方法之一，它能够让咨询师与家庭成员直接交流，了解他们的情况和需求，并给予相应的建议和指导。

家庭问题研究从以下几个方向进行：

1. 结构方面。以家庭为基本社会单位，根据一定原则形成整体和个体活动准则，强调咨询目的在于改造家庭结构。

2. 行为方面。强调咨询重点是通过训练家庭成员，有效利用各种资源和策略改善其行为。

3. 互动关系方面。家庭系统成员间的互动模式及行为都在其交往交流中得以表现，强调咨询目的在于改善成员间的交往互动模式。

4. 心理方面。家庭为一个内在的关系系统，每个成员从中受到其他成员心理特征的影响，强调咨询目的在于协调、改善成员间的相互接纳并协作的程度。

5. 社会认同方面。家庭是社会的基本单元和最小系统，它受传统与现实的社会影响极大，这方面的研究也非常重要。

6. 其他方面。如遗传、病理、文化差异等。

四、恋爱、婚姻、情感咨询

心理冲突和性格不合给夫妻和家庭带来许多困惑及矛盾，也成为很多人离婚的理由。这个时候，婚姻情感心理咨询的作用就开始进入到大众的视野。随着社会发展、进步，当人们在恋爱、婚姻中出现心理问题，会寻求专业的心理咨询来对恋爱、婚姻中的问题进行深度剖析，并期望得到专业的辅导与帮助，以便提高自身恋爱婚姻幸福度。

1. 恋爱心理咨询。与恋人之间产生矛盾、暗恋、恋爱恐慌……这些问题都是恋爱咨询的方向，咨询师会通过对来访者的成长经历、性格、爱的方式等要素进行分析，综合运用各种心理咨询的理论和方法，帮助来访者重新审视自己的恋爱观、择偶观、择偶标准、恋爱方式等。帮助来访者进一步认识自然、社会、男性、女性、对方、自我以及与性有关的审美意识等，为构建美满婚姻打下良好基础。

2. 失恋心理咨询。失恋是恋爱常常出现的一种结果。当这种结果出现时往往伴随着失恋者的痛苦、情绪低落、失眠、不思饮食、对人和生活的扭曲心态等，有的人甚至会出现抑郁、焦虑、躁郁等情形。既然失恋是一种常态，那么对失恋咨询的需要也显而易见。通过咨询帮助失恋者疗愈其伤痛，走出失恋的阴影，需要注意的是，失恋的心理咨询绝不是现在流行的所谓“情感挽回”，失恋咨询本质是帮助失恋者重新认识自我，走出失恋阴影，重塑自我的过程。至于能不能挽回其感情，那是要看他通过重塑自我提高自我后是否能吸引对方或当事人双方的意愿自行决定的，这不可能是咨询的目标。

3. 婚姻咨询。婚姻咨询主要是针对夫妻关系、家庭关系问题和婚姻危机的预防进行相关的咨询。

在婚姻关系咨询中，咨询师会通过专业的评估、交流与沟通，对来访者的婚姻问题制定咨询方案，帮助来访者在心理层面认识自己和配偶的婚姻状况，进而分析婚姻问题的症结，帮助其解决和有效应对婚姻中存在的问题。

另一方面，通过婚姻咨询，发现婚姻中潜在的问题和可能风险，心理咨询师会通过与来访者的互动，及其对来访者观察，帮助来访者发现其婚姻状态中的问题和夫妻互动模式，与来访者共同制定培养良好的夫妻沟通模式，从而减少婚姻矛盾和冲突，提升婚姻质量。

用积极的正向的心态和方式面对婚姻中的各种危机。如婚外情、性格不合、家庭暴力、文化差异、亲子教育、婆媳矛盾等，以化解婚姻危机。

从恋爱进入的婚姻状态以后，男女双方的个性特质及不足会逐渐显现，承认自己的不完美，接纳对方的不完美并作出调整，共同应对，对家庭和夫妻关系稳定至关重要，夫妻双方要学会尊重、理解、包容。在婚姻家庭中相互“妥协”是一门需要用爱和爱心去学习体验的艺术，让爱、爱情、爱意在夫妻之间、在家庭中流动，让每一个家庭成员感受家的温情，要知道被满足的渴望越多，情感就越多。

4. 性心理咨询。弗洛伊德的精神分析认为，性欲望和性是人的原始本能。性本能是人的基本心理动力，性不是洪水猛兽，性无知才是真正的洪水猛兽。性是夫妻之间表达爱意的一种独特方式，由于性的私密性、独有性、独特性和复杂性，加之各种偏见、误解使得一些人出现性困惑、性恐慌、性迷失、自卑等性心理问题，这个时候可以寻求专业的心理咨询。

5. 离婚或再婚咨询。离婚状态下通过咨询接纳现实，接纳自我，帮助来访者调整不良情绪，增强来访者重塑生活信心，迎接新的生活。

对于单亲家庭，帮助来访者调整心态、制定规划，对孩子的养育作出有益的调整。虽然解除了夫妻关系，但你们依然是孩子的爸爸妈妈，在离婚的情形下尽量发挥出父亲母亲的角色功能，降低因为离婚给孩子的成长带来的负面影响。

疏导离婚带来的负面情绪，作出积极的调整，勇于接受新的亲密关系和创建一个新的家庭。

婚姻家庭等亲密关系咨询跟个体咨询一样，是用你的专业知识与技能帮助来访者成长的过程，或是咨询师与来访者共同成长的过程，与来访者一起寻找问题的解决办法并充满自信地融入新的生活中去。

五、有关婚姻家庭咨询的注意事项

在现实的心理咨询中，婚姻家庭咨询作为一个单独的咨询体系被划分出来，它与个体咨询有许多相似之处，也有明显的不同。目前，它已经发展出相对独立的理论体系、理念以及架构。我们很多这方面的操作还是依托个体咨询与类似团体咨询中的角色扮演、团体体验等来进行的。虽然婚姻家庭咨询有其自身的特点，但个体咨询的理论和技能依然适用。不过，根据我们的经验，有些技能需要加以调整或谨慎使用。

家庭咨询从形式上看与个体咨询最大的不同是个体咨询是一对一的咨询，家庭咨询则是两个人以上有亲密关系的多人咨询。这就需要咨询师具备一些有别于个体咨询的能力和水平。

1. 有关心理咨询原则。在婚姻家庭咨询中，我们总结的心理咨询的五大原则依然适用。并且，在首次咨询时，先告知所有的家庭成员，心理咨询的原则在家庭咨询中显得尤为重要。在这个过程中，咨询师可以初步观察到这个家庭的互动模式，也让其家庭成员一开始就学习到诸如尊重、求助意识、边界意识等概念，同时，这个过程对建立咨询关系有很好的帮助作用。在介绍完心理咨询的五大原则后，需要加一点说明，我们的咨询根据咨询的进展和情况，可能需要有一对一的与某个或所有家庭成员分别交流沟通，希望你们理解并配合等。

2. 控场能力。由于多人同时咨询中可能出现有的来访者情绪激动不停地述说；有的可能这个说一句、那个说两句；有的东说一句、西说一句等情况，常见的还有家庭成员在咨询中相互埋怨、指责、吵闹等难以控制的混乱场面。这就需要咨询师平时学习、积累的归纳能力、记忆能力、分析判断能力及控场能力，适时地把握咨询的节奏和咨询方向。

3. 保持中立。在婚姻家庭咨询中，咨询师不要表现出对某一方或某个人有某种倾向性。如讨厌、认同、同情等，在家庭成员中要保持中立。当然，对于交流中的观点、做法、原因、解析等，咨询师是可以表明自己的观点和态度的。

4. 避免道德评判。家庭的功能涵盖了自然属性和社会属性，这就决定了在婚姻家庭咨询中可能涉及人性的原始本能到道德升华之全象限或全方位。因此，道德评判可能会干扰咨询的正常进行。如果咨询师执意要去做道德评判并对某种关系和某个家庭成员无法接纳，那么请转介或终止。

家庭咨询是咨询师和所有家庭成员共同协作的过程，咨询师是家庭互动和规则的参与者，而不是道德说教者、指导者，要抛弃问题取向，坚持资源取向。

5. 整体系统的方法。家庭是一个整体，一个系统。因此，家庭咨询不是像个体咨询那样，主要聚焦在个人的问题上。在家庭咨询中，个人的问题不是也不该是咨询的主要方向和目标。家庭咨询的理论体系、理念以及家庭的特征都需要我们把咨询的方向、目标放在家庭模式和家庭关系上，至于个人问题可能会在这个过程中得以改善。咨询作为家庭这个系统中的一种扰动因素使家庭成员间、家庭系统达成新的平衡。

家庭咨询与治疗的主要出发点，是把家庭看成一个整体，需以组织结构、交流、扮演角色、联盟与关系等观点来参与体验。在家庭情景中，任何成员所表现的行为，都受其他成员的影响，个人的行为也影响着其他成员。

6. 关于咨询技巧。在婚姻家庭咨询中，根据不同的类型的咨询或不同的内容进行不同的设置与规划。如我们在预防青少年犯罪的家庭咨询中，设置了男女咨询师协作共同咨询；有的未成年女性家庭还特意安排两名女性心理咨询师做助理。这样的安排对来访者更具安全感和亲和力，对咨询的进程和效果有意想不到的帮助。对于家暴女性、性侵害、性骚扰等的家庭咨询，有的女性心理咨询师可能产生某些情感情绪的波动，这时，男性心理咨询师的参与，可使得咨询更客观有效。

如果家庭有多个问题，要先关注重点问题，来访者决定最先解决的问题，一个一个逐步深入，不可混合。同一个问题可以分别询问每一个人的看法和感受，对于每个人的说法、感受、认知和情感活动等循环提问，包括需要聚焦的差异和需要调整的关系问题。

在现实的心理咨询与督导中经常能看到一种现象，心理咨询师们在讨论“问题”的过程中，习惯性地给出现的问题归因。在家庭咨询中，很多情形是不适合归因的。比如，孩子教育的问题归因为隔代的宠溺或思想老化等。这种归因很可能由于你的咨询造成来访者的家庭矛盾和新的困惑。

判断来访者话语真实性的弦外之音，记录多人谈话的要点。对于家庭成员提出的问题，使用认同、共情、内容反应、情感反应等技术技能，再通过其他人的态度来分析判断来访者的真实意图。

大多数父母都很关注孩子的问题。事实上，孩子的问题其实是一个信号，它提示你有一些东西需要改变了。这并不代表只有孩子需要去改变，而是整个家庭都需要改变。一般来说，家长的改变更容易带动孩子的改变和家庭的改变。

家庭咨询和治疗顾名思义是针对"家庭"为对象而展开的咨询过程，它与以"个人"为对象的个人心理咨询不同。家庭咨询的特色是把焦点放在家庭各成员之间的人际关系上，而各个家庭成员的内在心理结构不是其关注的重点。

7. 心理对镜技术。本书的案例中多处运用了心理对镜技术，它在我们实际的心理咨询中经常被用到。心理对镜技术是我们结合传统文化的一些修身养性及锻炼方法与现代心理学和心理咨询的理论和方法在实践中逐步总结整理出来的。比如，传统文化中的正念冥想、观修、禅修、内观、调息等；现代心理学与心理咨询的儿时记忆、退行、集体无意识、无意识、情结、释梦、想象等。它们的结合使得心理对镜技术具有很好的实用性、可操作性、简便易学等特点。帮助和改善了咨询师的技能，增加并丰富了咨询的手段。对来访者认识自然、认识社会、认识内在、认识自我，提高自己的觉察力和觉醒力有很大的帮助和启发。心理对镜技术与传统的对镜有本质的区别。完全是不同的概念。

对镜：在现实当中，有多种对镜技术，其中心理学的"镜子技术"是能让你体验到潜意识的重要性的一种方法，就是帮助你意识思维和潜意识思维密切融合和紧密合作的一种方法，帮助你获得生活中最好的结局的方法。

"镜子训练"是美国心理学家布里斯托总结而成的，这是一种简单有效并且可以使你充满信心、强化激情的方法。镜子不需要很大，但至少应该使你能够看到身体的上半部分。

通过上面的介绍我们知道所谓“对镜”或“镜子技术”要有一面实体的镜子来观察自己的不足、潜意识、意识等，训练提高自己的意识思维与潜意识思维密切融合和密切合作的一种方法，并得到真实的体验。

本书特别着重介绍“心理对镜技术”，这是我们在长期的心理咨询中摸索总结而成的，在实践应用中取得非常好的效果。“心理对镜技术”不需要一面真实的镜子，而是根据心理的需要或心理咨询的需要，万事万物都可以成为我的“对镜”，也就是说万事万物就是那面镜子。它可能大而无外、小而无内，可以大到天空、海洋乃至宇宙，也可以小到一叶、一花、一草、一露珠、一沙粒。它也可以是某种残存的记忆、心态、情绪、梦境、愿望、文字等，也可能是某个人、某个表情、某句话等，所有一切都可以成为我们公理上 的对镜。

心理对镜技术既可以利用冥想的、虚拟的一面巨大的立体的镜子，观察镜子里呈现的人、事、物，来认知宇宙、自然，观照自我。也可以小如微尘，它本身就是您的“镜子”，您和它互为对镜，相互观照以达到自我成长和疗愈的作用。我们还可以冥想曾经的梦境、某些经历、某种情绪、某个场景，甚至某种记忆，在这面巨大的“镜子”中呈现，以达到释梦、了解自我、认识情绪、自由联想、唤醒记忆等状态，对心理咨询和疗愈会有出乎意料的效果。

这个技术具有很好的实用性和可操作性，在熟练应用之前，需要有经验的心理老师指导并加以训练。用上述任何一种或多种方式作为我们心理的或心理咨询的对镜，观照自我，认识自我，唤醒自己的潜意识，通过意识化、合理化过程获得发展与成长。比如，我们可以设想理想的我，这个理想的我就成为现实的我的对镜，通过这个对镜里的我，来发现现实的我的不足或需要改变的方向。

第五章　爱的艺术

爱既是一种能力也是一种艺术。人是不能独自生存的动物，同时人又是有理智和情感的动物。爱同时具有了自然属性和社会属性，爱是一种自然的本能，也是一种社会的能力。爱是目的也是过程，爱自己、爱他人、爱社会，同时又需要被爱……上述种种，爱具有了多样性、复杂性、不确定性等。爱是自我的需要，也是他人的需要、社会的需要，它在“给予”的同时也在“索取”，这时，“爱”就表现出“自私的爱”的特征，要平衡它们，是对人性重大的考验。因此，爱就像生命和生活一样，它们有多复杂，爱就有多复杂。爱的艺术有时候比爱的能力更重要。

弗洛姆的《爱的艺术》从1956年出版以来至今畅销不衰，这是一本深入探讨爱的意义与爱的理论的书籍，它能提高你对爱的理解和领悟。

在现实生活和我们的心理咨询中，那些往往缺乏爱的能力的人同时也缺乏被爱的能力。希望我们的案例能够给读者朋友有所启发或借鉴。

自我同一性：指个体对自身及自己的生活目标的统一意识。这是美国精神分析学家埃里克森在他的“自我心理学”研究中使用的一个术语。他将生命由出生到死亡分为八个阶段，自我同一性发生在十二岁到二十岁，指个体所意识到的自我内部所具有的连贯性和稳定性的统一，自我与社会的统一，这种同一性是在角色混乱危机得到有效克服之后形成的，自我同一性的形成，标志着童年期的结束和成年期的开始。埃里克森认为，所谓同一性就是一种熟悉自身的感觉，一种知道个人未来目标的感觉，一种从他（她）信赖的人们中获得所期待的认可的内在自信。埃里克森使用同一性这个术语，描述了早期经验的整合即为个人今后所担负的主要角色的现象。如果在这段时期，未能实现对自身的有效整合，就会出现同一性危机，如角色的混乱以及建立在自居作用和角色之上的消极的同一性，则将对自我的形成，对艺术思维、才能的发展起着阻碍的作用。

（摘自湖北人民出版社，《文艺心理学大辞典》，2001 年版。）

案例一 爱的困惑

——爱的能力与被爱的能力

你我相逢在黑夜的海上，
你有你的，我有我的，方向；
你记得也好；
最好你忘掉，
在这交会时互放的光亮！

——徐志摩

（一）

知然女士的女儿小孟上初中一年级，学习成绩优异，一直保持在班级前五名。在最近一次期中考试中，小孟的成绩下滑严重，知然很焦急，问女儿是什么原因，是不是发生了什么事，可不管她说什么，小孟既不反驳也不辩解，就是不愿与她交流。加之小孟很少与同学来往，不喜欢与人交流沟通，知然觉得女儿的性格孤僻，于是带她前来咨询。

王老师先向她们母女俩详细介绍了心理咨询的相关原则。

知然女士："我女儿小孟上小学的时候很乖，我说什么她都愿意听，而且学习好，又是学习委员，老师和家长都羡慕我，我也觉得很自豪。这次期中考成绩下滑那么多，太出乎意料了。我跟她交流，想和她一起寻找成绩下滑的原因，可她就是不说话。很快就要期末考了，我让她好好学习，认真准备期末考，她总是不给我一个明确的回答。为了她和她弟弟，不管多累多辛苦，只要是对他们姐弟俩好的事我都愿意做，我给她提供了最好的学习条件，她却不好好学习，她怎么对得起我嘛。"

王老师："这是妈妈的感受，小孟同学能不能说几句话呢？"

小孟摇摇头。

王老师："你和妈妈一起来咨询，王老师能不能理解为你是有意愿来进行咨询和交流的？"

小孟看了一眼妈妈说："我根本不想来，是我妈妈逼着我来的，不来她不开心。"

王老师："哦，你的意思是，你今天与妈妈一起来咨询，仅仅是为了让妈妈开心？

小孟："嗯，这次考试我没有考好，她天天对我生气发火，非常激动，我不想再惹她生气，所以才同意来的。"

王老师："可不可以这样说，你还是能理解妈妈因为你的考试成绩下滑而出现情绪波动，不想让妈妈再为你担忧和生气？"

小孟微微点点头，没有说话。

知然女士："王老师，您看她就是这样，不说话不表态，让人着急。我尽最大的努力给她提供了最好的学习条件，她自己也知道，我不需要她做任何事情，只要求她好好学习，将来考取好的大学，可她就是不理解我。"

王老师："妈妈说了这么多，小孟同学话很少，好像不太喜欢说话。现在请妈妈到休息室休息一下，我先和小孟同学单独交流，了解一下情况，然后我们再一起交流。"

小孟还是沉默，知然女士离开了咨询室。

王老师对小孟说："刚才你妈妈介绍了你的情况，现在我希望你自己来介绍一下你的情况。"

小孟："也没有什么好介绍的，如果我这次期末考再考不好的话，我就别想在这个家待了。"

王老师："你有什么具体的打算吗？"

小孟："没有。我只知道如果我这次再考不好，我妈妈肯定会发疯的，也不会轻易地放过我。"

王老师："你平常和同学的关系怎么样？"

小孟："不怎么样。"

王老师："有闺蜜吗？"

小孟："没有。"

王老师："你在小学有没有要好的朋友？"

小孟："有两个。"

王老师："你这次考试成绩不理想，老师是怎么说的？"

小孟："王老师您也看到了，我妈是那种特别强势，特别能干，什么都要说了算的人，我的班主任基本上就是我妈妈的代言人，老师所说的基本上是我妈妈想听的，所以我也不喜欢我们班主任。"

王老师："从咨询的角度来说，我们不会评判你所说的对与错，只要你能把你的想法表达出来，就是一件非常好的事情。刚才听你妈妈说你还有个弟弟，你和弟弟的关系怎么样呢？"

小孟："我们关系很好，我很喜欢带他一起玩。"

王老师："刚才你妈妈介绍说你上小学的时候很听她的话，和她关系也很好，是这样吗？"

小孟："那只是她的自我感觉。她说什么我都必须照着做，如果没做到或是没做好，她就会发疯似的批评教育我。我为了不被她烦，所以尽量满足她的要求。"

王老师："一般来说，从小学到初中，学习环境变了，教学方式变了，课程设置也增加了，对有些同学来说，不能很快适应这些改变，因而可能会导致学习成绩下降。你是不是也有类似的情况？"

小孟："我还好啦，这些改变对我的影响不大。"

王老师："那么你认为这次没考好的原因是什么？"

小孟："其实我也不知道具体的原因，我也很努力。只是越来越讨厌我妈妈对我的各种安排，感觉很不舒服。"

王老师："这好像和你考试成绩下滑没有直接的因果关系啊。是不是有别的原因?”

小孟:“其实我在班里的学习和表现都不错,还是我们班的副班长。可是,有一天我妈妈的司机告诉我,这个副班长是我妈妈通过班主任安排的,我就特别生气,觉得很丢人,跟她赌气,考试的时候我就不想认真对待,所以考得不好,没想到她会为成绩的事暴跳如雷,现在还拉我来做心理咨询。如果下次再考不好的话,怕是要完蛋了,不知道她会怎么折磨我。”

王老师:“你所说的完蛋了,没法在这个家待下去了,实际上是你觉得如果你再考不好的话,妈妈的反应会更强烈,会更加严厉地批评你,让你更难受和痛苦,是这个意思吗?”

小孟:“是的,您是不知道我妈妈对我的学习成绩要求有多严格,为考试没考好这件事她会发疯一样地数落我,脾气特别大,我真的是怕她了。”

王老师:“那你是如何准备期末考的呢?”

小孟:“我会全力以赴地准备,不能考不好,如果考不好就完蛋了。”

王老师:“全力以赴很好。我现在想问的是,如果没考好你会怎么做?”

小孟:“不知道,反正是绝不可以考不好。”

王老师:“在我看来,考试和其他事情一样,一般情况下都会有两种结果,一种是成,一种是不成,或者说一种是所谓好,一种是所谓不好。从成长的角度来说,不管是得到哪一种结果,你都成长了;无论是哪一种结果,你都要坦然地去接受和面对。”

小孟:“要是我妈妈能这样理解就好了。”

王老师:“希望你思考一下你对妈妈有什么要求或者想法,一会儿老师与你母亲交流以后,你可以当着王老师的面告知她,你觉得怎么样?”

小孟:“没用的,王老师,她只会粗暴地要求我,她不可能听得进去您的意见和想法,更不可能愿意听我的。”

王老师:“你先思考一下,等我和她交流后你再看能不能讲,可以吗?”

小孟:“好吧。”

王老师与知然女士单独进行了交流沟通

王老师："刚才和你的女儿交流了一下，你最担心的是她的学习问题，她自己也觉得你在学习方面给她的压力特别大。从前面的交流来看，你女儿在小学阶段的成绩一直是名列前茅的，进入初中后，因为一次考试没考好，她感受到你的反应太过激烈，有点接受不了。总体来说，你的女儿是一个很懂事的孩子，她愿意去满足你的要求，但又担心达不到你的要求，所以特别害怕面对你。"

知然女士："现在的竞争那么激烈，我只能对她高要求，她现在不认真读书，以后哪还有前途可言？"

王老师："你的担心和焦虑我能够理解，其实你的女儿也能理解，但有时候可能你让她感到你过于强势，比如说你连她当班委都要去操控，在背后做工作，这让她觉得很没面子。"

知然女士："那是因为她不太愿意和人交流，我才和老师商量让她当个班委，让她多和同学接触。"

王老师："你的本意是好的，但这一做法没有考虑到你女儿的感受。听你女儿说她在小学的时候有两个好朋友，现在想问你一下，作为母亲，你了解这一情况吗？"

知然女士："王老师，您怎么能相信她，她怎么会有好朋友，她所谓的好朋友还不是我安排的，是我联系邀约那几个同学的家庭一起活动，让她与同学多在一起玩。"

王老师："听你这样说，你对女儿的生活、学习各方面安排得比较细致。你考虑过没有，你安排得越多，她就会变得越被动，在交往方面的主动性也会降低，这也可能是造成她孤僻的原因之一。"

知然女士："您的意思是她现在这种性格是我造成的吗？"

王老师："倒不是说全是你的原因，家庭因素是养成她行为习惯和性格的重要方面。听下来你对女儿替代性的决定太多，大多数时候都是你决定她该做什么不该做什么，是这样吗？"

知然女士："她一个女生，又不积极主动，我不替她安排怎么能行？"

王老师："一般来说在小学阶段，不管是男生还是女生，大多都愿意听从家长的安排，到了初中阶段，特别是青春期前后，他们要形成独立的人格和自我的意识，尝试着自己为自己做主，这时就容易反感家长事事为他们做主。"

知然女士："我最害怕的就是她自己做主。如果她说了算，那她就会不好好学习，没有一点积极性和主动性，怎么舒服怎么来。现在这种竞争激烈的环境里，这肯定是不行的。"

王老师："一般情况下，有的学生从小学升入初中后确实会发生成绩波动的现象，原因有很多，主要是初中的学习环境、教学方式与小学的相比发生了很大的变化，一时半会儿适应不了，成绩受到影响，因此学习成绩的波动是正常的，很多同学通过一段时间的调整就能适应。你女儿现在的问题是因为这一次期中考试没有考好，你的反应过于激烈，给她造成了很大的压力。她本来就觉得这次没考好对不起你，现在她又担心期末考会不会也考不好，那样的话会惹得你更生气，她这样的心态反过来又影响了她的正常学习。你无形中施加给她的压力让她感到又痛苦又对不起你，产生了一种自责感。这种自责感是危险的，一是造成她孤独；二是导致她胡思乱想，不知所措。按她的原话说，要是期末考再考不好那就完蛋了，别想再在这个家待下去了。"

知然女士问："那我该怎么做呢？"

王老师："你知道她其实是很努力的，你能不能尝试着给她一些信任和温柔的鼓励，改变一下以往对待女儿的强势作风？"

知然女士："我对她够信任了，我读书的时候从来都是积极主动，成绩要保持名列前茅，哪里有她这种松懈感，全靠我督促。"

王老师："你似乎谈到学习就显得很强势，我想问一下，你在单位或是家里和其他人相处也是这种风格吗？"

知然女士："我是单位的领导，我一个女人如果不强势一点，根本就混不走，谁都不愿意听一个软弱的女人指挥。在家里我给他们提供最好的条件，我一个人做到这些非常不容易。"

王老师："为了减轻你女儿现在的学习压力，让她专心地去准备期末考试，你能不能先尝试着少指挥，多理解，不提要求，尽量尊重她自己的安排？只要不是原则性的问题，尽量不要去干预，这就是一种温柔的方式。希望你用你的改变来带动女儿的改变，而且你的这种温柔的改变会减轻她的学习压力，同时也减轻你对女儿学习成绩的担忧。在轻松愉快的环境和气氛里，她更能很好地学习。"

知然女士："好吧，我试试看吧。"

王老师："在我看来，你所担心的女儿的学习问题本身并不是很突出，反而是你的家庭互动模式、你成人式地对女儿学习成绩的担心，以及你对现实的焦虑显得更加突出。因此，请你回去后思考下面几个问题，你在家庭里有哪些角色？你的角色定位怎么样？以及你的表达方式风格的利弊，我们下次咨询时要一起讨论。"

知然女士："好的，我去想一想，我觉得自己也是有问题的。"

王老师："再布置一个作业，希望你学习一下什么是非爱行为。学习非爱行为的目的，是希望你能理解并认识到，不要把你个人的需求以爱的名义强加给你的家人，特别是你的女儿。"

王老师："刚才和你女儿交流时，我让她思考了一下，看她愿不愿意当着你的面表达一下对你的期许和要求。你觉得可以吗？"

知然女士："她愿意说就好，就怕她不说。"

小孟来到咨询室后，王老师说："刚才和你妈妈交流了，她愿意听取并尊重你的想法。现在你们母女俩互相表达一下想法或者是对对方的要求。"

知然女士："我知道一次考试成绩不理想并不能说明什么，问题是你下滑得也太没有谱了，妈妈才那么着急。"

小孟低着头，没有回应。

王老师对小孟说："你有什么想对妈妈说吗？"

小孟："没有。我会努力的。"

（二）

知然女士来到咨询室就说："王老师，您布置的作业我认真思考了，我就直接说我的情况吧。我第一次婚姻失败了，现在的婚姻也是过得一团糟。现在，我带着两个孩子，吃喝拉撒都要管，还要操心他们的学习，单位里又有忙不完的事，您知道我有多难吗？"

王老师："哦，那小孟是……"

知然女士："小孟是我第一次婚姻中所生的，弟弟是在后面这次婚姻中才有的。"

王老师："这两个孩子相差几岁呢？"

知然女士："五岁。"

王老师："两个孩子一个刚上初中，一个上小学，真的很不容易。"

知然女士突然情绪激动地说："王老师您不知道我有多惨，小孟她爸就是个不争气的男人，把我们初次创业赚的钱拿去投资玉石生意，全部赔光不说，还和别的女人同居。面对我的责问，他居然说我是女强人，没有一点女人味，不想回家面对我，后来，他在外面欠了钱又跑回来求我，这种男人实在太糟糕了，为了不让他影响到女儿，我坚决与他离了婚。"

王老师："你离婚时小孟几岁了？"

知然女士："三岁。离婚后我一个人要带小孟还要忙生意，日子过得很艰难。后来我妈来帮我带小孟，我开始了第二次创业，在我们公司步入正轨的时候遇到了现在的丈夫，他对我言听计从，关怀备至，非常有耐心。在生意的应酬当中，他经常帮我挡酒解围，每次喝了酒还要送我回家，我被他的表现感动，决定嫁给他。婚后我们很快就有了老二，就把公司的业务交给他打理，我在家照顾两个孩子。这期间，他把公司打理得井井有条，效益也很好，我觉得是嫁对人了，找了个又体贴又能干的丈夫。直到老二上幼儿园以后，我才回到公司上班，我们商量扩大经营范围，再单独成立一个广告公司，由他独立经营管理。唉，成立这个公司让我后悔不已，我们俩各自经营一个公司，都很忙，慢慢地我发现他身边多了个女秘书，他们两个人在一起的时间比我们两口子在一起的时间还多。从此，我们开始经常吵架，只要我质问他和那个女人的关系，他总是说我想多了，他们就只是普通的工作关系，他骗不了我，女人的直觉是很准的，况且他们周围的人都说他们的关系不一般。为这事我们吵了很长时间，后来他干脆不理我，我说什么他都像没听见一样，他越不理我，我就越是发疯似的逼着他回答。我被他折磨得想一个人安静的时候就特别安静，愤怒狂躁的时候就想用剪刀剪他的衣服裤子，或者是床单。”

王老师：“安静的时候你是什么表现呢？”

知然女士：“我不愿意出门，不想见人，甚至是怕见人，后来去医院做了检查，结论是双相情感障碍。”

王老师：“你现在的整体情况看起来还是不错的嘛。”

知然女士：“我一直在做中西医的综合治疗和调整，现在生活基本上是正常的了。”

王老师：“工作上呢？”

知然女士：“我现在就想让他把公司关了，回来跟我一起干，但他坚决不同意。”

王老师：“你们各忙各的生意，家里的情况呢？”

知然女士：“在家里他哪敢说什么，能说什么，他有今天还不是靠我。他那种大山里面走出来的男人，要不是靠着我和我的家庭，他怎么会有今天？”

王老师：“你们最近还争吵吗？”

知然女士：“自从我病了以后就不吵了，他表面上对我还是挺关心的，但我总觉得他的关心是装出来的。”

王老师：“总体来说，你的第二次婚姻，在情感上、经济上你奉献付出很多，也是强势的一方，除了你刚才说的他对你的体贴、关心、爱护之外，还有没有其他因素促成你们恋爱、结婚？”

知然女士：“好像没有了，经历了第一次婚姻的失败，我觉得对婚姻要有一种控制感才能感到安心。”

王老师：“他刚好满足了你的这种掌控欲，是吗？”

知然女士：“应该是的，否则我也不会和他结婚。”

王老师：“现在请你冷静地想一下，你为什么要求你老公把他的公司关了来跟你干？跟刚才你说到的你的控制感有关吗？”

知然女士：“他刚开始做生意时什么都不懂，什么都要问我，现在他做得越来越好了，有一种完全不需要我了的感觉，他越独立我就越想控制他，控制不了就觉得很无奈，很紧张，所以我不想让他单独干了。”

王老师：“你对他的失控感加剧了你的急躁心情，这让你抓狂。如果最终还是控制不了，你会怎么办呢？”

知然女士：“我和闺蜜交流过这个事情，她说我缺乏女人味，不温柔，建议我变得小女人一些。”

王老师：“你怎么理解‘小女人’或者‘女人味’呢？”

知然女士：“好多事情我都让着他，特别是在外人的面前尽量维护他，给他面子。还在朋友面前夸他做生意做得越来越好，很厉害。”

王老师：“这样做的效果怎么样？”

知然女士：“好像也没有多少效果，我越迁就他，他反而越来越得意，有恃无恐。”

王老师：“也就是说，你尝试着按你朋友的说法变得有‘女人味’，但并没有达到预想的改善你们夫妻关系的目的。”

知然女士：“是的。”

王老师：“现在，请你回忆一下你老公曾经让你感到温暖，让你放心依靠和信任，让你变得柔软温情的任何事或情节。”

知然女士想了一会儿：“我能想到的就是我在怀孕和生老二的时候，他白天忙于打理公司的业务，晚上回到家已经很疲惫，但依然事无巨细地耐心照顾我，生怕照顾不周让我受罪。”

王老师：“非常好，这应该是七八年前的事了，最近有类似的情景吗？”

知然女士："好像也有吧，我感觉只要我一生病他都会很体贴地照顾我，守在我身边。"

王老师："你生病或者按你朋友的建议变得有'女人味'，对你来说意味着什么？"

知然女士看着王老师，一脸的不解。

王老师："换句话说，你的有意示弱或者是生病对你有什么好处吗？"

知然女士更是不解："我生病了还能有什么好处？"

王老师："我相信你是真的病了，但是现在请你冷静地思考一下，你的生病能让你在哪些方面获益？比如你刚才说的得到老公的照顾和关心。"

知然女士似乎有点明白了："哦！"

王老师："希望你说得越具体越好。"

知然女士想了一下，说："他会早回家，买我喜欢吃的东西，哄我……还有他做得一手好菜，会为我做菜。"

王老师："病好了以后呢？"

知然女士："又回到那种各忙各的状态，他在外面玩得太过我又会发飙。"

王老师："你发飙的本质是要控制你的老公，你觉得呢？"

知然女士："是的。"

王老师："一旦控制不了，你又刻意地去扮演'小女人'或者用生病的方式来获得他的关心和同情。似乎你们的互动关系进入到这样一个怪圈的循环当中。"

知然女士："好像真的是啊。"

王老师："现在我想和你谈一下你的双相情感障碍。当你再次结婚的时候，你觉得你可以控制这个男人，习惯性地要控制他的行为和情感，这种控制可以带给你安全感。当他在工作和经济上开始独立、强大起来的时候，你对他的控制开始失灵，有失控的危险，于是你就感到愤怒、紧张、抓狂，这又促使你更加强烈地想去控制他，一旦你控制不住局面的时候，你又走向了另外一面，变成'小女人'的样子，这其实是一种控制的替代方式。"

知然女士：“王老师我明白了，您的意思是说生病的好处是求得他的关爱。”

王老师：“是这样的，这也是控制的替代方式。现在我们似乎可以触及你双相情感障碍的表现方式了。”

知然女士：“好像是的，当医院医生说我有双相情感障碍，需要家人特别是老公多关心爱护的时候，我隐隐约约有一种释然和欣慰的感觉。”

王老师：“我们现在来讨论一下，你对此能做些什么呢？”

知然女士仿佛在思考，没有马上回答。

王老师：“也就是说，对于你的情况，除了正常的治疗以外，你还能做哪些调整？”

知然女士：“我一下想不到，听听您的建议。”

王老师：“首先，你可能需要放弃一部分你的控制欲望；第二，在工作生活当中重塑你的自信心，找回自我，做回自己，做一个坦诚、真诚的女人；第三，用你的人格魅力去吸引你爱人的关注和关爱。这是我们今天咨询最重要的一个环节，就是要学会爱的能力和被爱的能力，而不是所谓的‘控制’。这是王老师的建议，也是这次咨询的家庭作业，请你回去认真思考一下，结合上次非爱行为的作业来思考，列出一些具体的、可以实施的行动规划和方案，我们下次来做详细的交流。”

知然女士：“非爱行为我倒是学习了，您刚才说的要列出具体的操作步骤我不知道要怎么弄啊。”

王老师：“你回去思考一下，最好把它写出来，什么是爱和爱情？你是怎么理解的？我们下次再来交流讨论。”

（三）

一周后，知然女士的老公陪她一起来咨询，她老公余先生，与王老师第一次见面，寒暄之后，王老师邀请他们两口子一起交流。在交流过程中，余先生表现得自信，谈吐大方，看得出他比较顺从他的妻子，对她的双相情感障碍表现出特别的关心和关注，体贴地嘱咐知然女士要好好养病，尽快好起来，工作上的事情不用操心。知然女士则用一种带着疑问和困惑的眼神看着他，很少说话。王老师突然意识到，他们之间有一层若有若无的隔膜，先生看上去帅气、年轻，有激情，很会表现。太太在他面前，外在形象像个大姐姐，显得深沉，透着一种既高傲又缺乏自信的对立感觉。

王老师："请先生说一下对妻子生病的看法。"

余先生："她就是想得太多，总是怀疑我。她生病以后，我尽量地陪伴她，照顾她，但她总是不依不饶地要求我把广告公司的业务停掉，回来和她一起经营她的公司。现在做生意那么难，我的广告公司好不容易走上正轨，开始有了效益，而她的公司目前的状况不是很好，再加上我们两人的性格原因，在一起工作常常会意见不一致。不管从哪方面来说，保留两个公司是明智之举，所以我一直没答应她关掉一个公司，没想到这又引起她更多的猜忌。"

知然女士："你那些生意还不是靠我的关系和我的朋友，你的那个广告公司里男男女女一大群，没有个正经样，特别是那个做设计的女人，一天到晚'余哥余哥'地围着你转，我就是不放心她才让你关掉公司的。"

余先生："现在的年轻人都是这样的交流方式，喜欢用腻歪的方式说话，其实我们是正常的工作关系，你要相信我。我有自己的事业，对我自己、对你和家庭都是好事嘛，你不要一天疑神疑鬼的，我在外面跟任何女人都没有你想象的那种关系。你知道你自己的问题吗？你生气狂躁起来骂我、吼我，甚至砸东西，我都可以忍受，只要你好就行，但我最担心的是你郁闷起来，忧郁、孤独，不敢出门。看到你整个人处于糟糕的状态，我很心疼，老婆，我真的是很爱你。"

王老师这个时候有一点点困惑，他们的表述在咨询师面前似乎很坦诚，又好像带有表演的成分。

王老师："今天既然你们夫妻都来了，我们把咨询设置稍微调整一下，我想先和先生交流几分钟，然后我们再按计划和知然女士交流。"

与余先生单独交流

余先生："其实我对她真的很关心，她的任何要求我都尽量去满足，工作上我也非常努力，我们公司的业务现在进行得还不错，可她就是不信任我，非要我注销广告公司。"

王老师："是否注销公司我不能给你们任何建议，我发现目前你们两口子总是僵持在这个问题上，而这件事对你妻子的心理影响又非常大，从对她的健康角度而言，你们不应该一直僵在这件事上。你认为还能做些什么可以打破这个僵局？"

余先生："我做过一些努力，都没有效果，现在我也不知道还能做什么，反正我不能和她在一起工作。我是从农村出来的，她的家庭背景比我好得多，我们能有今天确实是靠她和她们家的支持，我真的离不开她，也很爱她，但是真的怕和她在一起工作。以前我们就是在她的公司里一起干，她的工作作风比较霸道，让我没有独立处理事情的空间，在公司里没有存在感，反而像她手下的驾驶员，所以我想独自做生意，不愿意放弃广告公司。"

王老师："你这种情况和想法是可以理解的，广告公司的出路需要你们两口子去共同商量，达成共识。现在我的问题是，你需要让你的夫人信任你，要建立相互之间的信任感，这可能是我们近期咨询最重要的目标。如果这个目标能够达成，这对你们夫妻关系的改善，你妻子病情的改善，以及你们对子女的教育都会大有裨益。"

余先生："我也想这样，那我该怎么做呢？"

王老师："你妻子最讨厌你在公司做的事情是什么？"

余先生："应该是和那个女设计师共事的事，她性格非常开朗，打扮比较妖气，我们平时交往中的言语比较随意一些，其实这在我们看来是很正常的。"

王老师："你认为正常，而你妻子却认为不正常，这是问题所在。为了避免猜忌和误会，在与其他女性的交往中，你的言行举止需要有边界意识和边界感。另外，从公司管理制度上来说，有关设计的事情，应该交给那些专业的设计工程师或管理人员去处理，你作为老板，没必要参与设计的具体讨论和实施过程，这样你就能减少和女设计师单独相处的时间和机会。这种处理方式有没有可能，或者你愿不愿意这样去做？"

余先生沉思许久说："您是在帮我老婆说话吗？"

王老师微笑看着他没有回答。

余先生："您这样看我，我有点紧张。我可以去做调整。"

王老师："如果你妻子能够感受到你的调整，相信她也会做出某些调整和改变。另外，请你回去后认真思考一下，爱与爱情有什么不同，你是否具有爱的能力与被爱的能力？"

（四）

与知然女士单独交流

王老师："你先生和你一起来咨询，是一个很好的现象，说明他的态度还是积极主动的，他在交流中表示很在乎你，而且也表示愿意做一些调整和改变来获取你的理解，我想听听你的看法。"

知然女士："在我们生老二之前，他表现得老老实实，什么事都是听我的，任劳任怨。我被他忽悠生了老二之后，他开始变得自以为是，不像过去那么在乎我了，无论我是什么态度，他都我行我素，发火也不行，撒娇也不行。"

王老师："你是不是有一种失控的感觉？"

知然女士："其实就是这种感受。"

王老师："上次布置的作业请你思考你是怎么理解爱和爱情的，现在能不能说一下？"

知然女士："爱包含了喜欢，想对他好，为他付出。"

王老师："你说得非常好，你说的这些词都很正向，但是你发现没有，在现实生活当中你对你先生的爱似乎附加了很多条件，这些附加条件可能会让他感到压力甚至痛苦。比如说，上次让你学习的非爱行为，就是借着爱的名义让自己的爱人、孩子实现自己的愿望和想法，而不是去考虑对方的愿望和想法。

在人际关系中，爱，需要用恰当的方式、用对方能够接受的方式去表达，要让对方能够体会到并能接受这种爱。爱在家庭成员之间、伴侣之间更容易被体会到。爱不仅仅是一种情感或状态，更是一种能力，是一种本能和艺术。在现实生活中，很多人都会把爱和'因为我爱你'挂在嘴边，却把爱变成了一种自私的自我满足的借口。这种满足可能是基于自己的缺失、不满、自卑、愿望等，而不是你所爱之人的真实需要。这本身是一种爱的能力缺乏的表现。

知然女士："那我该怎么做呢？"

王老师："其实也不复杂，当你的爱需要得到对方接受和认可的时候，你需要考虑这种爱和爱的表达方式是不是对方需要和能够接受的，这也是爱的能力的表现。在亲密关系中，比如情侣关系，夫妻关系等，最容易忽略的就是对方的真实需求和恰当的'爱'的表达方式。缺失了这两点就会显得缺乏爱的能力。"

知然女士："这样说来我的表达方式是有点问题。您也看到了，他其实是很帅的，我爱他才会那么在乎他，才想控制他。"

王老师："控制不了会是什么表现呢？"

知然女士："控制不住，我又去用闺蜜说的那一套装'小女人'和'女人味'的方法。"

王老师："接着说，然后呢？"

知然女士："总之我不愿意失去他。"

王老师："然后呢？丧失自我，缺乏自信，唤醒自卑？"

知然女士："好像是这么回事，难怪我会在愤怒情绪和自卑感中挣扎。"

王老师："你的痛苦和双相情感障碍等不良状况，与自卑感和非爱行为有关。"

知然女士："我大概是听懂了，也能够理解，但是我还是不放心他。"

王老师："刚才我和你先生进行了交流，他会尽量避免或减少和你担心的人来往，工作的事让负责设计的人去安排，用实际行动让你看到他是真的爱你，赢得你的信任。现在的问题是，你觉得你能做些什么改变？"

知然女士想了一下说："我不知道，您能告诉我吗？"

王老师："首先要学会放松、放下、放手，找回自我。刚才我们讨论了'爱'，其实爱和爱情是有区别的，爱情更强调的是相互的吸引而不是控制，相互的理解而不是猜忌，相互的欣赏和呵护而不是不满与抱怨，还有灵与肉的激情。英国诗人雪莱说过，'爱情唯一重要的元素是自由'，这里的自由，就是要尊重对方自由的思想和自由选择的权利。现在请你再想一想，你先生对你的爱或者你们之间的爱情，你觉得是你可以控制得了的吗？"

知然女士："我知道了，我越想控制，自己就越累越无奈越痛苦，他要是爱我，我何必那么挣扎呢。"

王老师："听你这么说，感觉你是在重新找回自我和自信。"

知然女士："我也不想继续陷在这种纠缠和痛苦当中了，我要做回我自己，做好我该做的事，至于会是什么结果，看他的表现吧。"

王老师："非常好，但我还要给你几个建议，第一，继续你在医院的有关治疗，可根据你的具体情况，遵医嘱适当调整药量；第二，我们的咨询还需要进行一段时间，之后根据情况可做相应的调整；第三，除了你们的夫妻关系外，还要针对你过度关注女儿的学习成绩而忽略她的真实需求进行交流和探讨。”

咨询师小结

1. 来访者是因为孩子的学习问题前来咨询，在咨询中发现，来访者在家庭的互动关系中，习惯性地强势要求家人按照她的意志和想法行事。

2. 咨询师及时调整咨询策略，从孩子的学习、成长咨询转到了家庭咨询，通过家庭咨询发现来访者缺乏爱与被爱的能力。

3. 来访者发展成双相情感障碍，部分原因是长期控制欲望得不到满足，进入强势控制和虚假示弱的状态，这种示弱也是控制的一种表现形式。

4. 通过医院治疗以及家庭咨询，来访者的生理和心理症状得到了缓解和改善。

5. 对爱、爱情、非爱行为等的讨论，特别是对“爱的表达形式和方法”的讨论，改善了来访者爱的能力与被爱的能力，咨询也找到了方向。

6. 对于来访者的精神障碍，咨询师遵循“医疗为主咨询为辅”的原则，建议其继续进行治疗和听取专业医生的意见。医疗和咨询都对来访者有帮助，这种情况下心理咨询的边界和边界感尤为重要。

（五）

通过讨论交流爱的能力和被爱的能力，知然女士意识到了她的控制欲是自己的问题所在，同时她也对女儿的学习和成绩的要求做了相应的调整，努力将母亲对女儿强烈的要求与压力转变成母爱的温暖和关怀。在后期的咨询中，知然母女与王老师一起共同讨论并制定了小孟同学的作息规划和近期目标。

在最后一次咨询中，知然女士对小孟说：“过去妈妈只盯着你的学习成绩，而忽略了你其他方面的需求，是妈妈的问题。其实我最大的愿望是我的女儿快乐、健康地成长，你的学习并不差，并且常常帮着妈妈照顾弟弟，弟弟也特别喜欢姐姐，你做得已经非常好了。”

小孟：“这次考试没考好，我心里也很难过，从小到大只要不符合您的要求，都会被您不停地抱怨、批评、数落，您现在这样说，我不太敢相信。”

王老师：“妈妈通过治疗和咨询，身心的疾病有所改善，意识到了自己以前过于强势，处理事情不太妥当，并愿意做出调整和改变。你对妈妈的信任和理解，是对她精神的重要支持和帮助。”

小孟：“老师，我已经怕了，我真的担心考不好她又会发疯似的教育我。”

王老师：“我们一起制定了你的规划，你也觉得是可以实施完成的，而且在作息规划中留出了一些空白的时间，可以根据实施的实际情况和效果做相应的调整。这个作息规划是看得见摸得着的，你认真去完成的话，妈妈、老师、同学都能够看到，它不只是为了学习成绩本身，而是一种成长的尝试。”

知然女士：“我不会只盯着你的学习成绩了，你只要努力了、快乐了，妈妈也就安心了。”

王老师：“其实，妈妈自己也需要通过努力找回自信，实现自我，快乐起来。希望你们共同努力。”

小孟用一种困惑和怀疑的眼神看着妈妈，说：“走着看吧。”

知然女士露出无奈的眼神，有一丝不容易被察觉的失落。

王老师灵机一动说：“女儿能不能和妈妈握一下手？”

小孟似乎不太习惯这种方式，不自然地看着妈妈，妈妈含着眼泪说：“孩子，我想抱抱你。”

这时女儿伸出了手，似乎是要和妈妈握手，妈妈直接给了她一个拥抱，流下了眼泪。女儿也禁不住地湿润了眼眶……

策略与技巧

1. 家庭咨询以调整改善家庭的关系和互动模式为主要目标，而不以个人的心理问题为主要目标，个人的心理问题在家庭关系和互动模式的改善和调整中也得到呈现和调整。本案例给出了示范。

2. 女儿的学习成绩问题揭示出家庭的问题以及家庭功能的缺失，角色错位等情况。

3. 本案例中，知然女士自信、自尊、自卑相互交织，家庭角色与社会角色错位，自我意识过强与现实失控的危机感让她纠结痛苦，难以自拔。家庭关系的调整与改善带动了她心理的正向调整。

4. 在类似的婚姻家庭咨询中，对于是否有第三者插足，很多咨询师会纠结于落实其真实性或把问题归因为“情感外溢”，作为心理咨询师你一定要知道心理咨询不是找对错，更不是找证据。正向的改变和行动才是有效有益的。婚姻家庭问题的原因错综复杂，尽量不要归因于此，它只是原因之一。有时候，所谓的“真相”会误导了咨询的方向与效果，因为这种“真相”会把你对它的认知和情感带入咨询，也可能会引起夫妻间新的情感矛盾和冲突。

5. 类似咨询师建议母女握手这样的行动，一般要在有充分把握的前提下才能给出，你可以在咨询过程中先征求当事人的同意。

案例二 月见草香水
——爱情长跑 情感倦怠

爱情，伴随着荷尔蒙初始激情退却后的厌倦感，能否经受住时间的考验，取决于双方的步伐能否保持同步。相互陪伴，共同成长，共同提高美和审美的能力，提升自我，愉悦自己，是双方维系婚恋关系并从中获得较高层次满足的重要因素。

案例背景

采文，35岁，男性。上初中的时候写了一封信给喜欢的同班女生，老师却在班会的时候念了那封信，虽然没有指名道姓，但采文还是觉得受到了很大的伤害，对那个女生的爱意变成了恨，从此变得有些自卑，喜欢独处，退缩，不跟人主动交往，很多时候都是闷闷不乐的。

上大学以后，采文依然是独来独往，和同班同学及室友交往不多，也没有什么冲突，他不喜欢参加集体活动，男生喜欢的活动他都不主动参与，他只喜欢独处、听音乐、阅读文学作品。

大三的时候，他同乡的学妹小秦喜欢他清秀、文静的样子，主动追求他，他坚持与小秦保持着适当的距离，做一个普通朋友。小秦经常邀请他去参加社团活动，在角色扮演的过程当中，他被小秦吸引，开始和小秦正式恋爱。他们每个月都去参加社团活动，几次以后，他强烈要求扮演女性角色，让女朋友小秦扮演男性角色，还对小秦说感觉自己本身就应该是个女人，作为男人好累。

小秦说："你可以在我们的关系中把自己当作女的呀，你又文静又秀气，和你在一起我确实有一种我才是男人的感觉。"

采文听后觉得很享受，他们是这样说的，也是这样做的，假期去旅行，所有的旅行攻略、吃住行都是小秦在安排，平时生活中的事情也是小秦在张罗，采文被动地接受。大学毕业的时候，采文隐隐约约地有一种莫名其妙的感觉，担心毕业后小秦不会在他身边，她会被其他男生追求。

小秦看出了他的担忧，说："我们相处一年多了，你还不信任我吗？其他男生，特别是那些脏兮兮的男生我还看不上呢，你好好工作，等我毕业了，我们就回家结婚。"

采文毕业后原想在上大学的城市找一份工作陪着女朋友，但是他父母强行安排他回到家乡，并为他找到一份稳定的工作。在等待女朋友毕业这一年，他又恢复到了独来独往、很少与人交流的状态，每天晚上都会和女朋友视频，如果女朋友没有接电话，他就会彻夜失眠，担心、怀疑女朋友在欺骗他。小秦大学毕业时，采文高兴地等着小秦回到家乡，终于要和女朋友团聚了，他有一种很安心的感觉。

一天，小秦突然告诉采文，她收到研究生的录取通知书了。采文听到消息后很不高兴，有一种被骗的感觉，直接问她："你考研究生为什么不告诉我，你是不是在骗我，你做的这一切是不是都在有谋划地欺骗我？"

小秦解释说："我原以为考不上，所以才没有和你说的，没想到我运气那么好考上了，当然没有你的关心照顾我也不能那么专心地读书。"

采文严肃道："你必须在读研和我之间做一个选择！"

小秦坚定地告诉他："我两个都选，读研和继续我们的关系并不冲突。"

采文觉得憋屈，说："平常你比我强势我都可以接受，但是这件事必须听我的。你如果去读了研究生，我们还要分开很久了，这样我接受不了。"

小秦还是坚持继续自己的学业，采文正式提出了分手。采文陷入了自我封闭的状态，他把原来和小秦一起买的汉服用剪刀全部剪碎，他妈妈看到以后，担心他精神出问题了，于是带他去医院做了检查，结果是采文得了抑郁症。通过一段时间的治疗，他的精神状态有了好转，在他父母及单位领导的要求下，前来咨询。

（一）

采文来到咨询室。不说话时，他的状态看起来很正常，但当咨询师和他交流的时候，他要么是没有反应，要么就是语言特别迟缓，声音很小。

王老师："欢迎你来咨询，你有什么想法需要交流的吗？"

采文："没有，他们让我来我就来了。"

王老师："他们是谁？"

采文："我的领导和父母。"

王老师："你能介绍一下你的情况吗？"

采文："没什么好介绍的，周围的人都认为我有病。"

王老师："他们说你有什么病呢？"

采文："抑郁症。我父母总是担心我会自杀，其实我不会的。"

王老师："你自己是什么感受呢？"

采文："我不会死的，也不想死，他们想多了，我只是对我身边的人和事不感兴趣而已。"

王老师询问后发现采文并没有做过心理咨询，于是重点介绍了保密原则和有诉求的原则（不求不助）。

因为采文是领导介绍来的，此处重点介绍保密原则，是避免他心中的顾虑影响到后续的咨询效果。

王老师："你今天来到咨询室，我认为你是有主动求助的愿望，希望得到某些帮助。"

采文："王老师，你说的某些方面不是指抑郁症吧？"

王老师："一般来说，我们心理咨询会从生活、工作、婚姻、家庭、社会关系、情绪、情感等方面来进行交流沟通。抑郁症这个问题只是其中的一小部分。"

采文："只要不和我谈抑郁症，我可以和您交流。"

王老师："请你先介绍一下你自己的情况。"

采文："我的情况是不想和人交往，只想独处，特别不相信女人，女人都是骗子。"

王老师："再说说看。"

采文："就这些啊。"

王老师："可以具体点吗，你谈过恋爱吗，你以上的结论是从哪里得来的？"

采文："我受到女人很深的伤害，我曾经觉得做一个女人是一件很开心的事，现在很讨厌女人，也讨厌我自己。"

王老师："对于男人呢？"

采文："也讨厌。"

王老师："你刚才说女人都是骗子，所以讨厌女人，那你讨厌男人是因为什么呢？"

采文："邋遢、脏、粗糙！"

王老师："那么你怎么来界定你自己？"

采文："不男不女。"

这是整个咨询过程中他说得最爽快的一句话。

王老师："感觉你说不男不女很爽快，很开心，是这样吗？"

采文："我很不开心，很矛盾，很痛苦。"

王老师："请你思考一下，怎么样才能让自己开心快乐起来？"

采文："我不知道，我要是知道就好了。"

王老师："不知道也没关系，这个作为家庭作业，你回去认真思考一下，下次咨询时我们再来交流。"

采文极不情愿地说："好吧。"

王老师："如果不知道什么能让你快乐，那么来说说什么让你痛苦和难受？"

采文："我现在最大的难受就是被父母和领导盯着，感觉别人都在背后议论我。”

王老师：“别人在背后议论你是你真实听到的呢，还是别人告诉你的？”

采文：“我猜的。”

王老师：“有什么依据吗？比如声音或者画面。”

采文：“我猜的。”

王老师：“你的睡眠和饮食情况怎么样？”

采文：“饮食很正常，就是半夜容易醒。”

王老师：“醒了以后还能睡着吗？”

采文：“能的。”

王老师：“你睡前有喝水的习惯吗？”

采文：“有。”

王老师：“给你两条建议，看你能不能尝试改变一下，每天留出一部分时间去快走或者散步；喝水要小口地喝，十点以后不喝或少喝水。”

采文：“我喜欢泥土的芳香，所以我愿意去试一试散步。”

王老师：“非常好，如果可以的话，再把你闻到的、看到的，还有你的心情记录下来。”

采文：“您怎么这么了解我，我之前就一直喜欢写心情日记，和女朋友分开后，已经有很长时间没有写了。”

王老师：“非常好。”

（二）

经过一段时间的咨询，采文的生活和工作基本恢复了正常，他在王老师布置的作业“什么能让他快乐”中，总结出他只有和小秦在一起的时候才感觉到快乐。王老师鼓励他在工作、生活中交一些朋友，他表面上说可以尝试，但实际上并没有去实施。

小秦假期回到家乡，得知了采文的情况，便主动去看望他。他们俩都觉得与对方还有较深的感情，分开了很可惜，于是和好了。再续前缘之后，采文属于被动的一方，小秦则是主动的一方，他们基本上回到了之前恋爱时候的模式和状态。

小秦的父母知道他们又在一起了，坚决反对。认为采文学历没小秦高，身体状况也不是很好，为什么小秦兜兜转转还是要和采文在一起？小秦内心觉得采文抑郁的情况与他们分手有关，父母的反对以及其他人对他们谈恋爱这件事都不看好，小秦认为这些看法带有一定的社会偏见，她不愿意看着采文这样消沉下去。不管父母怎么说，小秦非常坚决地要和采文坚持下去，她认为这个世界上只有她可以拯救采文。

山鲁佐德情结：山鲁佐德情结指在情感中自我豁免，相信凭借自己的力量能让家长、老师、同学、朋友都不看好的“问题青年”回头，对这一类的对象反而产生偏爱。甚至付出青春和爱情试图拯救他人。出自《一千零一夜》，那个感化残忍的国王的女主角就叫山鲁佐德。

小秦假期结束回学校以后，采文又开始不信任和猜忌她，总是利用休假的时间去学校守着小秦，在这期间他们又去参加角色扮演活动，又唤起了采文内心的激情。采文回到工作单位以后，自己去参加这方面的活动，在活动中，他喜欢上了另外一个女生，这个女生也被采文的外貌和女性化的气质所吸引，采文觉得这个女生身上有一股特别的气息深深地吸引着他。仿佛是在寂静的夜晚，月见草绽放时的感觉。

这好像月见草一样的女生叫小叶，她经常去参加角色扮演的活动，每次小叶去的时候采文都会去参加，只为寻求和她在一起的机会。正好小秦这段时间忙于准备论文，和采文的联系也减少了很多，采文渐渐地开始疏远小秦。然而，小叶对采文始终若即若离，从不明确表态。

采文投入到疯狂追求小叶的状态中，直到有一天，小叶告诉他：“我已经有男朋友了，我们仅仅是角色扮演，你可能太入戏了，所以我必须明确告诉你，否则我怕时间长了你越陷越深。”

采文一个人恍恍惚惚地离开，在长有月见草的小路边痛哭起来，回到家后，他把自己关在房间里两天两夜，没有出门。

他来到咨询室求助，进门就说："王老师，我不想活了。这个世界对我太不公平了，只要我喜欢谁，我就会被谁伤害。"一面说一面流泪。

王老师坐在旁边认真地听他哭诉，没有插话，时不时地简单地回应着。

在类似的情况下，宣泄情绪和鼓励宣泄可以起到调整和平复情绪的作用。

等采文安静下来以后，王老师说："你能主动来寻求帮助非常好，我想请你说说是什么情况让你情绪如此激动？"

采文犹豫了一下说："我爱上了一个在角色扮演活动中认识的女孩，她深深地吸引了我，她对我也有感情，可是前天她告诉我她已有男朋友了，我们之间的关系是我自己想多了，她还美其名曰是为我考虑。"

王老师："你喜欢她多久了？"

采文："有半年了，问题就在这里，最开始追她的时候她不说，如果她一开始就拒绝我，我也不会陷得那么深。"

王老师："你当初说你喜欢她的时候她是怎么回应的？"

采文："她总是不置可否。"

王老师："对方没有告诉你她有男朋友，据我所知你也有女朋友的，你告诉她了吗？"

采文："没有告诉。"

王老师："是什么原因让你没有说呢？"

采文："因为我是真的喜欢小叶，我怕告诉了她，她会拒绝我。"

王老师："那么你追求小叶，小秦知道吗？"

采文："不知道。"

王老师："你既没有告诉对方你有女朋友，也不让小秦知道你喜欢上了其他人，你真实的想法是什么呢？"

采文："一开始是想着追到手了再说，没想到小叶突然这样，还好没说，不然我就鸡飞蛋打了。"

王老师："我能不能这样理解，你暂时谁都不想失去。"

采文："我没有这种想法。"

王老师："客观效果是这样的。"

采文："我没有这种想法。"

王老师："这种做法是不是会让你有安全感？"

采文想了一下说："好像是的。"

王老师："表面上你似乎安全了，但实际是有隐患的，这样看来，你的做法是很不理智的，也不安全。有没有可能，你是想掩盖你内心的担忧、恐惧，什么都不想失去？如果站在女性的角度上或者女朋友的角度上，她们会怎么看待这件事情？"

采文："我不想让她们知道，如果知道了，肯定会上纲上线，说我不道德、不尊重女性，是渣男。"

王老师："现在既然你已经知道对方有男朋友了，你有什么打算？"

采文："好像没什么打算，我的想法是该做什么就做什么。以后只要有小叶参加的活动我还要去参加。"

王老师："你陷在重叠的情感关系中，痛苦也随之而来，背后的代价和利弊你需要去认真思考。"

采文表面上不再追求小叶了，但只要有小叶出现的活动他就会去参与。小叶每次都会带上男朋友一起，采文看到后，总是表现出一副无所谓的样子，但内心很是酸溜溜的。

小秦假期回来陪采文，采文却变得比较冷淡。小秦说研究生毕业后就回到采文身边来，找一个稳定的工作，然后结婚。

采文不惊不喜地说："你为了我回来，以后会不会后悔？"

小秦："我们从大学到现在，在一起已经快五年了，我们的关系也有过起伏，我的家人即使反对，我也要坚持。如果我不坚持的话，在同学和家人面前就说明我们都错了，所以你也要争气，我们共同努力，好好生活。”

采文表现得比较平静，不否定也不兴奋。

小秦毕业后回到了家乡，在一个研究所工作，他们俩租房子住在了一起。小秦的工作较忙，采文只要有机会就会去参加角色扮演活动，在家里少言寡语，缺乏激情，小秦很困惑，为什么现在终于在一起了，他反而不开心。小秦认为有必要与采文好好谈谈，小秦对采文说：“我感觉你现在对生活、学习、工作都没有激情，不求上进，关键是我回来这一年，我发现你对我越来越不在意。”

采文：“我本来就是这样一个人，没有什么在意或不在意。我们在一起，总是你说了算，你总是正确和有道理的那一方，从大学开始，我们的事都是你说了算，我只能被动地接受。”

小秦：“你怎么能昧着良心说话，这么多年来你一直很享受跟我在一起，享受我对你的所有安排。我和你谈恋爱，遭到家里反对，同学朋友也不看好，没想到你自己不求上进，还说出这种话来。我们将来结婚以后，谁说得有道理就应该听谁的，你不能强词夺理。”

采文：“你说了算，我不想和你争，怎么都行。”

（三）

小秦工作两年后，陷入到了一种矛盾的状态，内心觉得采文不像一个有担当、有责任感，可以托付终身步入婚姻的男人，但她又觉得谈了七年的恋爱，自己付出了那么多，不甘心就这样放手，所以她处于结婚或分手的矛盾纠结状态之中。小秦心里隐约安慰自己，七年的恋爱虽然对采文的改变不像她想象的那么成功，但是起码采文现在也不像原来那样处于孤独、自我的状态，她觉得这是她付出和努力得到的结果。因为这些矛盾与纠结，对结婚的期待已变得平淡，不那么迫切了。

小叶和男朋友结婚了，采文从此再也不去参加角色扮演的活动，也很少出门。

小秦偶然从朋友处得知在她读研期间，采文曾经疯狂地追求过小叶。尽管与采文的感情已经平淡如水，失去了往日的激情，但小秦依然珍惜，幻想着总有一天能够唤醒采文……当她得知这个消息后，顿感天旋地转，堕入深渊，痛苦地挣扎了很多天后，她来到咨询室寻求帮助。

小秦："我现在太痛苦、太纠结了，我对他那么好，从我们大学开始谈恋爱以来，我面对那么多阻力，还坚持跟他在一起，没想到他居然去追求别的女生。"

王老师："你的这种烦恼和痛苦换作是任何人都可能出现，你今天来咨询主要想解决什么问题呢？"

小秦想了一下说："我真正痛苦的是我和他好了那么多年，我一直在付出，现在有一种太不值得的感觉，另外一方面是我很焦虑和矛盾，我不知道该不该和他彻底分手。"

王老师："至于你们是否分手，站在咨询师的角度，我不能给你直接的建议，我们可以一起来制定一个咨询目标，看看能不能让你的焦虑和痛苦有所缓解。不要在情绪波动和痛苦中做任何决定，在这样的状态中做决定可能会给你带来新的痛苦和伤害，等你的心情平静以后你再做决定，你觉得怎么样？"

小秦："好的，咨询目标应该怎么定呢？"

王老师："这就是我们现在需要讨论的事情。王老师提示你一下，我们可以从引起你痛苦的原因来寻找咨询的目标，看看究竟是哪些原因引起你出现不适状态。我们还可以从你现实的生活、工作、人际交往、恋爱婚姻的状况出发，看看有些什么问题，把问题从小到大，从缓到急列出来，根据要解决的问题来制定我们的咨询目标。"

咨询师和小秦做了进一步咨询沟通，她列出了让内心痛的苦主要原因：

1. 付出太多，爱情长跑时间太长。时间越长越不愿意放弃，否则自己的努力都将付诸东流。

2. 家长、同学、朋友越不看好，就越觉得不能放弃，陷入矛盾当中。

3. 采文变得不求上进、安于现状，对小秦缺乏激情。

4. 目前最痛苦的是采文曾经与别的女生纠缠，让小秦对七年的感情产生了怀疑。

(四)

王老师："现在没有了爱的感觉，你会提出分手吗？"

小秦："这个问题其实我也想过，我的结论是我绝不主动提分手，除非是他提出来分手。"

王老师："如果他真的提出来，你会怎么做呢？"

小秦："我会接受。"

王老师："我能不能这么理解，其实你心里已经有了答案，你是想分手的，只是不能由你提出来，只能对方提出来你去接受。"

小秦："应该是这个意思。"

王老师："如果他一直不提、永远不提，你会怎么办呢？"

小秦："那就耗着呗。"

王老师："你能否将你的困扰以需要解决的缓急程度进行排序？"

小秦将需要解决的困扰依次做了排序。

王老师："你觉得最需要解决的是什么？"

小秦："我最想要解决的是想知道该不该放弃这一段感情。"

王老师："你在前面归因和现在找问题，都提到了目前这段恋情是让你最困惑的问题，看来这个问题需要你去认真思考和对待了。你说过想分手，但是你不愿意主动提出来。"

小秦："是的，我不能说，说了不仅对不起我的付出，还会被爸妈和周围的人把我们的关系看作一场笑话。"

王老师："这样看来，你不愿意主动分手好像是碍于你的一种面子观念，能这样理解吗？也就是说你并不担心你们分开，而是担心别人的看法，特别是你的父母。"

小秦："是这样。"

王老师："你考虑一下，你在读书的时候和采文谈恋爱，他最吸引你的是什么？"

小秦："帅、文静、秀气、孤寂，还有总是被别人欺负。那个时候我觉得我可以帮助他，让他变得积极主动，更可爱。"

王老师："你有没有一种想拯救他的感觉？"

小秦："哦哟，好像是的，我那个时候是学习委员，我觉得我能帮助他，他在我的帮助和影响下会变得越来越好。"

王老师："那现在呢？"

小秦："经过了这七年漫长的爱情长跑，好像他并没有像我当时期待的那样，他依然消极被动，我们之间的感情也好像麻木了似的，没有了活力。"

王老师："这么说来，你对采文一直都有一种母亲、姐姐、领导的感觉，你要去指引他、帮助他，甚至拯救他。"

小秦："哦，好像是的，我真的觉得只要他和我在一起，他就会变好。"

王老师："你听说过圣母情结吗？"

小秦："好像听说过，但是不知道具体指什么。"

王老师："简单地说，具有圣母情结的人，企图用自己的真心和爱去拯救对方，达到自我和精神的满足。你想要去拯救别人，但是你有没有想过，对方真实的需要是什么呢？"

圣母情结：圣母情结在爱情中最直接的表达方式是无止境地付出，甚至有时候付出到失去自我。

圣母情结产生的主要原因是一种自我内心投射，付出的欲望源源不断地涌出，直到内心的欲望得到满足。在付出的过程中，获得的是自我内心的安详以及愉悦。

因为在爱情里，真正的无私是永远不存在的，或是寻求投入带来的愉悦，或是渴望对方也会给予相应的回报。

小秦："好像真是这样，那我该怎么做呢？"

王老师："根据我们交流的情况，我希望你回去认真学习一下山鲁佐德情结和圣母情结这两个概念。当你把这两个概念弄清楚以后，再来做决定可能就容易很多了。"

小秦："好的。"

（五）

小秦经过一周的学习和思考，如约来到咨询室。

小秦："王老师，您让我学习的两个概念，我回去认真地查询，认真地思考，我觉得您说得太对了。在我上大学的时候，看着他那种忧郁、孤独、自怜自艾的文静样子，我总觉得我可以帮助到他，随着年龄地不断增长，爱情的起伏，我的成长远远地超过他，我对他有了一种母性的情结，可能就是圣母情结吧。我从来没有真正地站在他的角度考虑过他的感受。我并没有让他变得快乐和积极起来，反而变得更消沉和被动。这是他的悲哀也是我的悲哀。从我们恋爱开始，周围的人，特别是我的父母，就一直反对我们在一起，他们越反对，我就越想证明给他们看，他们越不看好采文，我越有强烈的冲动用我的爱去影响和改变采文，让他变得勇敢和有担当，终有一天出人头地。时间越长我越不能放弃，我实在是不甘心啊。"

王老师："很好，看来你是认真学习和思考了我们的作业。你的理解比较透彻，那你现在是什么想法呢？"

小秦："我觉得我和他已经没有爱情了，我不能再只顾及我的面子和青春期的那种愚痴的情结。我得认真地和他谈一谈，最好能和平分手。"

王老师："情感方面的问题你自己已经做出了决定，我的建议是你们应该心平气和地谈一下，商量出一个双方都可以接受的方案。"

小秦："王老师，这个可能一下子还是有点难，能不能让采文也来做一次咨询，等他咨询以后再做决定。"

王老师："心理咨询的原则之一是有诉求的原则，也就是不求不助的原则，他能来咨询是一件好事，但是你一定要征得他的同意。"

（六）

第二天，采文主动来到咨询室。

采文："小秦说她来做咨询受到很大的启发，让我也找您聊聊。您这里我原来就咨询过，我早有了解，即使她不说，我也想找您聊聊我的情况了。"

王老师："那我们就开门见山，你先说说你最近的情况和想法。"

采文："我现在的生活和工作都很被动。"

王老师："工作之外你有什么业余活动吗？"

采文："目前没有什么活动，平时我买菜，她做饭，她下班很晚，只能我去买菜。"

王老师："那你为什么不可以做饭呢？"

采文："您不了解她，我做什么她都不满意，虽然是我买菜，但是我买什么基本上都是她规定好的。"

王老师："你对你们的情感有什么打算吗？"

采文："您是指结婚吗？"

王老师："是的。"

采文："我这种人可能就不适合结婚。"

王老师："你说的不适合是不想结婚还是你们没有发展到可以结婚的状态？"

采文："我一开始特别想和她结婚，慢慢地觉得越来越不合适，现在觉得我就不该结婚。"

王老师："你现在能不能想象一下，如果你们结婚了会是什么样的状况？"

采文："这件事我已经不想去想象了，如果我们结婚了，她们家人和她都会看不起我。"

王老师："那你的意思是你不想结婚还是不想和小秦结婚？或者是想找另外一个你认为合适的人结婚？"

采文："和任何人我都不想结婚了。"

王老师："你对你们这段感情有什么想法吗？"

采文："我的想法是小秦爱怎么样就怎么样，最好是我们能分手。"

王老师："万一你们真的分手了，你有什么打算没有？"

采文："没想过。"

王老师："我来总结一下，对于现在的这段感情，你觉得分手了更好，在你的工作和生活中你处于一种被动的状态，按你的话说是很无聊、混日子。你原来喜欢角色扮演，但你喜欢的'月见草'结婚以后，你对角色扮演也就失去了兴趣，你也没有主动去结交其他朋友。"

采文："基本上是这样的，反正小秦让我做什么我就做什么。"

王老师："在我看来，你说了很多问题，结婚也是问题，不结婚也是问题，工作也有问题，对工作和生活没有激情也是问题，不愿意社交也是问题。现在想请你做三次深呼吸，来，我们俩一起做：吸……呼……吸……呼……吸……呼…… 现在请你这么想，问题是问题，问题还在那里，你是你，你不是问题。现在再请你想一下，你身边发生了一个奇迹，这个奇迹可以实现你的任何愿望，那么你最想实现的愿望是什么？"

采文想了一会说："我想回到上初中的时候，我不跟那个女生写信，老师也没有在全班同学面前念那封信。那么后面的一切都可能不会发生了。我也不会那么讨厌那些女生。"

> **奇迹提问技术：**是焦点解决短期治疗的重要技术之一，是指咨询师假设有某种奇迹发生，并用假设性的问题询问来访者，提出假设性解决方法，让来访者有机会猜测，让他们自己设法达到目标。

王老师："你一下子回到了很多年前，现在王老师想把你拉回现实中来，如果这个奇迹能够解决现实中的问题，问题是问题，你是你，你不是问题，你觉得你最想解决的问题是什么？"

采文："我最想解决的问题是我跟小秦分手，她不再要求我，我也不用再担心做得不好她会不开心。"

王老师："还有吗?"

采文："如果和她分手了，我要去买各种装备、服装，想扮演谁就扮演谁。我要配一种月见草味道的香水，属于我自己的特别的香水，这是献给我自己的，也是献给我梦中的女神的。"

王老师："如果是这样的话，我觉得有点奇怪，你的这种想法和小秦交流过吗?"

采文："您想多了，我不敢讲，怕她不高兴。"

王老师："可能你们两人真正的问题并不是结婚或不结婚，或者是急于要做一个什么决定，而是你们需要打破几年来你们各自的自我保护和防御状态，坦诚地交流。如果你们能坦诚地交流沟通，你们可能会变得轻松、自在许多。"

采文："其实您说的是对的，但是我真的不敢，这么多年来，我越来越怕她。"

王老师："那我给你们俩一个建议，找个机会我们一起在咨询室做一次交流，希望你们把自己的真实想法和困惑告知对方。"

采文："这样最好不过了。"

（七）

通过王老师与小秦和采文的分别的交流沟通，他们听取了王老师的建议，一起来到咨询室，分别表达了他们的真实想法、困惑和担心，最终双方坦然接受了和平分手并真诚地祝福了对方。

小秦投入她的研究工作中，并找到新的爱情，之后步入了婚姻生活。采文经过多次的心理咨询与交流，按照自己的爱好经常去参加角色扮演活动，工作和生活恢复到一种相对宁静的状态。他爱上了汉服装扮和古装表演，沉浸在热爱的事情中的采文更快乐了，他自己悄悄地采集各种花粉原料，研究他梦里的月见草香水……

策略与技巧

1. 采文青春期时的情书被公开，对他心理造成了很大的伤害，产生了自卑情结和对女生的防御及不信任感。

2. 小秦看到采文的孤独和消极，对其产生了山鲁佐德情结，这种情结在他们的恋爱初期占据主要地位，作为当事人的小秦自己并不知道，她所能觉知的是哪怕全世界都反对，自己就是可以拯救这个男人。

3. 经过漫长的恋爱和咨询引导、觉察，小秦终于意识到她不是圣母，她拯救不了别人，她必须拯救的是她自己。

4. 在现实的咨询案例中，类似山鲁佐德情结和圣母情结的女性往往要经过很多年，甚至有了自己的孩子之后，才会意识到自己想拯救别人的情结，可能会拖累自己一生，往往后悔莫及。

5. 在本案例的咨询中，展示了很多情况下，咨询师发现来访者的某种情结，如自卑情结、山鲁佐德情结、恋父恋母情结等，在他们没有准备好有勇气去应对和面对之前，并没有直接告知来访者具有某种情结，以避免伤害到来访者并加深这种情结。什么时候告知来访者，时机的把握是需要认真对待的，这非常考验咨询师的素养和经验。现实的咨询中，有的咨询师发现什么就直接表达什么，忽略了来访者的接受能力和咨询过程的需要。有时候咨询师发现某种创伤或情结，没必要一定要告知来访者。

6. 传统的精神分析、个体心理学和分析心理学在现实的应用中对咨询师的要求比较高，后现代流派的叙事治疗、焦点短程治疗、合作取向治疗、回想治疗在现实的咨询中使用起来比较简单有效、节省时间，在咨询当中可以综合考虑和应用。

案例三　薰衣草

——一个没有担当的心机男

薰衣草是一种馥郁的紫蓝色小花，紫色总是让人联想到浪漫，花开时节，其香淡远温和，飘香十里。薰衣草似乎与爱情天然相关，大量的爱情传说或民间习俗都涉及薰衣草。

薰衣草花语：等待爱情，一种含蓄的示爱，只要用力呼吸，就能看见奇迹；浪漫，一种坚定的承诺，面对没有希望的爱，依然痴痴等待。

（一）冬竺

冬竺出生在知识分子家庭，父母知书达理，冬竺在家排行老大，有一个弟弟和一个妹妹，在父母的熏陶和培养教育下，从小就像一个小大人一样，帮助爸爸妈妈照顾弟弟妹妹，养成了会关心照顾人的品质。

从小学一直到大学，她既受女生的爱戴，又受男生的欢迎。中学时，她是班干部，女生有矛盾或受到欺负，会找她解决，有时男生打架，只要冬竺出面，大家都愿意听她的，俨然一副大姐姐的架势。

她遵循父母的意愿，考入了某重点师范的文学艺术专业。大学期间，她体贴、关心他人，热情大方的特点深受同学们的欢迎。她白皙的皮肤微微透着血管的青色，长长的睫毛下一双深眸，让人觉得她甜美的微笑中带着几分莫名的深邃和忧郁。

她身材高挑，凹凸有致，长发齐腰，尽显少女特有的气质。在校园里她是一道亮丽的风景，吸引着无数异性的眼光。大学四年，她像一只高傲的小鹿，对追求者一概拒绝，爱慕者只能远观。大学期间，她品学兼优，毕业后留校任教。

（二）大杉

大杉在家中排行老小，身材瘦弱的大杉得到父母更多的疼爱，哥哥姐姐也特别照顾他，特别是姐姐的照顾比较多。

在全家人的照顾下，大杉身体变得越来越好，高中时已经算得上强壮，成为班级里最高的孩子，他兴趣广泛，爱自我表现，学习成绩中等偏下，没有特别的爱好和特长。高二开学时，化学老师当着全班同学表扬了大杉，说他的化学功课进步很大，听到表扬后他很得意，同时也受到鼓励，从此喜欢上化学课，化学成绩越来越好。

高考时，化学成绩最好，几乎满分，他顺理成章地选择了化学专业。

大学化学系女生偏多，该系一些男生们近水楼台，开始谈恋爱，成双入对。大杉显得有点另类，依然形单影只，却又像军师一样常给别人支招，表现得深谙女性的性情似的。他渴望与暗恋的女生花前月下，却不敢主动表达，忍受内心胆怯的煎熬，表面上装出一副正直矜持样，背地里喜欢打听别人谈恋爱的八卦、男女亲密的隐秘细节，并对此大加评论。

同宿舍的好友问他："看起来你很老练，为什么不谈恋爱？"

大杉说："不急，要谈还不容易？只是还没有发现我喜欢的人。"

一天，大杉悄悄地对好友说："我看上了咱们班的小倩，人好看，身材又迷人，可我不敢表达啊，要不你陪我一起去找她？"

好友："我才不想当电灯泡呢，表白的事还是你自己去吧。"

大杉："帮帮忙嘛，你去给我壮壮胆，不然我不敢对她表白。"

经不住大杉的纠缠，好友只好陪他去找小倩。三个人东拉西扯：化学公式、电影、同学的糗事……大杉逗得小倩笑个不停，却不进入正题。好友不断给大杉递眼色，示意他别绕弯子，最后直到告别离开，大杉也没对小倩说出憋在心里多时的爱慕。

好友失望地问他："你这个爱情顾问是怎么回事？今天这么好的机会，为什么不表达?”

大杉：“唉，我也不知道为什么，看着她我就紧张和害羞，不敢说。”

邻系的一个同学碰见小倩，得知小倩还没男朋友，问大杉他们，这么漂亮的女生你们都不追，太没有水平了。大家心照不宣地看着大杉，偷偷窃笑，大杉低着头没吱声。

不久以后，有同学开始追求小倩，他们不久就恋爱了，看着他们俩出双入对，大杉苦不堪言，不好意思对别人说心中的酸楚，只好沉迷、麻醉在言情小说里。

（三）校园恋情

同班的女同学小琳，模样普通，平时很少说话，一直默默关注着大杉。她看到大杉最近情绪低落，有意接近他，关心他，为他买早点，陪他一起上晚自习，自习之后，总找借口陪他走回男生宿舍楼，自己再回女生宿舍。

一段时间后，大杉注意到出双入对的恋人都是男生送女生回宿舍。像他们这样，女生送男生回宿舍有点丢面子，于是对小琳说：“从今天开始我先送你回宿舍吧。”

小琳感到突然，心里却很高兴，有点害羞地说：“好呢。”

到了女生宿舍门口，小琳迟迟不肯上楼，对大杉说：“你今天与平时表现不一样啦，这段时间以来，看到你消沉痛苦，我挺为你担心的。”

大杉：“嗯。”

小琳：“其实我们女生之间也喜欢八卦，我们都看得出来你很喜欢小倩，她与别人谈恋爱伤了你的心。”

大杉故作镇静地说：“你们误会啦，没有的事。”

小琳眼中闪出了亮光：“我也是这么认为，她的确配不上你。个子那么小，老摆出一副娇滴滴的样子，见到男生就卖萌。”

大杉：“其实我喜欢像你这样身材好，有同情心，会关心照顾人的女生。我真的不喜欢小倩那种类型。”

听了大杉的话，小琳心里充满甜蜜和幸福，脸上泛起红晕：“但愿你说的是真的。明天想吃什么早点？”

大杉：“谢谢你，别再帮我买早点啦，我会自己安排。”

小琳：“为什么呢，你不会认为我在巴结你吧？”

大杉着急地解释：“没有没有，你别想偏啦，我不是这意思。相信我，我没问题啦，真的不是为那个女人，给我一个礼拜的时间，我会给你一个明确的答复，如果我们确立恋爱关系，我每天给你买早点。”

小琳：“好吧。”然后转身进了宿舍楼。

大杉看着夜空下树叶摇动的阴影，一面走一面想，没想到我们班的女生都知道我是因为小倩与别人谈恋爱而痛苦，我还自认为掩饰得很好，别人看不出来，被女生们这样评论，太丢面子啦。小琳并不是我喜欢的类型，她没有小倩的小巧玲珑，但通过这段时间的接触，在我痛苦的时候默默地陪伴着我，能感觉到她的内心体贴温柔，虽然她不像小倩那样可爱，但仔细看，她的形象也不差，只是显得有点微胖。

小时候有自卑情结和自我能力不足的男生，长大后，可能会喜欢体型娇小的女生。在与其交往过程中，女性的柔弱娇小能满足自己的征服感及保护欲，而那种比较独立、身体健硕的女生，对这样类型的男性则没有吸引力，这是男性自卑情结的一种表现形式。

一星期后，大杉鼓足勇气对小琳说：“晚自习后我要送你回宿舍，如果你不讨厌我，我想与你谈恋爱。”

小琳终于等来大杉的表白。

大学的后两年，大杉与小琳沉浸在校园恋爱里，大杉享受着小琳的照顾和女性关爱，同时，从小琳身上，他尝试着学习了解女生以及与女生交往的方式。在与小琳及其室友们的交往中，他似乎找到了自我、逐渐体验到了与女性交往的自如。在与小琳花前月下，卿卿我我时，大杉时常会不合时宜地想起小倩的玲珑与娇媚。

大学毕业分配时，大杉和小琳被分配到了不同的城市，脆弱的校园爱情敌不过距离的分隔，他们也没能跨越校园恋爱的毕业分手季，就这样他们分手了。

大杉内心深深感谢小琳，她给予了他温情时光与温柔陪伴，让他对女性和情爱有了真实的体验和认知，得到升华，从一个男孩变成了男人。

（四）迷幻的恋情

大杉被分配到了师范大学化学系任教，这是他喜欢的工作。刚走入社会又有一丝茫然。开学过后没多久，化学系与文学艺术系进行男女教工混合排球比赛，年轻的同事们都兴高采烈，这是男女教师增进友谊的大好机会。大杉本不想参加，可系里要求老师们去观看加油，他不情不愿地来到比赛场地。刚到球场，大杉就听到喧闹的加油声和呼喊声，看台上有很多年轻的男老师，激动得为文学系加油。

“大杉，你那么高的个子坐在这里不合适。”系领导一把把他拉到场边，让他上场。他匆忙站到网前，对面一个身材高挑、长发披肩的女老师，吸引了他的目光，大衫暗暗想到“难怪那么多的年轻男老师都来加油!”

比赛结束后，那个长发女老师径直走到大杉面前：“你好。”她笑着和大杉打招呼，然后背起放在椅子旁的运动包转身离去。在她转身的刹那，大杉闻到了一股莫名的香味……

此后，那莫名的香味常常会出现在他的记忆中，让他总是想到那位长发老师。于是大衫暗暗地打听、关注她。每当同事提及她，大杉表面上装出一副不在意的样子，实际却竖起耳朵，生怕听漏了有关她的任何细节。

大衫终于了解到这位老师是文学系的老师，有着独特优雅的名字——冬竺。追求她的男老师络绎不绝。

大杉开始关注冬竺的行踪。除了正常的教学外，冬竺还是文艺活动的积极分子，在校刊上发表诗歌，与文学系的几位年轻老师发起成立了文学诗社。诗社每周一次的文学活动，由几位年轻老师轮流主持，凡是由冬竺主持的活动，总是爆满，甚至其他系的老师和学生都蜂拥而至。看着大学生们在她面前显得那么青涩、稚嫩；年轻的老师们对她表达爱慕之情是如此苍白，缺乏深度和艺术性。大杉想，难怪他们进入不了冬竺的视线。

冬竺大方中兼有平和，平和中透着几分内敛，内敛中显出高傲和孤寂。那些浅薄的追求者们仅看到她的大方与平和，没有真正走进她的内心深处。

冬竺上课时总是穿着七分裤装或碎花长裙，知性而随和；开会等正式场合穿教师职业装，庄重得体；业余时间，一套麻丝休闲装，看似随意，却是精挑细选凸显她的精致；运动场上，一身短衣短裤，勾勒出她迷人的青春魅力，浅色碎花发结在随风飘舞的长发间若隐若现。

大杉专门买了亚麻休闲装，专业运动鞋，男士专用古龙香水。正式场合他穿西装戴领带，平时一身休闲装，他在向冬竺靠拢。为了在情感上接近冬竺，大杉开始苦读诗经，搜集流行的现代诗歌，冬竺发表的诗作更是一遍又一遍地诵读，诗社的活动他都去参加。冬竺是诗社的发起者和积极分子，每次活动都有她的身影，轮到其他老师主持时，她总静静地坐在前排位置，认真听他人的朗诵或发言。

又到诗社活动日，冬竺像往常一样坐在了最前排，紧邻她的座位还没人。大杉想坐在她身旁，故意在门外磨蹭，等到活动开始才进去，径直走到她身边的空位坐下，离得如此近，他的身体有些僵硬，又闻到那莫名的香味，既兴奋又紧张。在活动互动环节中，大杉鼓足勇气，用略带颤抖的声音朗读了诗经中的《隰桑》。

朗诵完后，大杉偷偷瞄了冬竺一眼，冬竺正微笑地看着他，好奇地问："你是哪个系的？"

大杉："化学系。"

冬竺吃惊地说道："啊，化学系的？没想到你喜欢《诗经》。情意绵绵的'隰桑'，特别有意境。"

大杉回应道："只是爱好而已，我叫大杉。"

冬竺笑着说："我是文学系的冬竺。"

活动结束后，大杉主动送冬竺回宿舍。他们开始有了来往，每次诗社活动结束，大杉都会送冬竺回宿舍。

在一次诗社活动中，大杉发现冬竺情绪低沉，坐在前排忧郁地望着窗外，脸上失去了往日的笑容，精致的妆容也难掩她忧伤的泪痕。

他们走在回宿舍的林荫路上，大杉问冬竺："今天你看起来很憔悴，是不是有什么事情？"

冬竺从恍惚中回过神来，声音很弱地说道："没有，就是最近有点累。"

大杉说："哦，你要保重身体，别太累着自己。"

冬竺没有回话，两人默默地走着。

大杉想打破这难熬的沉默，于是问道："你发现没有，只要是你主持的活动，年轻的男老师甚至男学生来得特别多？"

冬竺说："发现了，我自己也困惑，究竟是我主持的内容受欢迎还是我本人受欢迎？"

大杉："我觉得两方面都有。既然是小男生都喜欢来，说明是你的外在形象和气质的因素更大一些。你是否知道年轻的男老师们是怎么看待你的？"

冬竺："大概知道。无非是说我清高、自负、挑剔。"

大杉："你工作快两年啦，有那么多的追求者，怎么就没一个你看得上的？"

冬竺："我的家庭比较传统，父母对我的要求也比较严格，我并不是故意清高，只是觉得现在的男人缺少点什么，我一时也说不清楚。他们只注重外在形象，很少关注女人的内在需求。"

冬竺说话时，忧郁的脸上露出一丝不易被人察觉的无奈。月光下，她多姿的身体散发出淡淡的清香，大杉有一种迷幻之感。

大杉："你在大家眼里是一道亮丽的风景，知性、大方、高雅、精致。很多人想接近你，可又不知道如何接近你。"

冬竺看着大杉说：“ 那你怎么看我的呢？”

大杉深情地看着冬竺的眼睛，说道：“很难说。我不知道如何才能准确地形容你的魅力。你既像一个姐姐，让人有亲切温暖的感觉，又像一个妹妹，让人有想保护你的欲望。或许一句诗能形容你，‘虚心竹有低头叶，傲骨梅无仰面花’。漂亮、优秀、优雅、大方、孤傲都有，很难形容。”

冬竺看着大杉：“我想要……抱抱。”

大杉小心翼翼地拥抱冬竺，她紧靠大杉的肩膀，大杉吻着她的秀发，那迷人的淡淡清香……

从此，他们确立了恋爱关系，并很快步入了婚姻殿堂。

（五）道德婚姻

冬竺和大衫结婚后，过着幸福的生活，两人一起跑步，一起郊游，一起参加诗社活动……大杉视冬竺为女神，小心呵护；冬竺像姐姐一样，关心他照顾她。两年后，他们迎来了爱的结晶，一个可爱的女儿。

生活中，他们循规蹈矩，老老实实做人，踏踏实实做事，日子过得波澜不惊。

十二年后的一天，大杉来到了咨询室。

大杉对咨询师说：“老师，我现在很为难、很矛盾、很无奈，不知该怎么办？想听听您的意见。”

王老师：“请你介绍一下具体情况。”

大杉：“我妻子一年前检查出患有乳腺癌，做了右乳的切除手术。”

王老师：“现在情况怎么样了呢？”

大杉：“现在还在做化疗。”

王老师：“你们有孩子吗？”

大杉：“有一个十岁的女儿。”

王老师：“ 那么，你具体的困惑是什么呢？”

大杉：“不好说。”

王老师："你以前做过心理咨询吗？"

大杉："我们学校有心理咨询室，主要面对学生。我对心理咨询有所了解，但没做过，我不愿在学校咨询。"

王老师："嗯！明白。你有求助意识非常好，不愧是大学老师，素质高。现在我要向你解释一下心理咨询的相关原则。"

王老师向大杉详细介绍了保密原则等心理咨询的相关原则。

来访者明显表现出了某种顾虑和阻抗，此处介绍保密原则，可以减少他的阻抗，同时借此先建立相互的咨询关系。在建立咨询关系之前，避免直接询问来访者不愿主动表达的话题。

大杉："老师，医生找我去谈话，说像我妻子这样的情况，要尽量减少雌性激素对乳腺肿瘤的刺激与发展。我觉得医生的说法不太科学。"

王老师："你能够配合医生的治疗，非常好，说明你是一个有爱心、有同理心的男人。"

大杉："唉，没意思，我做得再好，人家也不一定领情。"

王老师隐约感觉到大杉话中有话，于是问道："不领情，具体指什么？"

大杉："她手术后，身体虚弱，为了不让她受累，照顾孩子及所有的家务事都是我在做。她参加一个病友群，并以此为借口常常出门。"

王老师："据我所知，病友群的成员都具有相同的症状，她们在活动中一起交流经验，能够起到相互支持、相互理解，对心理和身体的康复有积极的作用。她参加这样的活动你应该支持啊，怎么说是借口呢？"

大杉："有好几次我发现一个男人开车送她回来，很亲密的样子。在我不断地逼问下，她才承认那个男人是他的初恋，从小青梅竹马，追求她很多年，高中毕业那年他主动申请去当兵。我现在才醒悟过来，当年在大学那么多人追她，她一副清高的样子，实际上心里早有人了。她突然同意嫁给我的那天，是她初恋结婚的日子，我还以为她欣赏我，觉得自己水平高，很幸运，把她当公主一样，唉……”

王老师：“那就是说，你刚才说的困惑与难过，并不是因为妻子生病，而是情感出现了某种危机，是这样吗？”

大杉：“是呢，如果她不是病人，我想我会毫不犹豫地提出与她离婚，她怎么会做出这样对不起我的事情，太不道德啦。”

王老师：“你有什么具体的依据吗？”

大杉：“他们以参加病友活动为由见面，这就是依据嘛。一想到我们结婚前，她是在等待这个男人，我心里就不舒服。”

王老师：“按你的说法，因为这件事你不想再与你妻子生活下去了，但是考虑到她身体有疾病，这又让你矛盾和犹豫，是不是这样？”

大杉：“是的！既然他们两个从小青梅竹马，与其这样偷偷摸摸，不如我成全他们。”

王老师：“看得出你很难受，如果在这种情况下提出了离婚，无论是你和她的家人还是周围的朋友，都有可能认为你是因为妻子患病做手术而嫌弃她想离婚的，你顾忌别人的看法，所以才这么纠结。是不是？”

大杉：“是的，我在道德感和现实中不知所措。”

王老师：“有没有可能是你错了呢？你的猜测和怀疑误会了他们两人呢？比如说，他们之间并没有超出普通朋友的关系，只是对儿时的玩伴生病的一种关心或同情。”

大杉：“不可能是误会，要不然怎么会非要在我的苦苦追问下她才承认呢？”

王老师：“这个问题不是需要马上回答的，现在提出来的主要目的是要让你认真对待，你回去思考一下，就当是一个咨询的作业。”

大杉：“好吧。”

王老师：“你陷于道德感和现实的冲突中，说明你还是一个有担当的人。你们生活了那么多年，你认为你妻子是一个缺乏道德和道德感的人吗？”

大杉：“说不清，所以我才矛盾、困惑。她从事文学工作，内心丰富，审美意识强，很多时候不知道她在想什么，难以理解。”

王老师：“生活当中的每个人都有可能产生道德感和现实的冲突，那么你妻子是不是也有可能产生这样的冲突？因此，需要考虑另外一个问题，而且是一个重要的作业，如果你的妻子和她的玩伴有交集的情形，你除了表达负面猜忌之外，能不能正向地去看待他们的互动？希望你把两方面都列出来，我们下次再来认真地讨论。”

在婚姻家庭中，遇到问题和冲突是正常的，不管发生什么，真正有担当有责任的人应该有勇气去直面问题和冲突，而不是站在道德的制高点上，用负面的思维方式把别人想得很低劣。

咨询师小结

1. 咨询师要避免被来访者的说法带偏，特别是不要轻易做好坏对错、是非评价、道德评判。从咨询的角度说，来访者的所有经历和想法都是了解其成为现在这个“自我”的重要信息来源，通过这样的方式，可以帮助其成长。

2. 在本次咨询中，来访者的欲言又止，欲把所谓的不道德推到对方身上，咨询师没有直接揭示其意图，而是以作业的形式让来访者去思考，这样既可以留出咨询的时间，也不会破坏咨询关系。

（六）小江

小江和冬竺是邻居，从小一起长大，小江比冬竺小两岁，喜欢和冬竺姐姐一块玩。冬竺上小学一年级的时候，他还在幼儿园，冬竺每天放学后总会到小江家陪他玩一会儿才回自己家，在他们的家长看来，他们俨然一副亲姐弟的样子。

一次，小江不小心打碎了家里的保温瓶，怕被父母责骂，吓得躲起来不敢回家，小江的父母以为小江会跟冬竺在一起，到冬竺家一看，只见到冬竺一个人，顿时傻了眼，大人们四处寻找，依然不见小江踪影。冬竺突然想到了他们经常玩过家家的秘密基地，那是比小江还高的灌木丛中的一小块空地，地上长着茂密的青草，偶尔会有一两朵不知名的小花，曾经，他们用小花做了两个戒指，每人戴一个，在那里举行了秘密的婚礼，只不过冬竺扮演了新郎，小江扮演了新娘。想到这里，冬竺独自来到他们的秘密基地，小江果真在那里，蜷缩在地上哽咽着，当看到姐姐出现的时候，小江忍不住流出了眼泪："姐姐，我不是故意的。"

冬竺拉着他的双手："你肯定不是故意的，让姐姐看看有没有烫到哪里。"

他说："没有，我就是害怕。"

冬竺搂着他说："没事了，你爸爸妈妈都在找你，他们都很担心你，不会骂你的。"

小江趴在冬竺的肩膀上哭了起来，他闻到一股从姐姐头发上散发出来的香味，这缕香味一下子把他的恐惧、害怕、担心都驱散了，有一种安心的感觉。他喜欢姐姐的味道，紧紧地靠着姐姐，从此，那淡淡的香味与姐姐联系在一起。

不知不觉他们长成了少男少女，小江依然喜欢跟着姐姐玩，喜欢悄悄地闻姐姐身上散发的香味。姐姐长发及腰，小江对姐姐的喜欢，开始夹杂一种莫名的难以言表的特别情感。

冬竺上大学了，小江还在读高二，不再每天能够看到姐姐，他很难过。脑子里常常会出现姐姐的样子和她的味道。上课时他难以集中精力，学习成绩明显下滑，老师和父母都觉得出乎意料，帮他找各种原因，给他鼓励、加油、打气，但这些对他来说都毫无意义。

他自己清楚，是对冬竺的思念，让他心神不宁，专注力受到了极大的影响。他反复地问自己，我是不是爱上了冬竺？他逐渐意识到他对冬竺的情感已经超越了玩伴、姐弟，饱受少男对少女的相思之苦。姐姐那么优秀，漂亮，又热爱文学，她一直把我当小弟弟，怎么可能会爱我呢？我对她的思念是不是一厢情愿？

高中毕业，小江放弃高考报名参军，无论父母怎么反对，他都义无反顾要当兵。他的父母无法说服他，只好同意。入伍前，他专程去到冬竺所在的大学，看望日思夜想的姐姐，他要当面表达对她的思念与情感。可当他见到成熟大方的冬竺，还像以前一样轻柔体贴地喊他弟弟时，他突然觉得冬竺还是他心目中那个优秀的姐姐，酝酿许久的表白怎么也开不了口，不知道说什么，只说了一句："我一定会成为一个坚强的男子汉。"

冬竺心疼地对他说："你需要学会保护自己，在部队上别逞能，量力而行。我知道你是一个真性情的男人，无论你做什么决定，我都支持你。"

依依惜别时，小江又闻到姐姐身上的味道，他知道，那香味将是他永久的记忆和梦幻。

在一次野外训练中，远处飘来一缕清香，小江觉得非常亲切，突然意识到，这是姐姐的味道！他追寻着味道往前走，看到一片紫色的薰衣草。薰衣草的味道就是姐姐淡淡的清香！

小江写信告诉姐姐他的"薰衣草情结"，同时寄了一株薰衣草。

冬竺在回信中告诉小江，想象中的人物总是比现实中的人物完美，现实中没有完美的人，她没有小江说的那么优秀，作为一个女人，冬竺想要坚强的臂膀可以依靠，渴望一个具有文化素养，懂她并且呵护她的男人，并鼓励小江在部队好好磨炼，坚持学习，努力争取考上军校。

看了冬竺的信，他认为这是冬竺对他的拒绝，甚至对他有一点排斥，觉得冬竺看不起他，也许是学历低，文化水平不高的缘故。幻想中的爱恋破灭，小江失去了往日的激情与精神，最终没有考入军校。

小江退役以后回到家乡，经家人介绍，很快就结婚了，当冬竺知道小江结婚以后，不久就嫁给了大杉。

小江的工作和收入不是很稳定，结婚后一直没有要小孩，四年以后，妻子主动提出了离婚，他一直保持单身生活。

（七）纠结的情感

小江离婚后一直单身，对爱情和家庭失去了兴趣，但他一直在关注着冬竺姐姐，从未去打扰她，他希望姐姐过得幸福开心，听说冬竺生病做了手术，他难过、焦急、担心，坚持要去看望冬竺。

冬竺了解大杉是一个多疑、爱面子的男人，为了避免产生误会和麻烦，决定在外面跟小江见面。看到多年不见的弟弟小江变得大方稳重，身上流露出坚毅的刚强，已是成熟的男子汉。两人愉快地诉说这些年的经历，生活和工作中的挫折与成功。小江从事外贸行业，生意还不错，他告诉冬竺，有一年去法国出差，专程去普罗旺斯看薰衣草，在一望无际的薰衣草丛中，他被沁人的芳香包裹，贪婪地呼吸，有一种姐姐就在身边的感觉。

冬竺："我没有你想象的那么完美，准确地说我是一个不完整的女人。你还年轻，你有自己的生活。我不想拖累任何人，更不会拖累你，以后，别再来找我了。"

小江动情地说："姐，就算你老了不再漂亮，不再完整，在我眼里，你永远是我心中的女神。"

小江时常找各种理由请冬竺出去吃饭，陪她到医院看病检查。在她参加病友群活动时，他在门外面耐心等待活动结束，送她回家。小江的体贴与细致呵护，让冬竺陷入了既享受小江的照顾，又痛恨自己不是一个完整女人的痛苦挣扎当中。

一天，小江捧着一束薰衣草送给冬竺，对冬竺说："姐姐，你不要有任何的负担和纠结，我不奢望与你有任何结果，你是我心目永远的薰衣草，永远散发迷人的幽香，无论你是否生病，我都愿意为你去做所有的一切。"

（八）大杉的咨询

大杉："老师，您说的第一个问题我认真思考过了，我觉得他们是在找回年轻时候的感觉，我也相信他们可能没有出格的行为，但是在情感上已经'出轨'了。至于第二个问题，正向、负向的想法好像交织在了一起，如果他们真有感情，我的退出是正向还是负向呢？有人关心冬竺并愿意接纳她，对于我来说似乎是一种解脱，但同时也是一种罪孽。她在缺失了部分女性特征的情况下我离她而去，世人势必会认为我是一个人渣，我会被众人唾骂。"

王老师："你想得那么深刻，富有哲理，我能不能这么理解，你也想过和妻子分手，碍于妻子身体的现状，你无法开口？"

大杉："老师，您也是男人，遇到这种情况您会有什么样的感受？"

王老师："假设在你妻子没有患病做手术的情况下，她与小江同样发生了像现在这样扯不断的情愫，你有想离婚的打算，那么谁先来说破这个事呢？"

大杉："她不说我也会说。"

王老师："现在考虑到你妻子身体疾病的因素，你怕被世人用道德的标准来评判你、唾骂你，你才指望你的妻子先提出离婚，是吗？"

大杉愣了一下："哦，我明白您的意思了，就算她们有感情，以她现在的状况，她也不敢提出来，她也怕遭受各种'道德'的指责。"

王老师："现在的问题是不是逐渐清晰了？你的内心有了想离婚的意愿，但社会压力让你不敢开口；另一方面，按你的说法，你的妻子跟她儿时的玩伴还有感情，走得很近，就算她有离婚的想法，她也难以启齿。这不就陷入了一种无解的状态了吗？"

大杉："我还是希望有解。她这种精神上的出轨让我很难受，我希望她主动提出来离婚。反正我不想被世人指责我不仁不义，在他的父母和我的父母面前无法交代，还有我们的女儿，我更不想被她怨恨。"

王老师："其实，你没必要非要把自己置于道德的制高点上，这样你会很累，也会让对方很累。你们可以尝试着把彼此的真实想法告知对方，然后共同来决定下一步的行动，而不是口口声声为了对方和家庭好，内心却在等待对方先开口。仿佛谁先提出来离婚，另一方就站在了道德和正义的一方。无论你们最后做出什么决定，你首先要做一个坦诚真实的人，做到可以面对自己真实的内心并加以表达。如果你们之间实在是无法交流沟通，你可以考虑邀请你的妻子一起来做一次情感咨询。"

大杉："她不会来的，但是，听您这么一说我知道该怎么办了，我会找机会与她认真交流沟通。"

（九）尾声

大杉坦诚地与妻子冬竺做了几次交流，表明了他的真实想法，而冬竺也有离婚的意愿，于是他们商量决定和平分手，不再在疾病、现实、道德感、情感的痛苦矛盾中挣扎，相互折磨，并商定女儿跟着冬竺一起生活，大杉可以经常去看望她。

策略与技巧

1. 本案例属于比较特殊的情况，夫妻双方都有离婚的想法，但是由于妻子疾病手术的原因，谁都不愿意主动开口，怕给对方和其他人"不道德"的口实。

2. 在现实的婚姻家庭咨询当中，类似在咨询室要求咨询师做是非对错、道德评价的情况时有发生，咨询师应该特别注意，要保持中立、尊重、接纳等态度，避免引起其家庭矛盾。

3. 在婚姻家庭当中，道德绑架经常出现在弱势一方，弱势者希望用道德的"武器"来保护自己或家庭。

4. 特殊情况下，夫妻间弱势的一方会用道德把对方置于不道德当中，这其实也是一种变相的不道德。用道德来维系婚姻家庭的时候，其实已经表明家庭功能的丧失。因此，在这里建议有类似婚姻情感困惑的人们，不要用道德的"武器"来攻击对方，道德是用来要求自己的，而不是去攻击对方的。

5. 爱情最佳的保鲜剂是双方有自己的行为、心理、认知、审美等空间，特别是有自己内心世界的隐秘空间，不管是情人、恋人还是爱人，在任何一种亲密关系中都需要尊重对方的隐私，保持某种"距离感"。"距离感"对保鲜有特殊的效果，即便是夫妻之间，也有某些不愿让对方知道的，只属于自己的隐私。这个隐私就像一个上了锁的抽屉，只有他自己才能打开，因此，我们要学会理解、尊重、调和、包容。

6. 本案例最大的特点是咨询师始终没有明确指出来访者欲站在道德的制高点，把对方置于不道德的意图，而是用心理学的技巧和技术引导其面对婚姻和情感问题，找出应对策略和方法。

第六章　家庭功能缺失

家庭功能失调或缺失，不是指生理或心理的器官功能的失调，主要是指人际关系，特别是恋爱、婚姻、家庭等亲密关系的失衡或损害。在现实生活中，许多人在家庭功能失调或缺失的环境里成长，他们缺乏安全感和自我意识，难以建立健康的家庭关系和亲密关系，使得他们在成长过程中心理需求得不到满足，有些甚至受到伤害，影响正常的社会交往。严重的可能影响其交友、恋爱、婚姻、工作等。许多家庭并不能意识到家庭功能失调或缺失是造成上述问题的重要原因之一。

家庭功能失调或缺失会带来各式各样的问题。典型的是，交流沟通能力差；逃避、自卑、高自尊、缺乏边界意识、缺乏安全感等。从心理咨询的角度来说，目前以“家庭”为咨询主体的并不多见，大部分“家庭咨询”是个体咨询过程中需要家庭其他成员配合，或是咨询中发现来访者的问题主要源于家庭关系、功能失调等需要调整其家庭关系而改变咨询策略而形成的家庭咨询。

当然，个体的心理咨询对改善家庭关系和提升家庭功能也有帮助，根据我们的经验，由于家庭功能缺失或家庭关系不良导致的个体问题，通过家庭咨询对个体问题改善的效果更明显。这可能与家庭咨询在家庭成员中形成相互的支持和互动关系的改善有关。

通过案例大家可以看到，在现实生活中、在家庭成员中，无论是孩子的问题、还是家长的问题根据整体原则来解决和应对会有意想不到的效果。家连接过去与未来，对家庭功能的认知和发挥对每一个人都是极其重要的。从这个意义上来说家庭咨询以及有关家庭的各种常识的宣传还任重道远。

自主本能：又称‘自我保存本能’‘自我本能’，指先天具有、不学而会地保持自己不受伤害的倾向和能力。”弗洛伊德在其早期著作中基于生物学的事实，认为生物有自我保存和种族延续两种目的，与之相应的，也就把本能分为自我本能和性本能。自主本能的作用在于生物的自我保存，使自己避免受到伤害。在其后期著作中，他又提出了自主本能和性本能最后都是指向生命的生长和增进，因而可以合称为生本能。某些文学艺术家过于偏执地喜爱自己及与自己同类的作品，而排斥其他艺术家的创造，也可能与这种潜在的本能趋向有关。

（摘自湖北人民出版社，《文艺心理学大辞典》，2001 年版。）

案例四 自卑的代价
——隔代抚育的留守儿童

> 人的意识只是人心理结构中极小的一部分，就像冰山浮在表面的部分，而无意识才是冰山下面庞大的组成部分，是真正的“精神实质”。我们人的心理主要是由无意识控制的。
>
> ——【奥】西格蒙德·弗洛伊德

案例背景

晓涵虽然才上小学五年级，却已是学校有名的小霸王。在老师眼里，她是学习成绩不错的学生，在爷爷奶奶面前，她是能帮着种田的好帮手，但是在同班男生的眼里，却是一个惹不起的小姑娘，经常与男生发生冲突。她三年级从城里转学到这所乡间小学，本班和隔壁班的女生都愿意和她做朋友。

一次，上课铃声响起后，大家都规矩地坐回座位等待老师，晓涵却抓着坐在她前排的男生的头发，拿文具袋用力敲打他的后背。这一幕刚好被走进教室的老师看到了，一经询问发现，晓涵已经不是第一次这样做了，班上的好多男生都有此遭遇。晓涵经常和男生发生矛盾和冲突，多数时候是她占上风，在女生中树立了很强的号召力。针对她的行为，老师觉得有必要和她的家长沟通交流，但打电话却联系不上她父母，晓涵说：“我住在爷爷奶奶家，要请家长的话找他们，但是他们不会来的。”

老师本着负责任的态度，对晓涵的爷爷奶奶进行了家访，交谈中了解到，晓涵的父母已经离婚很多年，晓涵判给了爸爸，离婚后爸爸再婚，和继母生了个弟弟。她爸爸外出打工，继母带着弟弟住在城里，而晓涵回到乡里和爷爷奶奶一起生活。

晓涵最近一次在学校和男生打架时，老师打电话给她继母，希望她来学校配合处理。继母说："我跟他爸结婚以后，她从来都不听我的，她爸又在外地打工，没办法才让她去和爷爷奶奶生活，我出面没有任何作用，她对我很抵触，所以老师需要家长配合的话，可能要联系她爸，让她爸和她说才行。"

老师联系她父亲，他每次都会说："我那么辛苦在外面打工挣钱她还不老实，我回去会收拾她。"

面对她这样的情况，学习成绩还不错，但总是在学校惹是生非，老师很为难，家长不配合，经过反复做工作，晓涵同意老师的建议去找心理老师交流。

（一）问题的暴露在学校，问题的成因在家庭

小学五年级的女生晓涵，来到咨询室，她给心理老师的印象透着一种和她年龄不相符的成熟，不像一个小学生，更像是一个高中生。

心理老师请她坐下，向她介绍了心理咨询的保密原则、有诉求的原则等咨询原则。

晓涵说："老师，既然我能来就不怕你跟他们说。"

王老师："你说的他们指谁？"

晓涵："我爸和后妈。"

王老师："我们在咨询交流过程当中可能会涉及你的内心状态，或个人隐私，只要不危及安全或者触碰到法律，我们会尽到保密的义务。如果有需要告知你的家长或老师的内容，会征求你的同意，或者由你自己来告知他们。这一点我们要在咨询前明确地告知你，你能理解吗？"

晓涵："无所谓，能理解。"

王老师："现在请你说说你的情况。"

晓涵："人善被人欺，马善被人骑。我不愿意被别人看不起和欺负，所以只要他们敢惹我，我就敢打他们。"

王老师："请你说一下最近一次和同班男同学发生冲突的情况。"

晓涵："上课的时候他们讲话，自己不认真听讲还影响别人，课间休息时我跟那个男生说上课不要讲小话。他居然说我不就是个小姑娘嘛，还多管闲事。我听了后忍不住动手打了他，没想到被老师看到了。"

王老师："这是最近的一次，以前还发生过类似的事情吗？"

晓涵："发生过，最严重的是假期之前和一个男生打架，他骂我是'野人'，我太愤怒了，就用文具袋砸了他的头和脸，他当时就哭了，哭得还很厉害，学校叫了双方家长。"

王老师："你们家是谁来的呢？"

晓涵："我爸在外地回不来，是我后妈去的。后妈对他们赔礼道歉，并威胁我说看我爸回来怎么收拾我，假期时我爸回来了，真的为这个事情暴打了我一顿。"

王老师："听你这么说，感觉你被打得挺严重，你的语气却很轻松。"

晓涵："我早就习惯了，从小就被他打，不仅打我，还打我妈。这个家就是被他打散的。"

王老师："你的意思是你从小就经常被爸爸打，是这样吗？"

晓涵："是的，在我的记忆中我妈被打得更惨。那个酒鬼每次喝多了就和我妈吵架，打我妈。我妈和他离婚，我太理解了。"

王老师："请你说说现在的家庭情况。"

晓涵："唉，我爸在省外打工，自从有了弟弟以后，后妈就很不待见我，他们重男轻女，对我不管不问，觉得我是个负担，把我扔给爷爷奶奶。听奶奶说当初他们离婚的时候，我爸非要留下我，他认为我妈舍不得我，只要留下我就能拴住我妈，没想到我妈宁愿不要我，也要离婚。"

王老师："你和妈妈还有联系吗？"

晓涵："小学二年级以前还是联系的，她有时候会来看我，后来就再也没来过了。"

王老师："你有没有主动联系她？"

晓涵："听说她也结婚了，生了个弟弟，我也不想再联系。"

王老师："为什么不想联系呢？"

晓涵："他们都不待见女儿，只喜欢儿子。我不想给他们找麻烦。如果他们真的喜欢我，那他们为什么不主动来看我呢？"

王老师："在你心目当中，是不是觉得大人们都是重男轻女。"

晓涵："不是觉得，本来就是这样。有时候我会想我是个男孩就好了。"

王老师："我想问你一个问题，你除了会和男生打架，会不会和女生打架呢？"

晓涵："从来没有。"

王老师："假设某个女生也像男生那样说你，你会是什么感觉，也会那么生气吗？"

晓涵想了一下说："好像不会吧。其实我们班的女生和我关系都不错，不知道为什么，我就是不准男生说我。"

王老师："听了你的介绍，你的学习成绩不错，和女生关系也很好，就是经常和男生发生冲突，而且，那些引起冲突的原因如果是来自女生，你并不会与她们计较，更不会与她们打架，是这样吗？"

晓涵："是的。"

王老师"你弟弟现在几岁了？"

晓涵："我妈生的那个不知道，后妈生的这个 7 岁了。"

王老师："我说的是和你生活的这个弟弟，你和他关系怎么样？"

晓涵："我还是喜欢他的，只是看不惯他们全部人都围着他转的那种嘴脸，我宁愿和爷爷奶奶住。有时候弟弟来爷爷奶奶家，我还是愿意带他玩的。"

王老师："你多长时间会和这个弟弟一次见面？"

晓涵："平时很少见，只有逢年过节或者我爸回家的时候会带他来爷爷奶奶家住几天。"

王老师："你和弟弟在一起的时候，会生他的气或者和他发生冲突吗？"

晓涵："他那么小，不管他说什么我都当他不懂事，更不会打他。他和我在一起还是很老实的，有时候还很可爱，你看我手上的这个头绳是他送我的。”

王老师：“我们来做一个总结，在家里你跟弟弟的关系还不错，你不会因为弟弟对你的冲撞而生他的气，但与爸爸妈妈会产生冲突，特别是爸爸过去对你和你母亲的打骂，以及爸爸和新妈妈现在重男轻女的表现，让你觉得不可理喻和愤怒。你已经习惯了爸爸的打骂，对他的这种行为采取漠视和不在乎的态度。”

晓涵：“好像是的。”

王老师：“在学校和女同学不容易发生冲突，但一旦男同学招惹到你，你就有一种愤怒情绪，就要动手让对方屈服。有可能是这样吗？”

晓涵：“好像是的。”

王老师：“能不能这么说，你的性格是遇弱则弱，遇强则刚？在生活学习中，爸爸、男同学等男性角色让你有一种自我防御和自我保护的心态。当这种防御心态超过正常的防御需要，就变成一种攻击性，这种攻击性正是导致你和男生发生冲突的直接原因。”

晓涵：“老师，在我很小的时候，有一次看到我爸打我妈，抓着她的头发往墙上撞，我当时就想，等我长大了，等我有力量了，我要报复他，要把他打得向我们母女俩求饶，赔礼道歉。”

王老师：“那你现在还有这种想法吗？”

晓涵：“好像自从后妈生了弟弟以后，我爸的脾气变好了很多，他们吵架也变少了。对他的打骂我早就习惯了，我现在就想好好学习，迟早有一天我会离开他们的。”

王老师：“我知道你的学习成绩不错，但是你的这种情绪在老师看来还是需要做一些调整，要学会控制自己的情绪。将来你上了中学和大学，良好的人际关系就会显得更加重要。现在我们一起来制定这方面的计划和调整，你看看愿不愿意去尝试？”

晓涵：“可以试试。”

王老师："我看你手腕上这条漂亮的头绳，如果在学校又有男生招惹你，你就想一想你弟弟，招惹你的男生在你面前是你的同学，他在他姐姐面前也是弟弟呀，你也可以像对待你弟弟那样不生气、不攻击他。"

晓涵似乎有些不理解，静静地思考着。

王老师："要主动参加班级和学校的集体活动，回到家除了完成作业和学习之外，要帮爷爷奶奶做一点力所能及的事情。"

晓涵："我试试吧，他们玩的那些猫捉老鼠、跳绳……我看着感觉傻乎乎的，不想和他们玩。帮爷爷奶奶做点事情我倒是愿意的。"

王老师："老师相信你。"

咨询师小结

1. 通过交流，王老师发现晓涵对同年龄男生的攻击性来源于父亲对她和她母亲的打骂，她愤怒情绪的指向性主要是父亲及比她强势的男性角色，并且这种指向性有泛化的现象。

2. 问题的暴露在学校，问题的成因在家庭。在家庭关系中，是长期不良的互动模式给孩子心灵上造成的某种创伤所致。

3. 因为她还是一个小学高年级的孩子，除了行为练习和规划之外，需要家长、老师主动调整和改变成人自己的，以及他们和晓涵的互动模式，以配合孩子的成长，逐渐消除其内在的愤怒情绪。

4. 孩子的问题是在成长过程中长期形成的，学校老师和心理咨询师要知道类似这种长期形成的问题，需要家庭成员的配合，通常需要较长时间来逐步改变，不可能一蹴而就。

（二）家庭的配合

学校老师和心理老师针对晓涵的家庭做了大量的工作。假期，晓涵的父亲回到家乡，老师多次与晓涵的爸爸和后妈进行了交流沟通，向他们说明了晓涵存在的问题和问题出现的原因。一方面是晓涵和男同学打架的原因与长期被父亲打骂有关，另一方面是晓涵对男性的抗拒情绪来自父母重男轻女，对她缺乏重视的缘故。

班主任邀请心理老师和晓涵的父母共同交流，建议晓涵的父母，无论孩子说话做事如何不合他们的心意，起码要做到对晓涵不打不骂，同时也希望他们尽量不要表现出重男轻女的态度，平等对待晓涵和她弟弟。

妈妈："他爸爸这种性格不可能不打不骂。"

王老师："至少要做到不打。如果你们夫妻之间有争执吵闹，请不要当着孩子的面，这样有利于避免唤起她的不良记忆。"

爸爸："我们尽量配合。我为了让这个家庭好过一点，在外面打工，哪还有心思和精力来管她这些事情。她要再敢和别人打架和欺负别人，我回来打断她的腿。"

班主任："你刚才还说你会尽量配合，已经说了不打不骂，一分钟都不到你就忘记了。我们要签一个家庭承诺书，其他的事情暂时做不到可以理解，但是你要承诺不再打孩子。"

爸爸："现在的孩子真的是太难管教了，学校的花样也越来越多，可谁能理解我们做家长的苦衷？我们没有读过多少书，没有文化，生活上能尽量满足她就已经很不错了。"

班主任："孩子在成长过程中，很多性格的形成、生活的习惯，包括情绪状态都受到家庭的影响。父母的性格以及家庭成员间的互动模式，对孩子的影响极大，你们的夫妻关系以及你们之间的互动模式，孩子们都会看在眼里。孩子在成长过程中很多东西都是靠习得来的，你们就是你们孩子的模板，因此请你们在互动当中控制好情绪，不要成为'坏'的榜样。比如说，爸爸对孩子的打骂，已经给孩子的心理造成了很不好的影响。因此你们要学会做一个正常的人，比如说在她的爷爷奶奶面前，应该是正常的儿子和儿媳，你们夫妻之间应该是正常的丈夫和妻子，你们与同事朋友之间应该是正常的同事和朋友，而在你们的孩子面前，你们应该是一个正常的爸爸妈妈。这跟有没有文化、学历高低没有直接的关系。”

（三）性别气质的探索

晓涵上初中以后，依然和爷爷奶奶一起生活，父亲一直在外打工，每年基本上只有过年的时候才回家。在学校里，晓涵一如既往地特立独行，不喜欢和男生来往，在同学当中表现得强势，在班级里形成了一个小团体，她就像是“孩子王”。初三的时候，她经常和社会上的青年来往，有时会有社会上的青年约她出去玩，甚至出现过夜不归宿的情况。家长很着急，但爷爷奶奶的话不起任何作用，继母也表示拿她没办法。

初三毕业的暑假，学校老师强烈建议她利用这个假期做心理咨询。

王老师：“虽然你考上了高中，但是你的学习成绩很不稳定，这跟你的性格、与朋友的交往方式有关。建议你利用这个假期做心理辅导和咨询，为以后的高中或上大学做准备。像你这么聪明的女生，如果因为社会交往、认知偏差、性格问题等，影响了你的正常学习和将来的生活，就太可惜了。你在小学的时候就有过心理咨询的经验，老师的这个建议希望你能采纳。”

晓涵：“我知道我自己有问题，可咨询需要花钱，我不愿意乱花爸爸的钱，特别是爷爷奶奶的钱，咨询对我来说可望而不可及。”

王老师：“刚好现在学校和心理机构合作，免费为毕业班的学生进行心理辅导，费用问题你不用担忧。”

晓涵：“就在学校的心理咨询室吗？”

王老师：“是的，如果你愿意，我会提前和心理老师联系安排。”

晓涵：“好吧，我试试。”

心理老师和晓涵做了系统的心理咨询和辅导，在交流过程当中，她表现出了性别意识的困惑。

晓涵：“老师，我学习很努力，就是成绩波动比较大。我不知道为什么我总是看我们班的男生不顺眼，更喜欢和女生在一起。”

王老师：“你有些什么具体的表现呢？”

晓涵："我们班的雨晴，我看到她总有一种想要保护她的欲望，别人欺负她或者对她好我都会生气，我对她有一种特别的情感。"

王老师："听起来雨晴应该是女生吧？"

晓涵："是的。"

王老师："你对其他女生也会有这种感觉吗？"

晓涵："有时候会有，有时候会想如果我是男生多好啊。"

王老师："那你和男同学相处的关系怎么样呢？"

晓涵："我不喜欢学校里的男生，特别是我们班的男生。我觉得他们没有男子汉的气概，大多都是妈宝男，我会远离他们。"

王老师："你和男生都没有来往吗？"

晓涵："没有来往，当我看到有男生去讨好雨晴时，我就会生气，找借口和那个男生吵架。"

王老师："你和雨晴的关系怎么样呢？"

晓涵："我们关系还不错，她会告诉我有谁欺负她，我会帮她摆平。"

王老师："有没有特别吸引你的男生？"

晓涵："同学里面没有。我有个表哥经常带我和他的朋友一起玩，在一起唱歌、泡吧、溜冰。其中一个叫亮哥的，有一个女生特别喜欢他，公开追求他。后来不知道他们俩为什么发生了冲突，吵得很厉害，亮哥打了那个女生。当亮哥揪着那个女生的头发，扇她耳光的时候，我突然有一种冲动，觉得亮哥好酷，这种男人才叫男人。我暗恋上了他，我只有在那个时候才觉得自己是女生。"

王老师："你表哥和他的朋友们多大年纪了？"

晓涵："二十岁左右吧，"

王老师："他们是学生还是已经工作了？"

晓涵："他们到处打工，在社会上混。"

王老师："你能够顺利地考入高中，说明你平时很努力，你考虑过没有，如果你没有考上的话，你会做什么？"

晓涵："我一定会考上，我不会跟他们一样，我上了大学才能逃离我的家庭。"

王老师："听起来你是一个很有想法和追求的人，这在你这个年纪是很重要的。你知道马斯洛的层次需要理论吗？这个理论指出，人在获得安全感的需要以后，会有归属和爱以及自我实现的需要。要实现你的梦想和追求，是一种自我实现和自我超越的需要。老师觉得你目前被困在归属和爱的需要当中，这是因为你缺乏安全感所致。因此我们这个假期的咨询目标是要建立你的有效的社会支持系统，改善人际关系，弥补你在成长过程中缺失的安全感。你觉得怎么样？"

晓涵："我不懂，只是隐隐约约地有这种困惑，我听老师的。"

王老师："我们先把刚才说的作为咨询目标，在咨询过程当中，我们再根据需要做调整和改变。"

晓涵："好的。"

王老师："现在我们先来做几个约定，第一，在这个假期中，你每周要约两个同学一起活动，你看看能不能做得到？你有什么兴趣爱好吗，或者别人的哪些活动你比较喜欢？"

晓涵："我特别喜欢溜冰，有时候也喜欢看书，还喜欢看着天空中的各种形状的云彩飘过。"

王老师："很好，约两个以上的同学，最好男生女生都有，一起来做刚才你说的这几项活动，一起溜冰，一起看书学习，或者做他们感兴趣的事情。"

晓涵："我试试看。"

王老师："和同学的活动一周两次你觉得能不能实现？"

晓涵："我尽量。"

王老师："第二个约定是，由于你表哥他们都是成年人了，而你还属于未成年人，因此他们的活动对你来说不太适合，应该尽量避免参加。"

晓涵："其实我也不太喜欢和他们玩，但是我有时候就想见亮哥，我觉得他是唯一吸引我注意力的男生。"

王老师："在你这个年纪，异性之间相互吸引或关注是正常的，你说的亮哥很帅吗？"

晓涵："很帅倒是谈不上，我觉得他酷酷的。看到他打他女朋友的时候，我不知道为什么就觉得他对我有吸引力。"

王老师若有所思地说："哦，现在我们一起来做一个练习，请你想一下亮哥在你脑海里的记忆，尽量想清楚所有和亮哥有关的记忆，能想到什么都没关系，最好有画面感，想得越清楚越好。当你想好以后，请你举起右手示意老师，我们再进行下一步。"

王老师静静地观察晓涵的表情，等待她回忆和思考，大约过了两分钟，晓涵举起了她的右手食指表示她想好了。

王老师："脑海里呈现了什么？"

晓涵："老师，你真的让我想他的时候，他的形象变得好模糊，我希望想清楚他打那个女人的情景，不知道怎么回事，我刻意去想的时候，那个情景也变得很模糊了。"

王老师："你想到那个情景的时候，还有当时看到他打女朋友时的那种爽快感吗？"

晓涵惊奇地说："好像没有。"

王老师："那你是什么感觉？"

晓涵："我觉得痛苦、厌恶、无奈、无助。"

王老师："现在请你和老师一起做三次深呼吸，全身放松，眼睛微闭，你可以调整一下你的姿势，以最舒服的姿势放松自我。"

三次深呼吸以后，王老师让晓涵联想一下儿时最早的记忆，越早越好。

王老师："放松，入静，现在老师陪伴在你身旁，你是安全的，回忆你现在能想到的任何最早的记忆。七岁、五岁、三岁，越早越好。老师给你五分钟，五分钟以后，会告知你。"

王老师默默地看着晓涵，观察着她的面部表情，三分后，晓涵突然睁开眼睛说："我想不下去。"

王老师："没关系，我们一起做一次深呼吸。"

做完深呼吸以后王老师问她："说说你的情况。"

晓涵没有马上回应，看着心理老师。

王老师："有没有头昏、心慌，或者哪里不舒服?"

晓涵："没有，只是我觉得心跳有点快。可能是我想到的画面让我有点紧张吧。"

王老师："你想到了什么?"

晓涵："我想起了小时候，我爸爸骑在我妈妈身上打我妈妈的样子，我好害怕又很好奇。"

王老师："还有其他的吗?"

晓涵："我爸妈离婚以后，我妈妈很少来看我，我爸到外面打工挣钱来支撑这个家，那时候我觉得我爸才是真正爱我的，打我都是爱我的表现。当现在这个弟弟出生以后，他们溺爱他，所有事情都以他为中心，我开始恨他们，我时常会想到我的亲妈，想去找她，问她为什么不来看我?"

王老师："你找过她吗?"

晓涵："没有，他们刚离婚那几年，她还会来看我，她结婚后，也有了孩子，就没回来过了。"

王老师："现在请你想一下，你的儿时回忆与刚才对亮哥打他女朋友的记忆有没有相似的感觉?"

晓涵："啊！难怪我回忆亮哥的时候觉得模糊，原来是他的行为特别像我爸。难怪我想见他又怕见到他。"

王老师："这是你成长过程当中留下的创伤或情结，被潜抑在你的脑海中，我们刚才的练习是把你的记忆、创伤或情结显意识化的过程。按照心理学的原理，显意识化过程本身就具有疗愈作用。你对弱势的女生有一种保护欲望，对强势的甚至是有暴力倾向的男生有一种莫名的崇拜，这是你恋父、恋母情结的一种外化形式，因此你才有了那些看似矛盾，甚至冲突的表现。"

人的潜意识和残留记忆中被潜抑的人或事物在某种特定的情境下会被唤醒并与现实中的人事物重叠，使得当事人很难分辨。这种重叠效应既有唤醒潜意识和残留记忆的作用，又会干扰对现实的认知，甚至扰乱自我功能，让当事人困惑不已。意识化过程可以使这种重叠分离或清晰，从而进一步了解自我、认识自我。

晓涵："老师，那我该怎么做呢？"

王老师："其实我们前面已经提到过了。首先，你需要和你的同学以及其他同龄人建立正常的关系，不管是男同学还是女同学，都要保持正常的同学情谊和友情，跟他们保持符合你年龄阶段的适度的交往。其次，你要适度地去学习并保持适合你这个年龄的女性化特征。最后，和社会上的青年保持适当的距离，学会自我保护。"

这个假期，王老师建议晓涵的老师与晓涵的亲生父母取得联系，共同商量生母能否来看晓涵一次。

通过咨询，以及在学校老师和她亲生父母的配合下，晓涵的情绪和学习的专注力得到了很大的改善和提高。

心理动力学咨询是以心理动力学观点为基础的咨询，而心理动力学的基本观点之一是无意识的心理活动可以影响有意识的思想、情感和行为。

无意识是我们意识不到的心理活动。弗洛伊德在心理结构的冰山理论中，说明人的意识只是人心理结构中极小的一部分，就像冰山浮在表面的部分，而无意识才是冰山下面庞大的组成部分，是真正的"精神实质"。我们人的心理主要是由无意识控制的。

无意识主要来源早期生活，其内容一部分是来自遗传来的各种本能冲动，一部分是被压抑的心理活动，而这些心理活动往往是和社会伦理或道德相背离的。如果意识到它们的存在，可能使我们受到颠覆性的打击。

心理咨询的时候，需要王老师小心呵护，用温暖的方式来探索来访者的心灵。因为问题已经形成了很久，拨开是非常痛苦的过程。

心理动力学咨询的方法：

1. 揭露法

心理动力学咨询首先是要了解是什么在来访者的无意识中捣乱。所需要揭露的是内在的思想和情感，虽然被人们隐藏起来，却依旧始终影响着人们的自我知觉、人际关系、处事方式等。

有的来访者，在“无意识意识化”后，症状就可以得到明显的改善和好转。

2. 支持法

有时候，让来访者意识到无意识的内容并不能起到什么效果。特别是评估出无意识内容可能具有潜在的破坏性的时候，这些来访者还没有做好面对这些冲击的准备，贸然揭露是对来访者的再次伤害。

这时候，我们需要采用支持法来支持来访者薄弱或有缺陷的自我功能，需要通过咨询培养来访者一段时间，让来访者再次获得成长和力量，足以有面对无意识的力量。

揭露和支持技术并不是完全独立的两种咨询方法，往往是根据来访者的不同、阶段的不同而交替使用的，是随时根据来访者的需要来灵活调整的。

策略与技巧

1. 晓涵有儿时不良记忆的固着，通过心理动力学的原理，使其潜意识意识化、合理化，从而使她的状况得到改善。

2. 晓涵的负面情绪和行为问题与恋父情结有关，这种恋父情结又与父亲留下的不良记忆和负面形象交织在一起，潜在地支配着她的情感情绪和行为模式，在这个问题中，咨询师并没有揭露这种情结以及父亲留下的负面记忆，而是支持其自我功能的发展，这与晓涵的年龄和接受度有关。潜意识意识化需要根据来访者的年龄、接受度、认知能力、生存环境等综合考虑，即使你准备了愈合的操作，在类似本案例的这种条件下，有些问题也不宜被揭开。本案例给出这方面实际操作的示范。

3. 在本案例中的性别气质探索类问题，也没有直接针对其进行工作，而是通过建立社会支持系统，以有效的、与人的合作关系为基础，来逐渐实现情绪情感的再次发展，并形成自我的再认识。

4. 案例充分调动了学校、老师、家长等资源配合咨询，特别是建立了与其亲生母亲以及所有家庭成员可以接受的互动模式，对孩子的心理平衡起到了很好的作用。

5. 案例虽然没有涉及学习问题，但是通过学习与人的合作、人际关系改善以及心理的成长，对学习起了正向的推动作用。

案例五　爸爸妈妈离婚吧
——虚假的和谐是另一种伤害

> 对那些在充满不和谐的家庭中生活的孩子而言，父母离婚是有好处的，因为这能让他们远离了一个令人厌恶、充满冲突和敌意的家庭，最重要的是，离婚消除了家庭中“爱”的负面榜样。
>
> ——保罗·阿玛托《危险一代：在家庭巨变时代成长》

案例背景

叶琴女士和丈夫贾岸结婚十余年，孩子上初中。贾岸是公司高管，在职场春风得意，经常出差、加班、应酬，常常很晚回家甚至夜不归宿，在孩子成长过程中，付出很少。自从有了孩子后，因为育儿、家务、生活琐事，夫妇俩经常发生冲突，由争吵发展到漠不关心，叶琴忍受不了这样的生活，主动提出了离婚，但贾岸从来都不明确表态，态度模棱两可，只扔下一句话“等孩子大一点再说”。叶琴不愿再忍受这种婚姻关系的折磨与痛苦，觉得非常不值得，但想到年幼的孩子，又不得不忍气吞声维持着已经濒临死亡的婚姻，内心憋屈郁闷，很无奈，也很无助，前来咨询。

（一）传统母亲的悲哀

叶琴：“我们的夫妻关系变得越来越糟糕。我们经常为家务琐事，为孩子的抚养与教育的事情争吵不休。现在争吵少了，关系却变得更加冷漠，情况更加糟糕，有时候觉得日子过得实在没意思了，我提出离婚。但是，王老师，我实在不懂男人在想什么。”

王老师：“能否具体说说你的疑惑。”

叶琴："他工作忙，经常很晚才回家，甚至以工作忙为借口夜不归宿，没时间照顾家庭，特别是孩子上学以后，从未关心过孩子的学习，回到家也不愿意碰我。双方都过得不舒服，我经过长时间的思考，向他提出离婚，他却表现出犹豫，说我们没有到离婚那一步，为了孩子不该离婚。也有朋友劝我为了孩子再忍忍，说很多家庭都有类似的情况，都是等到孩子高考后才离婚的。这让我非常纠结和痛苦，熬到那个时候我都成黄脸婆了，难道这辈子就这么过下去了吗？"

王老师："现在确实有这样的现象，有的夫妻为了不影响孩子高考，选择在孩子高考后离婚，所以高考之后是一个离婚高峰期，也有一些家庭，担心影响孩子或是因为别的原因，就这样一辈子凑合过下去了。好像你们家庭不完全是这种情况，刚才你说过，从孩子上学以来，你们夫妻越来越冷漠，甚至完全没有亲密接触，是这样吗？"

叶琴："是的，我们差不多有四五年没有夫妻生活了，变成所谓无性婚姻了，现在就是在维持一个表面的家庭和谐。他升职以后，很看重给外界留下光鲜的表象和好男人的形象，公司有些需要家属参加的活动，他都会带我和孩子一起去，并表现出很幸福的样子。这让我觉得他很虚伪，不想配合他表演了。"

王老师："明白了。我想了解你们在家里是怎么相处的？"

叶琴冷笑一声，说道："在家里一开始还会争吵，后来发展为冷战状态，基本上一周说不上几句话，其实大家都心照不宣，少说少生气，有时候他出差很久，我妈来一起住，我反而觉得轻松很多。这样的日子，我觉得还不如离婚算了，但是母亲和朋友会劝我，离婚对孩子心理不好，特别会影响学习成绩，我女儿现在初二，挺关键的时期，如果因为我们的感情问题影响她的中考，我会内疚。很矛盾。"

王老师："听起来是很为难的，确实，长期以来人们一直认为模范的父母是可以为了孩子牺牲自己的幸福、保持家庭完整的，其实这种理念值得商榷。在孩子的成长过程中，父母的影响确实是很大，但是从心理咨询的角度来说，家庭角色定位的准确，家庭模式的良性互动，会给予孩子正向的模板，因为孩子的成长很多情况下是习得来的。试想一下，你们两人的争吵、冷战给孩子心理造成的冲击会很大。即便你们表面上维系一种虚假的和谐，它也会给孩子带来内心的挣扎和伤害，并且这种影响是巨大的。”

叶琴：“王老师，我太认同您的说法了，好想让我老公也听到这段话。”

王老师：“从婚姻家庭咨询角度来说，如果你的老公、孩子能够一起来做咨询，共同面对这个议题，可能会让大家都共同成长。”

叶琴：“好的，我问问他们。”

王老师向叶女士详细介绍了咨询方案和原则，约定下周的咨询时间。

（二）夫妻的内在冲突

叶琴和贾岸一起来到了咨询室。

王老师：“今天你们一起来咨询，非常欢迎。”

叶琴：“王老师，他本来不愿意来，我求他，才一起来的。”

王老师向丈夫说：“上次与你妻子交流时，已经向她介绍了有关咨询的设置和原则，今天也需要向你介绍，我们咨询的首要原则是保密原则，第二是有诉求的原则，无论是什么原因来到这里，在王老师看来，就是好事，说明你有面对问题的态度和勇气。”

贾岸：“我确实是不太想来，但我拗不过她，她说是为了孩子好，让我来听听你们心理学的观点，我不得已才来的。”

王老师：“多一个视角看世界，风景可能会不一样。想听你说说你的情况和观点。”

贾岸：“我们也没有什么本质的冲突，我并没有犯原则性的错误。我们虽然会为一些事情不断争吵，但是并没有达到离婚的程度。”

王老师：“你能不能具体说一下你们争吵的频率，以及具体的例子？”

贾岸：“前几年吵得多一些，比如说我回家晚，没有时间管孩子，对家里照顾不周等，这些都是吵架的焦点。”

王老师："那现在冲突变少的原因是什么呢？"

贾岸："这么多年来，家里的事基本上是她说了算，尤其是孩子教育的问题是以她为主导，我只要一发表看法，她就不高兴，就免不了争吵，我干脆不说了呗。最让人接受不了的是，不管说什么都要扯到我是个不负责任的丈夫和父亲上去。可是，这个家主要的经济支撑都是靠我，每个月的大项开销我都给钱了，我哪里不负责了？"

叶琴："你就只知道钱，人总不在家，什么事都指望不上，光给钱有什么用？我今天就把话说清楚了，要是离婚了，女儿归我，你给的钱都是她的教育和成长的费用，我不会要你一分钱，这个年代，我们女人经济是独立的，不需要靠谁才能生活。"

贾岸："你又把离婚挂在嘴上，这个问题我们原先讨论过，等孩子上了大学再说，这个时候折腾闹离婚，你不怕影响她考大学吗？到底是我不负责，还是你不负责？"

王老师："你们平时在家里的沟通交流，也是这样的模式吗？"

叶琴："差不多，更多的是他用冷暴力对待我，我说什么他都不回应，也不愿意见我，我一到家他就回他自己卧室。"

王老师："听了你们的叙述，有些问题需要跟你们一起交流一下。首先，父母担心会影响孩子，是不是维持一个不和谐的婚姻的理由？孩子的内心很敏感，你们开不开心、关系如何，孩子都看在眼里，心知肚明，只是站在他的角度，他不愿直接表达。请问两位，孩子为何不能直接表达，你们想过这个问题吗？"

夫妻二人沉默了一阵。

王老师接着说："因为孩子在家庭关系中是最弱势的一方，特别是在强势的父母面前，孩子一般会保持沉默，但这种沉默不等同于孩子认同你们，你们有没有尝试站在孩子的视角上来考虑你们的婚姻问题？"

贾岸："我们就是因为考虑女儿，才想着以后再说离婚的问题。"

王老师："非常好，看来先生想得比较长远。我们总以为让孩子受到伤害的是离婚，对‘离婚’考虑得很谨慎。没错，离婚会影响孩子，但实际上，离婚只是一种结果，而导致离婚的过程，则是一个漫长的不和谐或冲突的经历，这种经历对孩子心理的负面影响，可能大过离婚本身。你们在这个漫长的过程中的争吵、冷战、冷暴力等，孩子都是能感受到的，你们考虑过吗？”

叶琴皱着眉说：“我们的孩子现在上初二，她确实比同龄人显得孤僻、缺乏自信，情绪波动挺大的。”

王老师：“我们现在能够一起讨论这个事，愿意认真思考，无论对你们夫妻俩的婚姻，还是对孩子和整个家庭，都是有意义的。刚才丈夫说得最多的是经济功能，但是在婚姻家庭中，除了物质基础，还有思想情感、生理心理、教育等功能。你们是否意识到，你们二位所交流的内容，更多的是物质和自我情绪的满足，缺失了其他许多需要共同经营的方面。因此，王老师建议你们要多从情感方面去交流，希望能够重新唤醒生理、心理方面的激情。当你们的夫妻关系、交流模式得以改善，对孩子的影响才可能是正向的。希望你们回去在这些方面做一些思考和调整。”

夫妻俩回去后进行了沟通，双方都做了一些调整，最终决定维持现状。同时，二人隐约担心孩子的性格受到了影响，于是带孩子前来咨询。

（三）他们离婚，是我从小到大的心愿

一家三口前来咨询，女儿小梦身材瘦削、眼神灵动，机敏中带着几分胆怯，一进门就四处张望，像一头在草丛中观察外界的小鹿。

王老师：“很高兴见到你们一家人来咨询。”

然后对小梦说：“怎么称呼你？上几年级了？”

小梦：“贾梦，初二。”

王老师：“你和爸爸妈妈一起来，在王老师看来是很不容易的，青春期前后的学生，不愿意和爸爸妈妈一起活动，何况是一起来咨询，所以，你能来说明你是一个很会顾及别人感受的孩子。”

小梦：“我们学校也有心理老师，我挺喜欢上学校的心理课。”

贾岸："王老师，之前与你交流了以后，我们觉得真的需要做一些改变，我尽量早回家，帮她妈妈洗菜做饭，陪她做作业。但是，不管问她什么，跟她沟通，她都不吭声，回避与我们交流。这次期中考，她成绩下滑了，上周我去参加了学校的家长座谈会，老师反馈说，她除了成绩下降，在班级中性格显得很高冷，很少参加集体活动，不主动与同学交往。"

叶琴："我们这个年纪了都还在学习，她那么好的条件，却还不努力。我和她爸爸在单位与其他人关系都不错，怎么她这么难相处呢？"

小梦顿时流下了眼泪。

贾岸："和其他家庭一样，我们对孩子的付出也挺大的，从她上幼儿园开始，我们就给她报了各种兴趣班，那个时候孩子不像现在这么孤僻。但是，老师都说她的专注力差，学乐器、绘画静不下心来。多花点钱也没关系，我们希望女儿能够快乐成长，但是好像钱花了，力也出了，却没有看到效果。"

叶琴："都说女儿要富养，她需要什么，她的同龄人有什么，我们都会尽量满足她。可是，她好像没有什么反应，既不排斥，也不高兴，真不知道她心里整天想什么，她的这种性格不像她爸，也不像我。"

贾岸："最近这几年，我工作忙，应酬又多，工作压力大，没有太多的时间和精力去照顾她，主要是她妈妈在管她，现在她长大了，应该懂事了，可我们感觉她越来越陌生、疏远，不愿意与我们好好交流。为这事，她妈妈对我意见很大，说我没有尽到做父亲的责任，如果女儿的考试成绩不好，我就更惨了，被她数落、抱怨。参加这次家长座谈会……"

贾岸正要继续抱怨妻子和孩子，小梦突然撕心裂肺地大叫："你们真变态啊！"

小梦："你们越说越离谱，小时候在家见到最多的就是你们吵架、摔东西，只有对付我的时候你们才是一致的。我非常羡慕别的同学，他们的父母关系很好，一家人高高兴兴地出去玩，去逛街，我为什么会有这样的父母？整天只会吵，实在是受不了。你们就是骗子、演员，在别人面前装得没事一样，在家里就是吵吵吵、骂骂骂，互相指责抱怨。"

小梦接着说："你们的装腔作势我早就厌烦了，从小到大，我最大的作用就是要维护你们的面子，你们根本不是真心实意地关心我，只关心我学习成绩。我都上初中了，交朋友还要经过你们审核，这个行，那个不行，你们自己的关系都处理不好，还要联合起来要求我。有同学来家里找我玩，我妈妈就摆出一脸不高兴的样子，让我在同学面前很丢脸。"小梦的情绪从委屈变成了愤怒。

叶琴："女儿，我们这样做都是为你好呀。"

小梦对妈妈说："你不要口口声声你们俩、你们俩，好像你们关系多好似的。从我上学到现在，你们吵了多少年？我都不好意思说，你们只是维持表面的和谐罢了。实话告诉你们，从小学三年级开始，我最大的心愿就是，你们快点离婚吧！"

听到女儿的话，夫妻二人都用一种震惊的眼神看着女儿，又互相对望了一眼，除了小梦的哽咽声，咨询室听不到其他声响……

王老师此时有意地让沉寂延续一阵，抽了两张纸巾递给小梦。此时，使用的沉默技术是为了让所有人都有时间去听到小梦的内心独白，也让父母有时间去思考反思自我。女儿的话掷地有声，贾岸和叶琴听完，仿佛脸上挨了几个耳光，懵了。他们没想到女儿会这么说，一时有些不知所措。

小梦情绪稍微平复后，王老师说道："相信作为父母，你们是第一次听到孩子内心真实的表达，对你们是一种震撼。孩子刚才的表述，对于我们所有成年人，特别是爸爸妈妈，是一种提示或警报。"

父母是否意识到在家庭关系互动当中，坦诚、真实，勇于直面问题和困难是非常重要的。特别在亲子关系和亲密关系当中，所有的掩饰、虚情假意，亲密关系中的人或多或少都会感受得到。它们对关系的改善起不到正向的作用，反而会产生伤害，尤其是对未成年的孩子，会导致成人不为所知的儿时记忆和负面影响。

王老师："现在请爸爸、妈妈平复一下心情。我和小梦交流一下，你们听着就行，请不要打断。在亲子关系中，父母处在强势地位，学会倾听特别重要。"

王老师对小梦说："现在请你做三次深呼吸，先放松一下。"

王老师："你刚才说到小学的情况，现在请你尽力回想最早的记忆，越早越好。你可以用最舒服的姿势，闭上眼睛，慢慢思考和回忆。"

小梦闭上眼睛，想了一会儿说："我想起大概五六岁时去上绘画班的情景，别人都在开心地画画，我却在担心爸爸妈妈会不会离婚，他们好像吵得很凶。"

王老师："我们的儿时记忆代表了很多东西，按你的表述，爸妈的争吵伤了你的心，让你分神了，没办法专心地去做一件事。"

父母的关系无论是正面的还是负面的，孩子能感受到，并且孩子天然会认为维护家庭和谐是自己的责任，父母的争吵，除了会给孩子带来伤害，最直接的影响是令孩子缺乏安全感，进而缺乏专注力，这样的孩子，会把注意力放在自己是否安全、关心成年人的关系上去。

王老师对父母说："现在你们能够理解小梦为什么那么委屈了吧？你们名义上是为了孩子好，但是你们的行为和表现又在无形中伤害孩子，这种矛盾带给孩子的困惑和冲突，是她难以承受和理解的。"

现在请你们一家三口一起来思考一下，你们刚才所说的问题都是问题，但是，问题只是问题，你是你，你不是问题本身。假如现在发生了一个奇迹，能让所有的问题都消失，那么，在这个奇迹发生之后，你希望你们的家庭是什么样子，或者说你需要什么样的生活？

一分钟之后，王老师邀请贾岸来说，他表示让妻子先说。

叶琴："我希望回到过去，我们之间不再争吵，和睦相处，对孩子没有伤害。”

王老师：“刚才说过，问题是问题，奇迹发生之后，问题就已经不存在了，别再去纠结过去。”

叶琴：“那我希望我们与以前做个了断，不要再互相折磨，不要再给孩子带来伤害，我以为貌合神离还能勉强维持一个家的样子，但是这样既不符合现实，还带来了更多的问题。”

王老师：“这个感悟非常好，那爸爸是怎么想的？”

贾岸又看向小梦：“女儿，你先说说。”

小梦：“如果真有这种奇迹的话，我希望看到你们各自都有快乐的生活，我们同学中也有父母离婚的，但父母对孩子的关爱一点都没有少，他们也过得挺好的。不像你们，人前人后两个样，实际上还不是互相折磨。”

所有人都在看着贾岸，等着他开口。

贾岸：“我没想到女儿那么小就希望我们离婚。可想而知，我们对她的伤害有多大，我觉得对不起女儿。我们一直以为是为她好，在家却一面争吵，一面维持家庭和睦的假象，可悲的是，还在商量等到女儿高考以后再离婚。现在看来，这种想法既伪善又愚昧，真是既可笑又可悲。刚才听到孩子的哭诉和内心的表达，让我感到惭愧，我们不懂孩子，反而是孩子更理解我们做父母的。”

王老师：“有一本书，书名是《危险一代：在家庭巨变时代成长》，其中提到，对那些在充满不和谐的家庭中生活的孩子而言，离婚是有好处的，因为这能让他们远离了一个令人厌恶、充满冲突和敌意的家庭，最重要的是，离婚消除了家庭中‘爱’的负面榜样。”

王老师接着说：“除此之外，人们为了孩子不离婚，真实的缘由也有可能是来自对未来不确定性的恐惧，特别是现代社会，离婚的成本是很高的，这样会给很多人带来压力和恐惧，他们宁愿忍受现状，也没有勇气去面对未来的不确定性，更不愿意付出代价，这种代价可能是情感的、经济的，甚至是生存上的。为了孩子不离婚，可能仅仅是个借口而已，希望你们作为家长好好思考一下。”

在父母口中“为了孩子”这句话的背后，隐藏的有可能是不愿接受情感破裂，对独自承担抚养责任的恐慌，担心舆论的压力等种种因素。有不少夫妻，即使知道感情已无法挽回，仍寄希望孩子能成为套牢对方的最后手段。

贾岸若有所思：“看来我们得认真地重新面对婚姻了。”

叶琴：“我们一直都觉得，不离婚是为了孩子好，这么看来，我们的想法也有问题。”

王老师：“是的，从本质上来说，离不离婚，应该根据你们成年人自己的情感状态来做出决定。家庭的核心是夫妻关系，如果夫妻关系的基础已经不存在了，家庭也就失去了核心。但是，你们作为父母的角色是不会变的，对孩子的爱还是持续存在的。”

（四）孩子去哪儿

两个月后，叶琴和贾岸告诉王老师他们已决定离婚，但两人目前纠结的问题是，离婚后如何共同养育孩子？

针对他们的疑惑，王老师说：“你们能够有勇气面对现实和自己，是一种进步和成长。处理好你们的关系，对于整个家庭中的成员来说是都有益的，特别是可以减少对孩子的负面影响。”

贾岸说：“谢谢王老师，通过您的咨询我们才意识到自己的问题。现在的问题是对离婚后如何共同抚养女儿，不让她受我们离异的影响，我们产生了困惑。”

王老师：“根据长期的咨询经验，我的建议：第一，要坦诚地告知孩子你们的决定，重要的是要向她表达这是你们两个成年人的决定，不需要她承担责任；第二，需要向她表达你们不会因为离婚而减少对她的爱；第三，孩子和谁一起生活，要尊重她的需求和想法。”

贾岸：“我们已经商量好了，尊重她的选择，她跟妈妈过。”

王老师：“好的，你们的经济、情感、时间等如何合理分配，希望你们拿出一个可行的方案，并征求女儿的意见，她现在处于青春期，非常在意是否受到尊重和理解。”夫妻二人都点头表示认可。

王老师：“还有一点，虽然孩子跟妈妈一起生活，但是与父亲的亲情是无法割舍的。在孩子的成长过程中，父亲的陪伴也重要，所以她与父亲在一起的时间也要做一个规划和考虑，如果孩子提出假期要跟爸爸住几天，应该尊重孩子的想法，你们作为父母需要达成共识。”

叶琴说道：“好的，我们会一起商量这个事情，只要对她好，我们都愿意配合。”

王老师：“在孩子的印象中，你们之间的冲突及抱怨太多，给她造成了压力和伤害。你们离婚后，不要在孩子面前抱怨或诋毁另一方，尽量保持对待孩子的规则与监督的一致性，不要给出矛盾甚至是冲突的信息。你们可以发展出一种养育孩子的爸爸和妈妈的新型关系，使得与孩子的亲情纽带得以延续。”

夫妇俩表示会与女儿一起商量今后的交往模式及抚养女儿的妥善方案。

策略与技巧

1. 本案例以妻子的个体咨询介入，转为婚姻家庭咨询。

2. 关系是有寿命的，当婚姻已经消亡，需要引导来访者面对离别，完成哀悼，进入新的生命阶段。

3. 很多夫妻认为离婚会给孩子造成负面影响，所以维持婚姻虚假的和谐，却又持续不断地冲突、抱怨，这样的反差给孩子带来的困惑及伤害超乎他们的想象。

4. 孩子的学习问题和专注力缺失，有可能源于长期冲突的环境，但父母却一味地认为是孩子自身的问题，难以正视是家长自己处理彼此问题的不当方式带来了孩子的行为问题。

5. 应用了后现代心理疗法，可以快速让家庭成员发现自己的问题，让当事人不纠结于过去和问题，而是直面未来，快速找到新的解决路径与方法。

6. 在家庭咨询的互动中，每一个家庭成员都是其他成员的对镜，通过观察别人的镜像，可以看到自己的投射。

7. 家庭咨询对咨询师的观察能力、控场能力要求较高。在家庭咨询中，多个家庭成员同时咨询，咨询师需要观察现场每一个家庭成员的表情和情绪变化，适时调整现场的咨询气氛，顾及每一个家庭成员，把握咨询方向。观察力需要在平时加以训练，也可在团体咨询和角色扮演的训练中提高。

第七章　家庭关系中的角色错位

每一个人在生活中都承担着多种社会角色，在家庭中也有多种角色，如孩子的母亲同时也是妻子、女儿、儿媳等；孩子的父亲也是丈夫、儿子、女婿等，这些角色具有各种特质和功能，它们有交叉和重叠。在家庭关系中常出现两大问题，一个是家庭角色错位，另一个是边界或边界感缺失。它们又会给家庭关系和个体带来问题，特别是在亲子关系中给孩子的成长带来各种问题，影响孩子的正常发展。比如：具有大男子主义的强势丈夫，表面上看他对孩子很关心体贴，这个爸爸角色的特质很可能被强势丈夫的角色所淹没而给孩子带来负面影响；一个妈宝男的爸爸，他的父亲角色特质很可能被“妈宝”的特征所替代，孩子从他身上习得“妈宝”的特质，使孩子表现出退缩、逃避、内心冲突等情况。

边界感缺失会则使家庭关系混乱，给家庭成员带来压力和角色错位，有些角色功能丧失等，在亲子关系中，孩子可能产生自卑、不懂得尊重、自我意识缺乏、自我认同不足等心理。

病理心理学：也称‘变态心理学’或‘异常心理学’，主要研究人的感知、记忆、思维、情感、意志、人格等方面的异常表现，在对此进行描述、分类、解释的基础上，阐明其发生的原因和机制，并且探求矫治与预防的措施。变态，是相对于常态而言，变态心理有多种表现形式。变态心理学不仅研究不正常的心理过程，还要研究人格特征的病理状态、智力的病态畸形，即包括非精神病人催眠状态或其他特殊意识情况下也可能出现的行为及心理异常。变态心理学的研究范围已经扩大到一切临界状态与人格特征。目前，许多异常现象还得不到圆满的解释。近年来，结合临床的实验心理学开始起步，心理生物科学和交叉文化社会学等方面的研究迅速发展，对身心关系以及社会文化对心理影响等问题有了新的认识，这为变态心理学的研究开辟了新的途径，并促进了这一学科的发展。变态心理学同时为社会学、文艺学、美学、文化学、心理学、哲学等社会科学的研究提供了新的方法和理论基础。变态心理学在文艺学、美学的领域里，为人们对创作主体和欣赏主体的心理机制的研究开拓了道路。变态心理学认为，艺术家先天气质特异，生活理想特殊，易和现实发生冲突，导致心理病态，然而获得一种特殊的创造力。这种敏感的情绪及心态，使他的创作带有强烈的反传统、反社会倾向，如陀思妥耶夫斯基、卡夫卡等人的创作。审美及创作，不同于科学家那样需要清醒的理智，某种恰到好处的变态心理甚至会使创作者和欣赏者敏感地把握每一刻稍纵即逝的情绪及信息，从而走入一种物我合一的癫狂状态。弗洛伊德创立精神分析学，从变态心理学的角度把握文艺心理学，影响深远。

（摘自湖北人民出版社，《文艺心理学大辞典》，2001 年版。）

案例六　无形的边界

——家庭关系中的边界意识

边界和边界感是对人格的一种尊重，是成年人最高的修养。边界感能让你去抵御那些不合理的要求，再亲密的关系也必须拥有。平等理性地尊重每一个人，彼此之间留一点分寸，让爱和亲情有流动的空间。

拥有边界感，是爱的一种艺术。

案例背景

高中学生小雄高大帅气，他的母亲很强势，试图掌控和管理他的一切，不仅要求他学习成绩必须好，还要有出息，甚至情感方面也要把控，小雄正常的交友也必须要通过她的审查。小雄的学习能力不太突出，成绩一直处于中游水平，他在学校与同学发生冲突，其结果便是母亲经常被请到学校谈话。久而久之，小雄母亲每次从学校回来，对待小雄的态度已经形成了固定的模式，首先是严厉地批评指责，其次是讲大道理，最后是小雄必须承认错误，还要保证按母亲的要求去做。她的处理方式让小雄接受不了，特别是第三条。小雄爸爸深知小雄妈妈的强势作风，多采取回避态度，以免引火上身。

小雄养成了内敛、执拗，在人际交往中被动的性格。父母对他只有严厉的批评与教育，缺少亲情的理解和鼓励。因此，日常中发生了什么事，他都不愿告知家长，特别是不想让母亲知道。例如在学校与同学、老师发生了矛盾冲突，他在家中避而不谈，只有问题严重到学校需要通知家长，父母才知道。

高二时，小雄父母的婚姻关系产生了严重危机，一度闹到要离婚的状况。在此期间，小雄母亲到咨询机构求助。

（一）委屈的妻子

小雄母亲罗女士来到咨询室，言语强势又带有几分委屈："王老师，我是一名教育工作者，自认为还是懂教育的，我的儿子从小基本都是我在培养。他爸爸只是一个中层干部，自我感觉良好，整天忙于工作，对家和儿子不闻不问。我忙里忙外，辛辛苦苦为这个家付出了很多，可是他爸爸越来越不像话，总是借口出差或工作上应酬，晚回家或夜不归宿，更过分的是，总有一些女人围着他转。更让我受不了的是，他与那些乌七八糟的人在一起时能说会道，谈笑风生，回到家里却总板着脸，寡言少语，对我敷衍冷漠。他们父子两人就是一路货色，儿子在学校有什么问题，丈夫在单位上遇到什么难处，从来不会跟我说，他们的事我都是从别人口中知道的。当我质问儿子的时候，他很抵触，嫌我烦；想问问丈夫单位上的事，他也嫌我啰唆，直接说，我的事你别管。"

王老师："除了工作、学习的事，家庭生活中的其他事情，你与先生和儿子有交流吗？"

罗女士："我倒是想交流啊，但是说什么他们都没反应。最近我和我丈夫之间的关系越来越疏远，感觉很陌生。有一天，他在外应酬到半夜才回来，我忍不住质问他，为什么他的应酬总是那几个人，而且其中有个女人和他走得很近，我问他们是什么关系。他一口咬定是正常的工作关系，说我胡思乱想，胡搅蛮缠，并说再这样下去就要与我离婚。我没想到，他一个平时大气不敢出，遇事都要我拿主意的男人，居然理直气壮地说出要离婚……"

王老师："对他这样的反应和说法，你是什么感受？"

罗女士："我太吃惊啦，简直不敢相信。"

王老师："听你说来，你丈夫一反常态的强硬，让你第一次感受到来自他的强烈冲击。以前你们发生过类似的冲突吗？"

罗女士："小吵小闹太多了，可像这样敢直接提离婚真的是第一次，真的想不到。"

王老师："你们平常的小冲突一般是如何平息的？"

罗女士："谁有道理谁说了算。"

王老师："我猜，你有道理的时候要多一些吧？"

罗女士："那当然了，因为我说得正确呀，他基本都是听我的。"

王老师："我能否这样理解，你们家的互动模式是'讲道理，分对错'的方式，而你总是正确的那一方。"

罗女士："我的水平本来就比他高嘛。"

王老师："在传统家庭中，会有人想要一言九鼎，具有不可反抗的权威，你的婚姻在某种程度上沿袭了这种家庭模式。你是否思考过，婚姻家庭有什么功能？"

罗女士："不就是结婚生子、传宗接代，共同抵御各种风险和压力嘛。"

王老师："说得很好，不愧是搞教育的。还有没有别的，家庭功能如何才能得以体现？你说说看。"

罗女士若有所思地看着王老师："没考虑过。"

王老师："婚姻关系除了你说的这些之外，还有快乐可以共享，困难、痛苦、压力等需要共同分担。你的家庭都是你说了算，你的先生和孩子总是要听你的，现在请你思考一下，这样的互动模式里是不是缺少了点什么？"

在家庭的互动模式中，所有的家庭成员都是运动员，没有裁判员。也就是说，家庭中不需要"法官"去评判他人，对于任何一个家庭成员所谓的对与错，所有家庭成员都有责任和义务去分担。

罗女士："因为他们的做法不合理呀，既不高明，不是最优方案，我这么做可都是为他们好啊！"

王老师："这就是王老师想让你思考的原因，你的家庭互动里缺少了一个重要的功能情感功能。换位思考一下，假如你在单位受到了挫折、伤害，你是需要你丈夫或家人来评价你行为的对错，还是希望得到他们的理解和安慰，希望他们能懂你？"

罗女士："王老师，我太希望我丈夫能懂我了！可是他就是榆木脑袋，根本不懂。"

王老师："你受伤的时候，你的家人，特别是你丈夫的一个拥抱，一句安慰，为你做一碗热汤，会比所有的说教都显得更有力量和温暖。即使是你真的错了，如果你丈夫这时说教式地告诉你错在哪里，你会有什么反应？试想一下，这两种方式会带给你什么不同的感受。"

罗女士沉默了一会儿，似乎在思考："这两种感受肯定是不一样的。不瞒您说，我们的情感交流的确是越来越少了，我和丈夫已经分房很长时间了。我们确实忽略了情感方面的交流，习惯性地只盯着对方的坏与错，好像在互相找茬。"

王老师："你能觉察到这一点非常好。现在请你想一下，你们家最难受的人是谁？"

罗女士委屈地说："目前肯定是我啦，谁都不听我的，并且我都被人威胁要离婚了。"

王老师："你没有完全理解我的意思。我的意思是，你儿子是你们家庭中最弱势的个体，他长期生活在这样的氛围中，没有自由和自主的空间，他应该才是你们家最难受的人。"

罗女士："喔，我们确实忽视了儿子的感受。"

王老师："希望你能调整与儿子的互动模式，不要去做那个缺乏温情的'法官'。"

罗女士："噢！好的，我会去调整的。"

王老师："至于你丈夫提出离婚的事，你有什么想法吗？"

罗女士："王老师，您刚才说我们缺乏情感功能，我觉得很有道理，我也有做得不好的地方，但是让我向他认错，我可能暂时还做不到。”

王老师：“我非常理解。互动关系的调整不会一蹴而就，需要长期的坚持与相互间的适应，你现在能够意识到需要调整，就是朝好的方向迈出了最重要的一步。至于你和你丈夫的婚姻问题，王老师建议你去征求一下他的意见，希望他能与你一起来咨询，再做下一步规划。”

罗女士：“好，我可以跟他说，但最好是他自己来，免得我在场他又不吭声。”

王老师：“没问题。根据咨询的相关原则，你要先征得他的同意，有些内心状态和情感情绪属于你们各自的隐私，单独咨询会更方便交流。如有可能，我先和他单独交流，之后再根据具体情况决定是否需要你们夫妻一起做伴侣咨询。”

罗女士：“好的，知道了”。

（二）无奈的丈夫

丈夫吴先生同意了妻子的建议，一个人来到咨询室。在交流中，吴先生表示他并不是真的想要离婚，那天提出离婚，只是冲动之下的情绪发泄，他也后悔说出这么不理智的话，的确是很伤感情。但是，他们夫妻长期的互动模式和关系，让他感觉非常压抑，于是找各种理由和借口晚回家，只要单位有出差的机会，他都会去争取，其实是为了逃避妻子躲清净而已。

王老师：“我能理解你的心情，据你妻子说，你在单位上和应酬中都属于相对活跃、开放的角色，而且在你的工作和应酬中，有些女人让你妻子感到不舒服，她对你不是很放心。”

吴先生：“我在单位上大小是个领导，比较受同事的尊重，但回到家就被她劈头盖脸地数落，被她教育得比我儿子还像儿子，我只有在工作中和同事一起的时候，才能感受到尊严和自我。”

王老师：“问题是你的爱人觉得你缺乏边界意识，工作和应酬中的交往超出了正常的职场人际范围。”

吴先生："王老师，她的确是在这个问题上纠缠不休。她真的是想多了，实话说，我就是有这个心也没这个胆啊。您知道，现在的应酬，大家在饭桌上都比较活跃，各种段子满天飞，言语中不乏一些挑逗的玩笑话，但也只是停留在口头上罢了。为了让我妻子放心，我曾尝试过带她一起去参加聚会，但她特别古板，看不惯这看不惯那，在聚会上毫无顾忌地表达她的不满，让我在同事面前下不来台。我也就不想让她参加聚会了，这又引起了她的猜疑和嫉妒。"

一方面，丈夫在工作和应酬中缺乏边界意识；另一方面，妻子在与丈夫的关系中也缺乏边界意识。

王老师："听起来你说得很合理。现在的问题是，为了让你妻子对你产生信任，你觉得需要做一些什么调整？反过来说，你该如何建立伴侣间的信任感？"

吴先生："王老师，我也想得到她的信任，但是每次沟通她都咄咄逼人地指责和要求，连正常的交流都做不到，哪还敢奢求什么信任感啊。不瞒您说，我有时候下班早，宁愿躲在车里抽烟也不想回家。"

王老师："这就是问题的所在，你们的关系当中缺乏了情感层面的沟通。我想问一下，最近这一周，你妻子和以前相比，有什么变化吗？"

吴先生静静地回忆了几秒钟："您不提醒，我还真没意识到，她好像是有点不一样，过去这一周，她的抱怨和责怪没有以前多了，说话也不像以前那样咄咄逼人了。"

王老师："那你对她的变化有什么反应？"

吴先生："我没什么反应。"

王老师："在王老师看来，你需要增加一些回应，或者是对此做出某些正向的反馈和调整。"

吴先生："我已经习惯了在她面前不表态，不反对，也不认可了。"

王老师："根据我长期的咨询经验，在夫妻关系中，越是不沟通不反馈，越会让对方喋喋不休，这对缓和双方的关系于事无补。因此，不管你妻子说什么，你都要有某种回馈，如果你实在不知道如何反馈，就直接说你当时的感受，比如'我听了你的说法感觉很沮丧'，或者'你今天没纠我的错，我觉得很轻松'。有了交流，才能达到沟通。"

吴先生："唉，王老师，我们两口子从来没有这样的表达方式，我最常见也是最习惯的表达就是'你说了算'。您说得有道理，我慢慢学着去对她表达。"

王老师："除此之外，在你们交流中要降低是非对错的争论，增加内心感受和情感的坦诚表达。还有，女性，尤其是作为妻子这个角色，特别渴望被关心、被爱护。你作为丈夫，需要让妻子感受到真实的温情。请你思考一下在这方面能做些什么？"

吴先生："哎，王老师，我们分房很长时间了，她的强势让我很不想靠近她。"

王老师："你们夫妻能够来做咨询，说明你们有调整和改变的愿望，这是好的开始。你刚才不是说了吗，你妻子已经开始有了变化，你也要做出相应的调整和改变。与其坐在车里抽闷烟不回家，还不如主动去买菜，和妻子一起做饭，一起做家务，哪怕仅是帮她择菜洗菜，也是正向的陪伴，有利于增进你们的夫妻关系，你觉得这样做行吗？"

吴先生："可以的，我确实应该分担一些家务。"

王老师："你还能想到其他可做的事吗？"

吴先生："洗碗，扫地、拖地，我也可以包了。"

王老师："很好。有可能的话，在你们的作息时间如果允许，夫妻俩一起散步，一起看电影，周末一起参加你们共同好友的聚会，最好能带着孩子一起参加这些活动。找一个恰当的契机，给你妻子一个拥抱。知道为何要这么做吗？"

吴先生有些不解："不知道。"

王老师："拥抱可以拉近你们身体和心理上的距离，这样做是为了消解你们长期分房睡的疏离感，这个举动由你来做显得你更有诚意。"

吴先生："我试试吧，老夫老妻了，好久没有这样的亲密接触了。"

王老师："这也是我想说的问题。下一次咨询，希望你们夫妻共同参与，我们一起来针对你们夫妻关系进行讨论和调整。最后再布置一个作业，请你思考一下，怎么做才能增加你们的亲密度，让爱流动起来，唤醒你们的激情？"

咨询师小结

1. 在传统婚姻关系中，类似本案例的家庭关系、夫妻沟通模式是很普遍的，婚姻进入平淡期，互动关系也习惯性地变为固定模式。在本案例中，妻子是家庭的主导者，夫妻双方都没有意识到，孩子的教育问题、夫妻的关系问题，都不是单一的问题，均与家庭角色定位偏差、家庭功能缺失有密切关系。

2. 咨询让来访者意识到他们原有的互动模式不能完整地体现家庭功能。通过在咨询中调整夫妻的互动模式，在咨询室模拟如何进行有效的沟通，咨询师引导他们把咨询中的体验应用到现实的婚姻关系当中去，以减少误解和无谓的伤害。

3. 通过妻子停止抱怨，丈夫增加表达，共同完成琐碎的家务，能够重新建立积极正向的互动模式。

（三）回家的感觉

罗女士吴先生夫妻二人一起来到咨询室。王老师说："我们之前分别做了沟通，也达成了一些共识，对于咨询中建议的一些方式方法，你们都愿意尝试并在家庭关系中实施和体验。今天我们一起来讨论各自可以接受的表达方式、行为和规划，以及下一步的咨询方案。现在请你们先谈谈上次咨询之后的情况。”

罗女士：“按照咨询时的约定，我尽量管住自己的嘴，做该做的事情，但是有时候感到特别的难受，忍不住想发火，特别是他晚回家却又不提前告知我，以及儿子不认真做家庭作业的时候。他们这些德行，我总不能视而不见吧？”

王老师：“任何人要改变习惯的模式都是不容易的，需要时间。我们并不是要压抑自己的表达，对不恰当的事情放任自流，而是要学会用对方可以接受的方式，或者在不会引起关系紧张的基础上去表达。现在，我想先了解一下先生最近的表现和情况。”

不等吴先生开口，罗女士便说：“他还不是老样子，在家里难得说两句话，不过好像下班早回家的次数多了，偶尔会和我一起做饭，饭后主动洗碗、收拾厨房，这点做得还不错。”

王老师问吴先生：“妻子对你晚回家又不通知她有意见，你能不能说一下？”

吴先生：“王老师，我不是不想跟她说，但很多事情都是临时决定的，我也无法预先通知她，事到临头才通知又常常惹得她不高兴，只好既成事实，随她说了，已经习惯这样了。”

王老师：“其实你妻子的要求是正常的，并不算苛刻。你们之间平常是怎么联系的，打电话还是发信息？”

吴先生：“两种都有，不管用哪种方式，她都会不依不饶。”

王老师：“所以你就采取先斩后奏的方式，是这样吗？”

吴先生不好意思地低下了头。

王老师：“这要请罗女士考虑一下，你既想知道你丈夫的行踪，知道了又不高兴要数落，那么你希望他怎么做你才能够接受，你的情绪才会平复？”

罗女士皱着眉，说道：“好像他怎么做我都不满意。”

王老师对吴先生说：“现在请你也思考一下，为什么无论你怎么做，妻子都不满意？”

吴先生："在家她习惯了当领导，一切都是她说了算，我与儿子永远都是她纠错的对象，我们做什么她都不会满意。"

王老师问罗女士："你觉得呢？"

罗女士很笃定地说："我没有！"

王老师："在我看来，你们说的都是表面现象，本质是你们夫妻之间缺乏信任感，丈夫为避免冲突，不愿意告知妻子一些事情，妻子因此产生各种猜想和怀疑，情绪就会变得急躁甚至暴躁；妻子的态度越不好，丈夫就越想回避。长此以往，你们就陷入一种恶性循环中。这就是为什么现在我们要摆在桌面上来说的原因，这样大家才能够看到自己投射内容背后的真相。"

夫妻二人都点头表示认可。

为了降低妻子的担心，丈夫有应酬活动的时候，要尽量提前告知妻子，告知的方式要简单、明确；妻子的回应要客观、直白。对妻子的任何表达，丈夫都要给予一个明确的回应。双方都应尽力去放弃以往的猜疑、抱怨、争执，这样做的目的是减少双方的冲突和对感情的损耗，哪怕目前是违心的也要这样做。

王老师："如何重新建立相互的信任感，是我们今天咨询的主题，也是布置给你们的作业。另外，上次给丈夫布置的作业，做得怎么样了？"

吴先生："我努力按照您的建议去做，主动做家务，与她一起散步了几次，约她看电影她不愿意去。"

王老师对罗女士说："这些互动，对你来说意味着什么？"

罗女士："他做家务我还是很开心的，一起去散步也还可以，但看电影、参加聚会我已经不太习惯，也没兴趣，上一次参加这样的活动，应该是很久以前的事了。"

王老师："你是不习惯参加这些活动，还是不习惯由你丈夫来安排这些活动?”

罗女士想了一下，笑着说：“嗯，我也不清楚，但如果由我来安排，我想是可以的。”

王老师：“好，既然这样，你们俩可以分工合作，丈夫提出想法，妻子做计划，然后一起共同实施完成。新的互动模式需要时间，靠双方一起努力慢慢形成。”

吴先生：“我同意这样的安排，其实她怎么安排我都没意见，都会全力去配合她。”

王老师：“现在我们来梳理一下夫妻关系中的一个重要问题，之前的咨询中你们提到了已经分房了一段时间，能否谈谈原因?”

罗女士不满地说：“他经常很晚才回来，多数时候是一身酒气，影响我睡眠，休息不好，所以就分房让他单独睡。”

吴先生：“我也愿意单独睡，听不见她的絮絮叨叨，还可以避免一些冲突。时间久了，习惯了。”

王老师：“你们现在还有夫妻生活吗?”

两人都有些不自然，默不作声，最后吴先生表示：“很长时间没有了。”

王老师：“长期处于这种状态，对你们两人的相互信任是一种考验。难怪丈夫回家晚了，妻子会生出诸多的猜想和怀疑。这个问题你们是怎么考虑的呢?”

吴先生：“我也会有欲望，只是时间一长，不知道怎么主动了。”

王老师：“那么妻子是怎么看待这个问题呢?”

罗女士：“他一个男人都不主动，难道要我主动?”

吴先生：“在家里什么不是你主导? 夫妻生活方面也一样，我也不敢主动了呀，而且被你拒绝还搞得我很没面子。”

王老师：“你们以往的夫妻生活，双方满意吗?”

罗女士：“以前还算正常吧，后来他应酬多了，经常是醉醺醺的很晚才回来，夫妻生活就不怎么样了，慢慢地我也失去了兴趣。”

吴先生一脸无奈："你越高高在上，我越没兴趣。"

俗话说，酒是色媒人。酒后男人的性欲会增强，其实这是一种误解。酒精会对人的交感神经和副交感神经起到麻痹作用，酒精对肝肾的刺激也会增加，一般来说，酒后不宜同房。所谓的酒后乱性，指的是喝了酒以后胆子大、脸皮厚，欲望增强了。

王老师："从身体健康的角度而言，建议你们不要在酒后有性行为。针对你们的情况，有两种方式可供参考，第一，你们可以保持分房状态，在你们的日常规划中，安排每周一两次性行为，沿用丈夫来提议，妻子来计划的方式共同实施；第二，恢复到同房间同床的生活模式。"

夫妻都表示第一种方式最好，互不影响各自的休息，又增加亲密的互动。

王老师："你们婚前去看电影会手拉手吗，现在还会拉手吗？"

罗女士："现在连电影都不看了，还拉什么手嘛。"

王老师："上次布置给吴先生的作业，找机会给妻子一个拥抱，做了吗？"

从精神分析理论来说，肌肤之亲是性的外化，所以即使没有性行为，也应该增加一些身体接触。

罗女士带着疑惑和好奇的眼神看着丈夫，仿佛在等他回答。

吴先生："没机会。"

王老师："没关系，类似的亲密行为以及你们对亲密行为的渴望是夫妻关系的重要元素，爱情是生命力永恒的主题，这对唤起激情、保持活力是有帮助的。希望今天你们离开咨询室之前，丈夫拥抱妻子一分钟。如果你们身心逐渐熟悉，找回爱的气息，你们的信任感会随之提升。"

夫妻二人坐在那里尴尬地互相看着，谁都不好意思主动，王老师见状提议道："要不这样，请丈夫走近妻子，给妻子一个拥抱。"

吴先生扭捏地走过去，轻轻地抱了一下妻子，罗女士一把拉过丈夫，用力地抱着不松开，嘴上说到："老夫老妻的，这有什么不好意思的嘛。"

（四）熊孩子

罗女士吴先生又做了几次咨询，除了对一些家庭关系、互动模式进行调整外，还对孩子小雄的教育问题做了咨询。

为了减少孩子与母亲的冲突，夫妻俩商定，母亲主要是负责照顾小雄的日常生活起居，父亲则更多地参与孩子的教育培养，只要时间允许，由他去参加学校的家长座谈会。

吴先生因工作能力强升职了，他在家里的地位也有所提升，平时投入更多时间在小雄的学习教育上。在父子俩的交流中，他不再把小雄当作孩子来对待，对他遇到的学习和人际问题都给予理解。而妈妈始终担心儿子是否谈恋爱，学习是否跟得上，特别是对小雄即将参加高考表现出焦虑，看到丈夫对儿子学习的宽松要求，她抱怨丈夫太纵容儿子。

在一次班级测验中，小雄提前做完考卷，把他的试卷给同桌抄写，被班主任发现，班主任没收了他的试卷。考试结束后，班主任当着全班同学的面批评小雄："你越来越自以为是了，就你这种水平居然还给别人抄，是不是觉得自己了不起了？"

在老师言辞激烈地批评他的时候，小雄满脸涨得通红，低着头一句话没说。

老师见小雄没有反应，认为他对老师的批评教育有抵触情绪，于是加重语气说："你以为你爸升官了，你就可以为所欲为了？"

本来还有些内疚的小雄，听到这句话后彻底爆发了，把书桌上的所有东西砸到地上，大声说："你说我可以，不要扯我爸爸，跟我爸爸有什么关系？"

一怒之下，小雄冲出了教室。

教务处的老师把小雄带到办公室，打电话让小雄的父亲马上到学校处理此事。吴先生急急忙忙赶到学校，教务处的老师向他介绍了事情的经过，小雄考试作弊还顶撞班主任，违反了校纪校规，并准备请班主任来一起沟通，看如何处理。

吴先生对教务处老师说："小雄的错误行为，我们家长也有责任，在此我先向您道歉。至于班主任那里，您看能不能这样，我先跟班主任赔礼道歉，再让孩子与班主任见面?"

教务处老师没有反对。

吴先生走出教务处办公室，心想：高二对儿子很重要，搞不好会影响儿子的高考。他给自己定了一个原则，不管以什么方式处理这件事情，都要尽量减少对儿子学习和高考的影响。

吴先生来到班主任办公室，说："老师好，很抱歉小雄给您惹麻烦了，我代表儿子向您诚恳道歉。幸好这是一次模拟的测验，老师能够及时发现和制止，让他有机会反思及警醒。我回去会批评教育他的。"

班主任："本来是要打电话给他妈妈，因为这个冲突涉及你，所以直接联系了你。"

吴先生："这类事情他妈妈来真的不太合适，她的性格比较要强，可能会劈头盖脸地责备孩子一顿，这对处于青春期的孩子来说会伤害自尊心，他对老师的敌对情绪可能会更强烈。"

班主任："是的。现在的问题是，你儿子违反课堂纪律，当着全班同学的面让我下不来台，他的行为会影响班级的氛围，你这样大事化小、小事化了的态度是否也有问题?你作为家长也需要考虑老师的感受吧?"

吴先生："我非常能理解老师的感受，我去把孩子叫来，我会批评他。"

吴先生把小雄带到班主任办公室，对小雄说道："情况我已经了解了，你的行为是错误的，你爸爸我已经跟老师道歉并承认错误了，我希望你当着老师的面表个态，保证以后不再犯类似的错误，其他事老师也同意我们回家再交流。"

小雄犹豫一阵："我以后不会再做这样的事了，对不起。但是……"

吴先生立刻阻止小雄说："没有但是!"

及时制止了小雄后，吴先生对老师说："回去我和他再认真沟通。"

然后对小雄说："你去门口等一下，我和老师说几句话。"

小雄出去后，吴先生问："老师，您看这样处理行不行？"

班主任的怒气消了大半，说道："有你这个态度很好，我们的目的都是为他好，不要影响到他的学习和高考。"

吴先生："谢谢老师的理解，我们也会重视对他的教育。"

在回家的路上，吴先生与儿子交流道："今天这个事，你觉得是我来还是你妈妈来比较好？"

小雄斗气地说："无所谓。"

吴先生："我觉得你的班主任在这件事的处理上还是用心的，她没有通知你妈妈，而是通知了我，要是你妈妈来的话，你知道会是什么状况吗？可能会把事情搞得更糟，不知道会是什么结果。你觉得你老爸今天处理得怎么样？"

小雄："我本来在气头上，要跟她理论，没想到你都不生气，那我也没必要跟她一般见识。"

吴先生："作为一个男人，你今后可能还会遇到很多类似的事，大多数情况下需要坦然、豁达地面对，要有担当。人有情绪很正常，但能容纳愤怒情绪，才是本事。真正的强大，不是斤斤计较，而是有说'算了'的勇气。你要吸取教训，要知道什么事能做，什么事不能做。今天这个事就这样过了，怎么样？"

小雄："怕是过不去吧，我妈妈知道了指不定是什么反应呢。"

吴先生："既然我们俩决定这事过了，那就真的过了。至于回去后怎么跟你妈妈交代，我来搞定，你不用担心了。"

小雄："老爸，我发现你真的变了，你在我妈妈面前好像胆子变大了，老妈也没那么容易生气了。"

吴先生："是呀，人与人之间相处总会有矛盾，只要两个人都去反思，一起努力，关系都会有变化的。"

当天晚上，丈夫把去学校的事告诉了妻子，妻子夸奖了丈夫的处理方式，并表示还好不是她去学校，不然自己的急脾气又会造成新的麻烦，同时商量决定，如果孩子不主动提及此事，谁也不提，让这事就这样过去了。

策略与技巧

1. 在现实生活中，本案例的情况较为普遍，妻子在家庭中的不安全感容易导致过度控制，产生失控感，咨询目标是通过增加感情互动来提升安全感。

2. 从个体咨询介入，进而及时转入到伴侣咨询，在专业且有保护的环境中，夫妻之间互为心理对镜，这样可以呈现婚姻关系中各自的依恋模式、沟通模式和角色定位，帮助他们快速找到关系的重叠与边界，进而进行调整。

3. 在本案例中，咨询师采用开放态度，邀请夫妻一起讨论性和谐问题，这需要咨询师经过专业训练，对性话题脱敏，以客观严谨的态度与来访者一起讨论。在案例中，咨询师的态度对此类话题可以起到示范作用。

4. 本案例没有直接对孩子咨询，但是通过家庭关系的调整，使得夫妻关系、家庭氛围都有了变化。在潜移默化中，孩子的性格和人际关系也有了正向的变化。

案例七　我要去外地上学
——逃离原生家庭

情感勒索是控制行动中一种最有力的形式，我们身边的亲朋好友会用一些直接或间接的手段勒索我们。

使用情感勒索手段的亲友，很少是存心要勒索我们的，他们只不过想借此寻求安全感和掌控欲。不论外表看起来多有自信，他们内心其实是非常焦虑的。

——【美】苏珊·福沃德《情感勒索》

案例背景

甄女士年过四十，学校老师，副高级职称，兼任办公室主任。她能说会道，八面玲珑，无论单位的同事、领导，身边的朋友，还是夫妻双方的家人都认为她很能干、有思想。然而，在亲密关系中她却喜欢挑刺，得理不饶人，越是亲密关系的人越容易被她挑毛病，比如子女，特别是丈夫，不管怎么努力，她都要用各种表面上符合社会要求、道德水平、大众潮流等无法辩驳的标准去要求、评判，甚至会用这些标准要求自己的父母、兄弟姊妹以及身边的朋友。

对于亲密关系和身边的人她习惯性地凭直觉第一时间发现其不足和缺点。对于与她没有关系的人，她会大肆赞扬和肯定，但对于家人及关系亲密的人，不管表现再好，优点再多，她也知道，但她只说他们的不足。自己家人及身边好友的言行举止，在她的标准、道德下，都有问题。丈夫和儿子在她面前总是处于一种被管教、被指责，需要不断提高完善的处境中。

长此以往，丈夫形成了喜欢在外面应酬，不愿意回家，找机会晚回家或者夜不归宿。儿子高考成绩不理想，分数只达到专科录取线，甄女士要求儿子复读一年，儿子却坚持只要不在本地，能离开家，任何学校他都愿意去。在填报高考志愿时，甄女士和儿子发生了激烈的冲突，甄女士说："我认为你应该复读一年，只要你少玩手机少上网，你还是很优秀的，一定能考上一本线，我对你很有信心。我和学校的校长已经联系好了，这个假期带你去旅游，回来以后我们就去复读。"

面对母亲的决定，儿子坚决反对，坚持不再复读。父亲贾先生认为儿子被母亲管理打压得缺乏自信，复读也不一定能考得更好，于是在妻子和儿子之间当起了和事佬，小心地说："能读专科也不错，复读一年也不能保证考好，万一连专科线都上不了就更糟啦，这种可能性也不是没有，我们就支持他上专科吧！"

看到儿子坚决的态度和丈夫的支持，甄女士只好让步说："那好吧，我和本地专科学校的教育心理学专业系主任关系不错，你就报这个专业吧。"

小贾情绪激动地反驳："我不读本地的任何学校，我要离开家，越远越好。"

小贾心里在想，我不复读就是想早点脱离家庭，不再被我妈妈控制和支配，也不想见到我爸爸装模作样，家里家外到处讨好的样子，特别是讨好我妈妈。我妈妈就是学校的老师和办公室主任，跟本地的学校有千丝万缕的联系，如果在本地上学，不可能逃出她的监控，不管是读什么学校什么专业，我一定要到外地去。

小贾悄悄地修改了志愿，选择了外地的学校和专业。甄女士知道以后暴跳如雷，小贾也毫不退让地和她争吵，甄女士大声斥责道："你也太不把我们放在眼里了，我为你好你却不领情，你要是有本事像别人一样学习好，分数高，我们何必为你操心。"

小贾忍无可忍地说："我就是忍受不了你才坚决要离开家到外地去读书的，而且越远越好。我们这个家又假又虚荣，表面光鲜亮丽，实际是不管矛盾有多大，你和我爸爸都在维持着家庭的表面和谐，你以为我看不出来你们是在演戏吗？演得一个比一个好，我不想再陪着你们演了，无论如何我都不上本地的学校。”

听到儿子的话，甄女士觉得从未有过的寒心，自己一直为家庭付出，一直在想方设法地为他好，他怎么这样不懂事，不理解自己的苦心。

小贾选报外地专科学校的事，让甄女士陷入了内心的挣扎当中，她把矛头指向了丈夫，指责他没有责任心和做事没有原则。贾先生一如既往地对她言听计从，表面上很迁就她，安慰她说：“孩子到外地读书也是一件好事，也许他能够快速地成长、独立，这样还可以减少你们之间的冲突和他对你的反感。如果留在你身边，什么都要按你的意思去做，不一定是件好事。”

甄女士气愤地对丈夫说：“你以为我不知道你在耍花样吗？你表面上站在我一边，暗地里却支持儿子，和他串通一气，在我面前演戏。”

贾先生和稀泥地说：“事情已经这样了，你生气也没用。”

甄女士说：“你说这些我感觉好假，你就是和儿子联合起来对付我。你在外面做了多少对不起我的事，别以为我不知道，回来还虚情假意地关心我。”

贾先生觉得妻子不可理喻，不敢再和她争执，不知道继续争执下去她会讲出多少大道理、说出多少有影没影的事来。这是他妻子的惯用方式，贾先生很无奈，只好找各种借口逃避和甄女士正面交流。

甄女士为儿子的事伤心，对丈夫不满，导致情绪不稳定。在单位同事的建议下，找到心理机构寻求帮助。

（一）委屈的妈妈

甄女士在咨询室向咨询师倾诉了她的委屈和无奈，她为这个家付出了很多，自从有了孩子，为孩子的成长尽心尽责，无论上幼儿园，上小学、上中学，还是日常的生活起居，她都尽力为孩子提供最好的条件。

王老师：“听得出来，作为妈妈你付出了很多。在孩子的成长过程中，你先生做了些什么呢？”

甄女士："小孩上小学时，他做得最多的就是送孩子上学，送到学校就没有他什么事了。接孩子、参加家长会、陪孩子完成作业，安排各种补习、兴趣班，几乎都由我操持，孩子生病也是我管，家务也是我做。我为这个家付出那么多，却总是感觉到出力不讨好，儿子不领情，老公和家人还责怪我，说孩子的高考成绩不理想以及孩子身上所有的坏脾气都是我造成的。老师，您说我不管谁管嘛。为什么所有人都看不到我的付出，我真的是太委屈了！"

王老师："不是大家看不到你的付出，而是现在社会上有一种很不好的现象，只看重结果而忽视过程，你儿子的高考成绩不理想，这就足以让家庭里的其他成员用结果去否定你付出的过程。如果孩子还存在人际交往、行为习惯、情感情绪等方面的问题，那么更会让他们质疑你的教育管理模式，并会产生负面联想。我能够深深地体会到你的委屈和痛苦。"

听了王老师的话，甄女士眼泪稀里哗啦地流下来，哽咽着说："长期以来，我都有一种不被周围的人理解的感受，总是被误解，被所有人误解。现在终于有一种被理解、被认同的感受了。"

王老师："对你说的这些，站在心理咨询师的角度，我是可以理解的，但是这种理解不等同于认同，现在你能够把你的情绪释放出来，是对我们咨询的一种信任和认可。"

在咨询过程中，如果来访者的情绪宣泄已经被调动起来，咨询师要根据现场的实际情况进行判断，是否需要继续鼓励其进一步地释放情绪，这个时候，咨询师的反应就显得至关重要，会对来访者的情绪起到导向作用。如果来访者的情绪还没有得到充分的释放，咨询师可以用最简洁的语言鼓励其继续表达。比如，"嗯，我在听"，或者用平静的表情和柔和的眼神鼓励其继续表达以释放情绪。

如果来访者的情绪表达和宣泄过于激烈，或根据咨询的情况需要收敛时，咨询师可以递一张纸巾或倒一杯水给来访者，同时表示，其情感、情绪能够宣泄释放出来对咨询是很重要的。然后，再提出与咨询方向相关的另一个话题。

咨询师留出几分钟给甄女士平复情绪，咨询师说："你为家庭付出了很多，不被理解、认可，还被指责，你有情绪，感到委屈和不公平，通过你刚才的表述，我能不能这样理解，在家庭生活中，无论是对待夫妻关系、孩子的教育，还是亲戚关系，都是以你的意见为主导？"

甄女士："是的。"

王老师："假设你和你先生双方的父母对你们的婚姻家庭或亲子教育提出意见和建议，你会采纳吗？"

甄女士："我老公从来不关心这些事，什么也不说，问他的意见他只会说'你说了算'，或者就是傻笑不表态。"

王老师："现在请你回忆一下你说的这种情况，从什么时候开始的？"

甄女士："记不得了，感觉他一直是这样的。"

王老师："那我们来划分一下时间段，婚前是这样吗？"

甄女士："哦，不是，如果婚前他是这样的话，我恐怕不会和他结婚的。"

王老师："生孩子之前是这样吗？"

甄女士："好像也不是。如果是这样的话，怕是不敢生了。"

王老师："孩子上幼儿园以前呢？"

甄女士："哦，好像孩子上幼儿园的时候，他已经是这样了。"

王老师："那么，在孩子出生到孩子上幼儿园期间，你们之间发生过什么分歧和冲突吗？或者在家庭生活、工作当中发生过什么重大的事件吗？"

甄女士想了一下说："在要不要小孩这个问题上，我们曾经分歧很大，他说暂时不想要，可我认为女人太晚生小孩不好，我周围的同龄女同事大部分都已经有了孩子，所以我坚持要生。"

王老师："你的丈夫贾先生最后还是顺从了你的观点。"

甄女士："是的。"

王老师："这个期间还有其他的分歧吗？"

甄女士："老师，我们结婚后一直以来最大的分歧就是他在工作和学习上不求上进，其他人要么考研继续深造，在学术上得到更大的发展空间，要么就是在职务上不断要求进步，可他混了个办公室副主任，就感到满足了，还每天忙到很晚才回家。我们周围的同事、朋友一步一个脚印，初职、中职、高职成就感满满，甚至有的已经成为某方面的学术带头人。一想到这些我就难过，不想看到他一辈子平庸下去，对我的建议和要求，他从来都只当作耳旁风，我行我素。为这个事情，我们争执吵闹了很长时间，我对他早已失望了。"

王老师："对你们夫妻之间的状态，通过你的介绍我有一个大概的了解了，我们把这方面暂时放一下，来讨论一下你们儿子的教育问题。在孩子的教育问题上，你先生有多少话语权？如果用十分来衡量，他能打几分？对了，我们做一个时间划定，从孩子上幼儿园开始。"

甄女士想了一会儿说："他这种不求上进的男人，在单位上只会做和事佬，没有担当，在家里遇事只会推脱，给不出建设性的建议和意见，怎么可能会听他的。"

王老师："我可不可以这么理解，在孩子三岁以前，你们夫妻之间有正常的交流互动，孩子三岁以后，家里的事基本上是你一个人说了算？"

甄女士："是的，越往后他越没有担当，我连跟他争吵的兴趣都没有了。"

王老师："你的儿子和他爸爸的关系在你眼里是怎么样的？"

甄女士："儿子小的时候跟我关系非常好，特别听我的话，不知道为什么，越大越不懂事，好像和他爸的关系显得更好，和我越来越疏远。"

王老师："我想请你回忆一下，你说的越大越不懂事是从什么时候开始的呢？"

甄女士："好像是上初中以后，儿子总是埋怨我唠叨。"

王老师："除了唠叨还抱怨别的吗？"

甄女士："爱面子。有一次，儿子甚至说，我和我爸做的所有事情都是为了满足你的虚荣心和面子。"

王老师："你自己觉得呢？"

甑女士："倒不能说是虚荣心和面子，但我是副高职称教师，又是领导，注意形象还是应该的吧？"

王老师："哦，你发现没有，通过刚才的交流，你对丈夫的要求和对儿子的要求如出一辙，都是在满足你自己的愿望，而不是满足他们的真实需求。在孩子的教育问题上，也没有满足孩子成长的需要，这是一个你需要认真思考的问题，这也是今天给你布置的作业，下次咨询我们详细讨论。"

甄女士："好的，我回去思考，问题是我付出那么多，现在儿子不听我的话，学习成绩也不好，坚持去外地读专科，让全家人包括亲戚朋友都在看我的笑话，为什么就没有人理解我的痛苦和无奈呢？"

王老师："这也是许多家庭在现代教育中遇到的困惑，不仅是你有这种感受。中考和高考成绩对学生将来的学习乃至生活起着举足轻重的作用，以考试成绩来决定学习的成败，这是一种不妥当的，至少是不全面的教育方式。你主导了家庭的互动和孩子的教育，结果不是很理想，世俗的眼光和观念自然会给你带来压力与无奈。"

甄女士："老师，您说得太对了，有时候我会懊恼，我的孩子怎么那么不争气。我为他付出了那么多，他为什么不能像别人家孩子那样优秀？"

王老师："请你现在感受一下你刚才的说法，有没有从侧面证实了你儿子说你的那种情形？"

甄女士用疑惑的眼神看着咨询师问："哪种情况？"

王老师："你儿子说你是在维护你自己的虚荣心和面子。"

甄女士："什么？老师，我的付出在您看来也是在维护面子吗？"

王老师："心理学家怀特曼说，我们要在因上努力，在果上随缘。你在儿子的教育问题上做了很多努力，而结果并不尽如人意，现在我们把因果作为两个问题分开来讨论，'因'作为今天的第二个作业，也暂定为下一步咨询的目标和方向，为什么你付出了那么多努力而结果不好。第二个就是‘果’，现在高考成绩已经出来了，至于最后该做什么决定，作为咨询师，我的建议是放弃过去你说了算的那种方式，征求一下老公、儿子以及孩子的爷爷奶奶、外公外婆的意见，并听取学校老师的建议再来做决定。其中，最重要的是要尊重儿子本人的意见。如果大家的意见不能达成一致的话，建议你们一家三口一起来做家庭咨询。在家庭咨询中，以开放的形式交流沟通，对你们会有帮助，对儿子做出的决定也会有所启发。”

（二）家庭咨询

甑女士一家三口来到咨询室，咨询师向他们做了保密原则等心理咨询的相关原则介绍，并和他们一起讨论设定了咨询目标，近期的咨询目标是讨论交流儿子是否选择复读或在本地就读还是到外地就读的问题，中长期的目标是改变家庭互动模式，学习正向沟通交流的方法方式，改善家庭功能。当共同制定了咨询目标，进入到咨询阶段后，爸爸妈妈和儿子突然都采取一种被动等待的态度，默不作声，似乎是在观望，咨询室变得寂静，仿佛能听到自己的呼吸声。

等了将近一分钟，咨询师说：“上次已经和妈妈有过交流，这次请爸爸和儿子先说吧，请你们介绍一下自己的情况，或者说说对下一步规划的想法。”

咨询师说完后，室内依然是寂静的状态，空气也凝固了。突然，妈妈说：“你们说话嘛，之前在家那么固执地和我争吵，怎么来到这里又不吭声了。”

父子俩对望了一下，儿子对妈妈说：“还是你先说吧，我说了你又不高兴。”

爸爸不失时机地接了一句：“对，你先说，我习惯听你的了。”

甄女士：“我没什么好说的了，老师您看看他们两个就是这个样子，该说的时候却推三阻四，没办法和他们交流。”

王老师：“在家庭咨询中，根据咨询的情况，有时候我们需要分别交流，有时候需要大家一起共同交流，我和甄女士已经做过一次咨询，并留了作业请她思考，对她的情况有了基本的了解，现在请父母到休息室休息一下，我先和儿子单独做一个交流沟通。”

父母离开咨询室以后，小贾说：“老师，没用的，她根本不可能改变。”

王老师：“‘没用的’指的是什么，你能不能明确一下？”

小贾：“就是我妈不可能听别人的意见，让她改变太难了。她只会要求、指责我，从不会考虑我的感受，只顾她的面子，假情假意。”

王老师：“能不能说具体一点，最好能举个例子。”

小贾：“前几天我同学来家里玩，她笑脸相迎，客气地端茶倒水，人家刚离开，她就说，你们这些同学，太不讲规矩了，以后不要来往了。在别人家嘻嘻哈哈，人也不叫，不懂礼貌，考上一本有什么了不起，在你面前摆出高人一等的样子，不准你再约他们来家里。我就是讨厌她这种人前一套背后一套的样子。”

王老师：“我们制定的咨询目标是大家共同努力的方向，最后是否能够达成，需要所有人的共同配合，在老师看来，你作为儿子的配合尤为重要。”

小贾：“我敢肯定地说，要我妈有所改变，几乎是不可能的。”

王老师：“你的提醒很好，很重要，我们现在先把中长期目标放一下，先来讨论你下一步的规划，请你说说你的想法。”

小贾：“我的想法就是无论如何我的计划都不会变，坚持我报的志愿去省外读书，我一定要离开家。”

王老师：“那就是说，妈妈的建议——希望你复读或者在本地上学你都不考虑了？”

小贾：“是的，这个没有什么可考虑的。我现在已经满十八岁了，我要自己为自己做一次决定。”

王老师：“无论你做什么决定，都要尊重你的父母、爷爷奶奶、外公外婆。现在的问题是，你和你妈妈不能达成相互的理解，形成共识，在老师看来，你的决定需要得到妈妈的理解和支持。”

小贾：“我也想，但是我太了解我妈了，要得到她的理解支持是不可能的。”

王老师：“我们至少要去做一些尝试，至于是否有可能，试了以后才知道，你觉得呢？”

小贾：“好吧，那我该怎么做？”

王老师：“其实也不是很难，只需要你一会儿用平和的语气把你的真实想法说出来，向他们表达你非要到外地读书的正向的理由。不能指责、抱怨父母。”

小贾：“好吧，我试试看。”

王老师：“现在能想出三条理由吗？”

小贾边思考边说：“我离家远一点，她眼不见心不烦，不惹她生气。”

王老师：“这个可以算你的想法，但不是正向的理由，请你重新想。”

小贾：“我从小到大都在他们身边被他们盯着，我到外地读书可以锻炼自我，提高独立生存的能力。”

王老师：“这一条是正向表达，但是前半部分需要调整一下，要不带指责和抱怨，直接说后半部分就行了。你重新说一遍。”

小贾：“我到外地读书可以锻炼自我，提高独立生存的能力。”

王老师：“非常好，还有两条。”

小贾：“我从小就对外面的世界有一种好奇，去外地读书可以满足我对外面世界的好奇心。”

王老师：“进步神速，这条说得太好了。还有呢？”

小贾：“我不在妈妈身边，妈妈也不用成天围着我转，我希望她有她自己的生活。老师，三条了。”

王老师：“很好。还能不能想出来。比如说你为什么要选择这个专业？”

小贾：“嗯，我选的专业是我自己喜欢的。”

王老师：“非常好，你要说的前两个方面没忘记吧。”

王老师让小贾请父亲进来，他在外面陪着妈妈。

王老师对贾先生说：“刚才小贾表达了他的真实想法，我们也讨论了一些交流沟通的方法。现在想听听你的想法。”

贾先生：“我们这个家我早就习惯了，在家里我是最没有发言权的人。他妈爱怎么折腾就让她去折腾，我只要一表态，不管说什么都是我的不对。”

王老师：“这种现象只是针对你吗？”

贾先生：“老师，你不知道，她总是能最快发现别人的缺点，对任何人都能做到外热内冷，包括她自己的父母和兄弟姊妹。对任何人任何事，她都会站在道德制高点上评论，让别人无从辩驳。所以我早就习惯了，她怎么说我就怎么听，懒得争了，否则怕是离一万次婚了。”

王老师：“能不能举个例子？”

贾先生：“比如说，前段时间她的一个长得漂亮的闺蜜跟我的一个已婚朋友关系比较近，她硬说她的闺蜜漂亮、风骚，勾引别人的老公，又说我的已婚朋友见不得美女，欺骗家庭。说我的朋友不为妻子着想，也要为孩子着想，不为孩子着想，也要为自己的前途着想。后来那两个人不来往了，她一会儿说她的闺蜜是看上了更有钱的男人了，一会儿又说是我的朋友养不起她闺蜜，所以有意把她闺蜜甩了，反正横竖都有她的说法。”

王老师：“类似的这种情况在婚姻家庭咨询中也遇到过，确实有一种情况，就是所谓道德绑架，用道德把对方置于不道德当中，把自己放在道德的制高点上，而忽略了人的自然属性，让其无从辩解。这种情况时有发生。”

贾先生：“这就是我懒得争辩的主要原因。老师，您是这方面的专家，您能不能解释一下为什么会这样。”

王老师：“根据我们实际的咨询经验，男人和女人都有发生这种情况的可能。产生的原因很多，也很复杂，其中最主要的原因是来源于成长过程当中形成的自卑感或自卑情结，同时伴随着家庭环境的优越感。比如说：男性的内心软弱和阉割情结伴随着家庭的富足及环境的优越；女性的外在形象不足同时又享有家庭的宠爱。无论男女，学习能力薄弱，学习成绩不好与家庭环境优渥产生了冲突，他们就总是要去发现别人的弱点和不足，从而证明自己的优势。这种行为的本质是要掩盖自己的自卑和自卑情结。”

贾先生："真的是这么回事，有的人鸡蛋里面都能挑出骨头来。"

王老师："你爱人能够主动来咨询，并邀请你和儿子一家三口一起来咨询，这说明她还是愿意做出某种调整和改变，你觉得呢？"

贾先生："老师，这个我也想到了，当她跟我和儿子说要一起来咨询的时候，我都有点不敢相信。"

王老师："你有这种认识非常好，你该怎么配合，也要做些什么调整和改变呢？"

贾先生："我本来只是想来听听她会怎么说，也听听您会怎么说，我已经习惯了尽量不表态，在生活中被她误导、被她带偏的事情真的太多了。按她的说法去做，出了问题又来指责、抱怨我，结婚这么多年来，我早就习惯了只听不说不表态，她爱怎么折腾就怎么折腾，爱怎么弄就怎么弄。"

王老师："听起来你在和妻子的互动模式里面形成了一种自我保护的状态，这种自我保护是为了不被抱怨、指责。但是，你是否觉得这样做虽然不会出错，但也有一点显得不负责任？在家庭中，你缺乏了男性角色特别是丈夫这个角色的担当，甚至泛化到了父亲角色也缺乏担当。"

贾先生："唉，我也是没有办法，为了少一些直接的冲突，在家庭的很多具体问题上，我不表态起码能够维持家庭的表面和谐，我觉得能够维持这个家，让儿子能正常地长大，应该也算是一种责任和担当吧。"

王老师想了一下说："是的，应该也是一种责任和担当的表现。"

贾先生："我能够这样忍着，应该算得上是真性情的男人了吧！要是换作别的男人，这个家怕是早就散了。"

王老师："这么说来，你有那么多对你爱人的不满，但是并没有在本质上影响到你们夫妻的情感，你还是很珍惜这个家庭。"

贾先生："客观地说，我也想到过离婚，但是在对外应酬、人际关系方面，包括儿子上学读书，她付出了很多。我在这些方面就比较差一些，我还是很依赖她的。"

王老师："我能不能这么理解，虽然你对妻子有很多不满，但你们在一起的生活方式已经磨合得双方都可以接受了，不影响你们的夫妻关系？”

贾先生：“是的，让我重新找个女人，重新磨合，我也不愿意。”

王老师：“你很理智，有想法，你在和妻子的互动中，形成了一种不产生直接冲突，又有自我保护的状态，你在不满的同时又很享受妻子对家庭的各种付出和努力。”

贾先生：“是的。”

王老师：“刚才我们已经说过，既然你爱人愿意来咨询，说明她有改变的愿望，那么，你希望你妻子在哪些方面做出调整和改变呢？”

贾先生：“没有什么希望，就只想保持现状就可以了，我早已经习惯了。”

王老师：“明白，我们现在来讨论一下儿子读书的问题，对于儿子要到外地读书，你的看法是什么？”

贾先生：“其实我能理解儿子为什么非要去外地读书，儿子和我一样，经常被他妈架在世俗的观念和传统道德的高度上，总感觉到让人很不舒服但又无法争辩，所以儿子才会强烈地要求离开家到外地去上学。”

王老师：“我能不能这么理解，你对儿子要到外地去读书这件事不但能理解，从内心来说还是很支持的？”

贾先生：“我太能理解了，也支持他。当然，我也有点小心思，儿子高二以后和他妈冲突比较多，可能是青春期的逆反心理吧，非常反抗他妈的说教方式，他们俩相互较劲儿，说教我的情况大大减少了，我反而轻松了许多。儿子去外地上学以后，估计我又要被盯着了。”

王老师：“你的真实想法对儿子和你爱人说过吗？”

贾先生：“说过这个意思，但是无法深入交流，只要跟她一讲，她就生气，就会分析出各种儿子留在身边的优势、好处，让人无法说话。然后总要强烈地指责我，说我不负责任。”

王老师：“你们夫妻间的交流互动模式已经讨论过了，你能不能针对儿子到外地读书说几条正向的理由？”

贾先生想了一会儿，说：“男孩子嘛，现在也长大了，他离开家去外地上学可以锻炼他的独立生活能力，不要什么都是他妈妈安排，安排了还不愿意。他曾经对我和她妈妈说，他去外地上学，坚决不要我们去送，我觉得这也是他独立的表现。”

王老师：“很好，还有吗？”

贾先生：“我一直认为儿子在他妈过多的干涉下，人际交往有些问题，他到外地读书，势必要独自面对同班同学，同宿舍同学，学会跟各式各样的人打交道，与他们搞好关系，不能再我行我素。”

王老师：“很好。一会儿我会请孩子和他妈妈进来，希望你把这两条理由坦诚地告知他们。但是第二条涉及妈妈过多干涉的部分最好不要说。以后在你们家庭互动的模式当中，也要注意这方面的问题，尽量避免攻击性和指向性的言语，要正向表达，用对方可以接受的方式来表达。”

贾先生：“好的，我会注意。”

王老师：“那么孩子不愿意你们送他去学校，你是怎么考虑的呢？”

贾先生：“原来我认为他自己去也挺好，正好可以锻炼锻炼他的独立性，我们读书的时候都是自己去的。和您交流了以后，我觉得应该表现一下做父亲的责任，我想去送他，也可以多陪陪他，这样他妈就该放心了。”

王老师：“很好，一会儿我请他们两个进来，你表达一下你的真实想法，听听他们的意见，看能不能达成一致，最后再做出决定。”

孩子和母亲重新回到咨询室。

王老师：“刚才分别跟孩子和爸爸进行了单独的交流，对于妈妈在家庭当中的付出，他们心知肚明，只是你们家庭长期的互动模式造成了不知道该怎么表达，所以缺乏有效的交流。对于孩子如何选择学校读书这件事情，我们也进行了交流沟通，现在他们想把自己真实的想法坦诚地告诉妈妈，希望能得到妈妈的认可。”

爸爸和儿子分别把刚才讨论过的想法用正向的方式跟妈妈做了表达。

甄女士：“我也知道我再说什么都已经没用了，我做的一切都是为你好，现在你想到外地读书，甚至不愿意我去送你，我很伤心难过。"

一家人进入一种沉默状态。王老师说："关于这个问题，爸爸有些想法。"

贾先生："老婆，你也不要难过了，我去送他，把他安顿好，你大可放心。等以后有机会，我们再一起去看他嘛。"

王老师看着小贾说："爸爸的这个建议你觉得怎么样？"

小贾："好吧。"

王老师："孩子独立在外上大学，除了学习知识和技能之外，也是在为下一步进入到社会、工作和生活打下基础，大学生活是一种'半社会状态'，校园生活比较特别，是年轻人走入社会的桥梁，虽然它不像社会那么复杂，但对社会关系的建立和有效沟通能够起到很大的帮助作用。孩子到外地读书对你们调整家庭的关系和互动模式也是一个很好的契机。"

曾女士和贾先生点头表示同意。

王老师接着说："在我们自己的成长中也有过类似的经历，在长期的咨询实践中，这样的情况更是屡见不鲜。别看现在儿子闹着要远离你们，说不清什么时候他又会天天来黏着你们，让你们又觉得烦，因为距离感可以产生美感和好感，而他独立生活才会知道有父母的关爱是多么幸福的一件事啊。"

家庭反抗和家庭回归两个概念描绘了一个动态的过程，反映了个体在追求独立与自主的同时，与原生家庭之间情感联系的复杂性。人们可能会在不同的生活阶段体验这些情感，而这些情感也可能随着时间的推移而变化。家庭反抗和家庭回归都是个体成长和发展中的一部分，展示了个体与家庭之间的紧密互动。

家庭反抗：指的是个体在分离个体化过程中，由于种种原因，可能会产生一种强烈的愿望或冲动，试图逃离原生家庭的影响和控制。这可能是出于对家庭价值观、期望或规则的反感，或是对个体自主性的追求。家庭反抗是分离个体化的一部分，个体尝试摆脱过去的限制，探索自己的独立身份。

家庭回归：在一段时间之后，个体可能会感受到对原生家庭的情感回归和渴望。这可能是因为个体发现在追求独立时，他们依然与家庭有着深刻的情感联系，也可能是因为个体在面对生活中的挑战和困难时，会寻求家庭的支持和安慰。家庭回归并不表示个体放弃了分离个体化的目标，而是在自己的独立探索中，找到了更加成熟和平衡的方式与家庭互动。

王老师看着妈妈说："现在我们一起来听听妈妈的想法和意见。"

甄女士："我没想到我付出最多，却成了最不受欢迎的人。现在跟你们讲道理也没有用，我认了，就让他爸送他去学校吧。儿子，你要答应妈妈一点，在学校有任何情况一定要告诉我们，平常你上学都是妈妈叫你起床，你一个人到了外地，一定要管好自己，不要总是迟到。"说完话，甄女士眼睛红红的，强忍着眼泪。

王老师对孩子说："妈妈的这个担心是很有道理的，在你去学校之前还有一段时间，你要利用这段时间做几个作业，首先，要按妈妈的这种要求做一个作息时间调整，作息时间要与你上大学的上课时间基本吻合，特别是起床和睡觉的时间，最好能安排早读和晚自习的时间，娱乐和锻炼身体的时间，其他时间都可以空白，等你到了学校，根据学校的实际课程再做调整。我们只要求起床和睡觉时间要严格按你的规划来实施，其他方面你都可以自己安排，你觉得怎么样？"

作息规划的制定宜粗不宜细，留出空间可为将来的具体情况做相应的调整。

甄女士："我觉得可以。"

贾先生："老师，您这个规划我虽然不懂，但是听起来觉得有点意思，很专业。"

小贾："老师，我原来还在想可以好好地睡几天懒觉。"

王老师："睡懒觉也是可以的，但是要安排在周末，想睡到几点就睡到几点。你父母的担心不是没有道理，我们要养成良好的习惯，最简单直接的就是从起床和睡觉的时间做起，就是这么一个简单的事情，如果你在去学校报到之前坚持做到了，也是让你父母看到你的努力和进步，这会减少父母对你的担心和忧虑。"

小贾有点无奈地说："好吧。"

王老师："你知道吗，要减少父母对你的管束、控制和安排，最重要的是什么？"

小贾："信任我。"

王老师："非常好，要怎么才能让你的父母信任你呢？"

小贾："那就是不要什么他们都说了算。"

王老师："要得到父母真正的信任，需要你有自我管理的能力，比如说时间管理、情绪管理，养成良好的生活习惯和学习习惯，当你把这些做得足够好，得到你的父母和家人认可的时候，你是不是就在他们心目当中建立了对你的信任感？"

小贾："是的。"

王老师："在我看来，你坚持到外地去上学可能是一种逃避行为，至少有逃避的因素。你觉得妈妈和爸爸管得太多。真正的成长与成熟，是不管你人在哪里，都要在父母、家人、朋友，甚至你的同学、老师或领导面前建立、责任心、勇气和担当，这样你才能成为一个真正独立的人。如果那样的话，妈妈还会什么都要来安排你吗？你还需要摆脱被'管束'的命运吗？"

小贾："我好像有点知道了。"

王老师："第二个作业是，你想一想在上大学之前你还能为家里做点什么？"

小贾："想不起来，在家里我也很想做点事情，但无论我怎么做，怎么努力，我妈总是会找出我的问题，永远在纠我的错。所以我养成了不做不犯错的习惯。"

王老师："这个问题今天我们就不讨论了，之后会和你父母做进一步的交流沟通。你爸妈的相处模式对他们来说已经形成了相互尊重、理解、包容和可适应的模式，在你看来可能不是一种理想的模式，但是对于他们来说，他们已经习惯了这种互动的方式。只要他们自己可以接受并相互理解，那么我们就不应该去要求他们按我们的意愿去改变，特别是作为子女，更不能要求自己的父母去迎合我们这一代人的想法和心愿。对于这一点，无论你能不能接受，都希望你向他们学习，在我看来这是他们优秀的品质，那就是包容。"

咨询师小结

1. 本案例在个体咨询当中，发现只做个体咨询难以起到作用，咨询师和来访者进行交流沟通，及时调整咨询方案，建议其进行婚姻家庭咨询。

2. 通过跟其他家庭成员的交流，发现这个家庭形成了一种独特的交流沟通模式，母亲习惯于用道德和道理去说服控制其他家庭成员，丈夫也逐渐形成了做一个"甩手掌柜"的习惯，表现得缺乏主动性。

3. 儿子从青春期以后开始逆反，高考结束后坚持要到外地上学，是一种反抗家庭的表现。这说明孩子在正常的分离阶段没有得到较好的分离，这实际上是一种逃避行为。

4. 这种逃避对形成一种正常的分离状态可能是有帮助的，也就是说这是一种代偿行为，也是快速成长的一种方式。

5. 需要强调的是，上述情况在咨询过程当中，咨询师并没有明确地告知家长，是为了避免在咨询过程当中让来访者产生抗拒的心理，破坏咨询关系。在心理咨询中，咨询师要做到心中有数，很多情况下要做到"看破而不说破"，只要家庭关系和家庭成员在咨询的过程当中有所成长，不断地靠近咨询目标，就是一个有效的咨询。

6. 行为矫正技术具有示范作用，通过咨询师与来访者的对话，让其直接体验到正向交流沟通的方式和技巧。

（三）情感咨询

之后，贾先生和甄女士又进行了几次伴侣咨询和单独的情感咨询。通过咨询，贾先生觉得他也应该做出一些调整和改变，特别是作为丈夫这个角色，除了尊重、理解、包容之外，也应该尝试着多给妻子一些呵护、关爱，对家庭多一些责任和担当。

与甄女士的交流，主要讨论妻子、女儿、母亲等女性化角色的定位以及这些角色的特质，使其在工作、日常生活的交流沟通中尽量体现女性化的特征、以对方可以接受的方式来表达自己的想法。任何想法和说法被别人接受的前提是达成沟通。如果缺乏了沟通这个桥梁，即使是好目的和愿望，别人也难以接受，甚至是拒绝接受。

在与贾先生的交流沟通当中，认真讨论了贾先生所说的妻子道德绑架，凌驾于别人身上，让人无从辩驳，真理似乎永远在甄女士手上等问题，最后贾先生与咨询师达成共识，这个问题在咨询过程当中，不作为问题和目标来与甄女士交流。贾先生表示在生活当中已经习惯了他们的这种互动模式。

策略与技巧

1. 本案例始终没有去改变和打破这个家庭中的家庭关系的互动模式，咨询师在与所有家庭成员的交流当中感受到他们已经习惯并适应了现有的交流互动模式，特别是在夫妻之间，这种互动模式没有引起情感破裂，甚至夫妻双方各自还很享受这种互动模式给自己带来的独特的权利。

2. 通过跟丈夫的反复沟通交流，对于妻子的控制欲望以及道德捆绑等问题，在咨询过程当中咨询师没有对妻子点破，这既给妻子保留了足够的尊重和调整空间，也避免了打破他们已经形成了的习惯的互动模式。这样不会给家庭造成新的困惑和混乱。

3. 在家庭咨询中，通过夫妻与孩子的互动，以及角色定位，逐渐调整和改变自我以改变家庭的氛围，这种方式更容易被每个家庭成员接纳。

4. 根据我们的经验，在咨询过程当中，特别是在婚姻家庭咨询中，一般来说强势的一方如果拿起道德的武器来攻击对方，更多的原因是在掩盖自己自卑的一面和某些不足。

原则上，家庭是每一个家庭成员的避风港、疗伤地、充电站，它是每一个家庭成员最放松自然的人性的领地，因此要让每一个家庭成员的自然属性得到充分的呈现。在婚姻家庭当中，任何一个家庭的成员的道德或道德感无论有多高，都应该是要求自己的，而不是要求他人的。

案例八 莫名的他
——性别气质的困惑

> 对于应尊重的事物，我们应当或是缄默不语，或是大加称颂。
>
> ——尼采

案例背景

石楠先生，设计师，结婚两年。最近夫妻产生冲突，妻子肖霄年近三十，想要孩子，石楠不想要，以经济压力大等借口推脱。他们互相抱怨、怀疑，矛盾升级到两家父母。石楠有意无意间向妻子表达想丁克的愿望，妻子非常抗拒、震惊。之前从来没有听他说过这样的想法，觉得他心理有问题，或者是出轨了，强烈要求他与自己一起接受心理咨询。

（一）暗流涌动

石楠和肖霄夫妻俩来到咨询室，两人温文尔雅，态度温和。石楠身穿精致衬衣，没有一丝褶皱，鞋子一尘不染，肖霄身着深色职业套装，妆容淡雅，颈上的珍珠项链特别显眼。

肖霄："老师，我们夫妻遇到了一些矛盾，无法协调，想来听听您的分析和建议。我们现在僵持在那里了，不知道该怎么办。"

王老师："你们以前有过心理咨询的经历吗？"

肖霄："我读研的时候由于压力太大，在学校咨询过几次。"

王老师："你们有求助的意识非常好。欢迎你们。"

石楠："我们夫妻感情挺好的，最近发生了一点矛盾，其实我觉得我们两人可以商量解决，我爱人坚持要来咨询。”

王老师：“你愿意配合妻子的需求，说明你这个丈夫表现不错嘛。你们有什么矛盾呢？”

石楠：“其实也不是什么大事，就是要不要孩子的问题。她想要，我觉得我们现在还没准备好，先暂时不要，等以后再考虑，她却不依不饶，跟我妈说了这个事，弄得两个家的老人都不得安宁。”

肖霄：“我之所以没忍住跟你妈妈说，是因为你好几次说想‘丁克’，在结婚前你从来没有透露过这个想法，我没法与你沟通才跟你妈妈说的。你知道吗，你妈妈比我还着急，想早点抱孙子。”

石楠面带歉意地说：“我只是这么一说。你对这个家，特别是两边的父母都照顾有加，我心存感激，庆幸能找到你这样的妻子。你去年刚升职，现在是事业上升期，而我刚接了个项目，也是我事业比较重要的阶段，所以我觉得我们应该把握机会发展我们的事业，孩子的事，先缓一缓再说。”

肖霄：“那你打算什么时候要呢？总得有个期限吧。”

石楠：“三五年之内吧。”

肖霄：“我现在已经三十岁了，你知不知道女人有最佳生育年龄，过了这个黄金期，对孩子对我都不好。现在都讲究优生优育，我们俩都正处于智力与精力的黄金时期，这时候生孩子最好。另外，生孩子越晚，女人老得越快，不像年轻时容易恢复。”

石楠：“哎呀，这个问题我也考虑过，知道你注重外貌身材，那干脆不要孩子也没关系嘛。”

肖霄：“看，又来了，终于暴露你的目的了。我很奇怪，你以前从来没有说过不要孩子，现在计划要了，你却突然转变态度，你是不是有其他女人了？”

肖霄说着开始眼眶发红，声音哽咽。

石楠：“老婆，你真是冤枉我了，我的各种人际关系你都是知道的呀，我每天的行程你也是知道的，我几乎是两点一线，出了工作室就回家。”

王老师："你们平常在家也是这样的沟通吗？"

石楠："是的，我们交流还是很多的。"

王老师："结婚两年还有那么多说不完的话，你们的交流模式还不错。但是我感觉到你们沟通中的情感流动不是很多。妻子要孩子的心情是可以理解的。现在想问问石先生，你暂时不想要，或是干脆不要孩子，除了你说的外在原因，还有其他原因吗？"

石楠："现在养孩子投入太多，经济、精力成本都很高，我的工作很忙，经常加班，很多时候我回到家时她已经睡了，第二天一大早她又忙着去上班了。现在我们的日子在时间上已经很紧张了，如果有了孩子，很难很好地照料和抚养。"

肖霄："你不要总是找借口，我们现在要孩子是最好的时候，我父母和你爸妈都已经退休了，他们可以帮忙带孩子。"

王老师："不知你们自己是否意识到，你们二位还在讨论各种条件和道理。我这样问你们吧，你刚才说你回家时妻子已经睡了，等你醒来妻子已经走了，这种情况可能会有小孩吗？另外，你们结婚两年了，你们是一直避孕还是已经开始备孕了？"

夫妻二人互相对视了一下，脸上露出尴尬的表情。

肖霄："刚结婚的时候我们是会采取避孕措施，近半年来我们的亲热越来越少了。"

王老师："关于亲热的频次我们稍后交流。你们现在还采取避孕措施吗？"

妻子若有所思没有回答，丈夫不自然地说："这一段时间我工作压力太大了，她也忙，几乎没有同房。"

肖霄："你不要找理由，从我开始提出要孩子，你就有意地回避我。"

石楠："我怎么可能是故意的，你又冤枉我了……我怎么老是被你冤枉呢？"

王老师："你们这样各执己见，不可能达成一致。给你们几个建议，首先从经济、精力、父母的帮忙等因素考虑，你们一起做个规划，为备孕做准备；

第二，建议你们做一个备孕前的身体检查，夫妻双方通过医院的检查来判断身体条件适不适合要孩子，这要听医生的建议；最后，无论要不要孩子，你们需要加强的是情感链接，在行为上，身体的亲密接触对情感有直接促进作用，不要停留在讲道理、分对错的层面。下次咨询可能需要你们分别进行单独的交流，我们就定在下周的今天如何？你们可以一起来，我们分别进行交流。希望你们回去后认真考虑这些建议。”

（二）浮出水面

第二天，平台助理接到石楠的电话，他强烈要求与咨询师通话交流。电话接通后，石楠纠结地说：“老师，我觉得在下次咨询前，需要与您单独交流一下。”

王老师：“原则上，我们需要对前一次咨询的内容进行消化吸收和理解，才开始下一次咨询，所以设置一周一次的咨询频率。你今天怎么会这样着急呢？”

石楠：“您说下次咨询我们要一起来，我昨天晚上想了一夜，纠结了半天，才打了这个电话，我认为在下次咨询前，无论如何都要先与您交流一些问题。”

王老师：“如果没有特殊情况的话，还是按约定的时间，正常进行比较好。”

石楠：“我就是特殊情况，希望老师能安排时间。”

在他的强烈要求下，咨询师安排在了第二天上午与石楠单独进行咨询。

第二天石楠来到咨询室，说道：“老师，我急着想见您，主要是我自己也搞不懂自己，很困惑，但这件事又不想让我妻子知道。”

咨询师向石楠介绍了保密原则等相关心理咨询的原则，然后说道：“现在请说说你的想法，为什么那么着急？”

石楠：“您上次建议我们增加亲密度，我很为难，最近我对男女之事越来越不感兴趣。”

王老师：“哦，对一些以前感兴趣的其他人、事、物和活动，兴趣也减退吗？”

石楠：“那倒没有，我还是有一些维持很久的爱好的。”

王老师：“上次你妻子说到怀疑你有外遇。你对其他女性有兴趣吗，或者你真的有外遇了吗？”

石楠：“我没有外遇，是她瞎想的。我对女性好像都没感觉，不会有以前的冲动和幻想，这就是我今天着急来见您的原因。”

王老师：“什么能唤起你的冲动和幻想呢？”

石楠犹豫了许久。说道：“我也不知道该怎么说，前段时间我们与客户一起吃饭，其中一个客户喝多了，他搂着我说话，他清爽、沉寂、孤傲的气息让我有一种荷尔蒙分泌的感觉，就是那种高中时第一次和女生牵手，心里小鹿乱撞的感觉。”

王老师：“除了这次，还有类似的经历吗？”

石楠：“那天以后，感觉对这一类的男性特别有好感。”

王老师：“这样的觉察，对你有什么影响呢？”

石楠思考了一下，说：“最直接的影响就是对与妻子的夫妻生活明显地缺乏兴趣，甚至还有一点抗拒心理。为什么我会对男生开始有这样的感觉？我感到特别的困惑和紧张，担心自己不正常，担心自己是不是同性恋。”

王老师：“你有这种担忧和困惑很正常，因为我们在传统文化的道德观中长大，而传统社会中异性恋群体占绝对多数。不知道你有没有听说过‘性少数群体’这个词？”

石楠：“没听说过，同性恋是不是就属于性少数群体？”

王老师：“同性恋只是性少数群体中的一种，人类的性倾向是一个复杂的问题，并非只有我们所认知的同性恋和异性恋，在性倾向的谱系里，还有双性恋、无性恋、泛性恋等许多的性倾向。至于形成不同的性倾向的原因是非常复杂的，心理学、社会学、生物学界并无定论。”

各种性倾向并没有优劣之分。

石楠："不瞒您说，我曾在网上找到了测试是否是同性恋的量表，测出来的结果模棱两可，不知是什么意思。"

王老师："你能够坦诚地把困惑说出来，就是一种自我探索的举动。从心理学的角度来说，现阶段让很多类似的小众群体痛苦的，除了性倾向困惑，更有道德评判、社会舆论，以及自己内心纠结造成的压力和痛苦，并且远远超过性取向痛苦本身。"

石楠："是的，老师，我深有感触，有这样的冲动，害怕别人知道，特别怕我妻子知道。我在想，万一我真的是同性恋的话，那么现在要孩子不是害了她吗？"

王老师："听你这么说，你是一个很负责任的人。从你的表述可以看出，你对同性的情愫和吸引力并不是很明确，不能证明你就一定是同性恋。有一些影视作品、小说、媒体的内容也可能无意中引发某些人对同性的性幻想，但这些人并非都有同性倾向。在日常的咨询中，部分有同性倾向的人，除了身体本身的原因之外，由于在日常的工作、社交中，特别是在情感互动中受挫或者被伤害时，与异性的情感交流产生了困难，与同性才能获得正向的交流经验，所以更愿意与同性交往。"

石楠："嗯，确实是这样。我感觉到跟我妻子的互动总是不顺畅，很难交流，她总要让我去猜，猜不对好像就是我的错。"

王老师："有没有具体的表现形式？"

石楠："她经常一生气，就让我睡沙发。"

王老师："在你们夫妻的互动模式中，是不是有一种被排斥、缺乏认同的感受。有时候，同性别之间的友谊可能更能给到你认同感、归属感和情感支撑。"

石楠："是的，我有时候觉得与我的好兄弟相处，表达情感更顺畅，更能得到认同。有时候我甚至会想还不如跟朋友过，日子会比跟我妻子还舒服。”

王老师：“男人会有某些女性化的特征，女性也会有男性化的特征。从精神分析的视角，20 世纪初，弗洛伊德也提出过‘心理双性恋’的概念，也就是说‘每个性别都会表现出另外那个性别的某些特征来’。他认为每个人身上都同时拥有男性和女性的一些特征，这些构成科学领域里最含混不清的概念。”

一个人的人格的成熟过程，大都是在自我的矛盾和冲突中完成的，很多内心的挣扎并不代表你真的会去做这件事。所以说，想法无罪，人是不应该为自己的想法羞愧和承担责任的。因此，你不必为自己是不是同性恋而焦虑，而是要看你对同性产生的“吸引”和“爱慕”的背后，满足的到底是怎样的心理需要。

石楠思考片刻，说道：“我在家总是去照顾、讨好我老婆，但是总是有着一种出力不讨好的感觉，得不到任何好的回馈，做得越多错的越多，总是不被理解。我有时会想，我也需要被照顾呀！我要是个女人多好呀，可以被照顾。”

王老师：“是的，传统观念对男性的刚烈、强大的要求，经常会压抑了作为人正常的需要，掩盖了男人柔软和脆弱的部分，现在你静下来回忆，你小时候是否有被关爱和被理解的片段吗，或者特别需要被呵护但又得不到而觉得委屈和想流泪的时刻?”

石楠做了一个深呼吸，闭上眼睛想了一会儿说：“我想到从小就羡慕其他小朋友跟爸爸的关系，他们的爸爸会陪他们玩，去参加家长座谈会。”

王老师：“爸爸在你心中是一个什么样的人?”

石楠：“我爸经常不在家，他是工程师，常年在外出差。在我印象中，每年只有过年的时候他才会回家，我经常幻想他回来我会一头扎到他怀里的画面。但他回到家，总给我严肃、古板的印象，不苟言笑地要求我要听妈妈的话，好好学习，不要惹是生非。那种想得到他拥抱的感觉，在见到他真人的时候，好像被堵住了。”

王老师：“你从小就有一种需要被父亲关心爱护的情结，一直深深地埋在心里。那次与男客户的肢体接触，特别是拥抱，唤起了你内心柔软的部分，也把你深深埋在心里对爸爸的爱的渴望唤醒了。”

石楠此刻眼眶有些湿润，说道：“是的，我一直觉得我爸爸表面表现出坚强，刻意去掩盖他内心的柔情，其实他自己也很孤独，也需要被爱。他现在年纪大了，对妈妈和我反而表现出了慈爱和柔软，不像原来那么严肃和刚强了。”

王老师：“确实，在许多传统家庭中，父亲多是表现勇敢、担当的一面，很少表现出柔情的一面，尤其是对家里的男孩子，更是严厉要求。现在请你做一次深呼吸，然后想一想那个男士，他对你的吸引，是不是有似曾相识的感觉?”

石楠：“是的，很相似，他的气息和感觉让我很熟悉，有一种温暖和磁性的感觉。”

王老师：“磁性代表什么?”

石楠：“我觉得应该代表父亲。”

王老师：“他的气息和气场，出现在你身边时，唤醒了你的早年记忆，这可能是有关安全感和依恋的记忆，你感到踏实、安心、可亲近、可信赖，这也可能是一种爱的感觉，不一定与欲望有关。人的感受是非常复杂的，就性的部分来说，如果没有占有欲和征服欲，而只是喜欢、想靠近、留恋，这只可能是爱欲或情感需求，而并非性欲。”

石楠：“哦，明白了。”

王老师：“你能够自我觉察和表达出来，这非常重要，表达本身也是一个自我接纳的过程，可以降低你内心的冲突。”

石楠：“老师，对您说出来后，我觉得轻松了很多，我已经憋了很长时间了。”

王老师：“人是会变化的，性取向是流动的，某段时间对同性有好感和兴趣不代表会是固化的永久的，也不代表你不正常。”

石楠：“那我现在能做些什么呢？”

王老师：“首先，要学会接纳自我和现在的内心状态；其次，可以去培养一些对异性的审美意识，尤其是跟妻子的亲密互动。然后，你父亲现在已经退休了，那么，给你布置一个家庭作业，每周末回家去陪爸爸，和他一起买菜、做饭，陪他看电影、下棋、散步，或一起做你们感兴趣的任何事。最重要的，下次见你爸爸时，主动给他一个拥抱。”

石楠：“陪父亲没问题，我也想这么做，但和我妻子的亲密互动，目前对我来说很难。”

王老师：“至于你们夫妻的问题，男性和女性对爱与被爱的认知有时候会不同。男性大多通过结果和行动来感受爱，而女性则是通过过程和体验来感受爱。这样的差异造就了男女对于‘爱不爱我’的需求和心态出现很大的分歧，所有的语言都没有行动有力。另外，男性和女性对于语言表达的理解也是不同的，男性喜欢讲道理，女性更多的是讲情感、情绪，所以你可以从减少讲道理开始，改善你们的关系。”

石楠：“好的，我会认真思考的。”

王老师：“我们今天谈的内容，能不能让你的妻子知道？”

石楠：“内容肯定要保密，但是可以让她知道我找您咨询过。”

王老师：“嗯，明白。你的做法表明你还是想改善你们夫妻关系的。”

石楠：“应该是吧。”

（三）柳暗花明

一周后，咨询师与肖霄做了单独咨询，肯定了她愿意改变的动力，咨询的目标定为如何改善夫妻关系，唤醒亲密关系中的激情，生育问题则是一个自然的过程，暂不强求。

咨询师向肖霄介绍了丈夫来交流的大致情况，并启发肖霄思考，在夫妻关系里男性和女性的需求和感受可能会不一样。男人需要被理解和被欣赏，女人更需要被懂得与被呵护。妻子要善用温柔的力量来吸引及唤起丈夫的激情，让爱在夫妻之间流动起来，而不是只为了某个结果生硬地要求和强迫对方。同时，咨询师向肖霄介绍了一些增加亲密度的行动和方法，建议她尝试。

妻子肖霄接受了咨询师的建议，她也觉得自己确实习惯用职场的行为方式去解决亲密关系问题，过于急躁和焦虑，忽视了丈夫的感受。她也坦诚谈及近几年没有了恋爱时的彼此贴近，家庭生活变得平淡，没有了激情。如今到了生育年龄，特别想要一个孩子来作为家庭的压舱石和维系夫妻关系的纽带，却忽视了夫妻关系本身。其实，夫妻关系才是家庭的定海神针，自己有些本末倒置了。

夫妻俩后续又做了几次伴侣咨询，肖霄表示最近一个月能够看到丈夫在家庭生活中的变化，也能感受到他的用心，找回了夫妻关系中的乐趣。石楠也反馈妻子变得轻松了，无论从穿衣打扮和说话方式都让他感受到了她原有的柔情，以男性的视角感受到了女性的可爱，重新找回了男性的自信心。自己对同性倾向的焦虑也大大降低，无论是与同性还是异性的交往，现在均能以一种平常心态去对待。

策略与技巧

1. 本案例以伴侣咨询开启，得知丈夫有不愿让妻子知道的个人秘密，咨询师遵循保密原则，以个体咨询的方式先处理个人的困惑。

2. 关于性别意识问题的咨询，首先需要普及性别知识，性正常化技术等帮助来访者增加自我接纳，减少内心冲突，再来判断性别意识问题。

3. 通过精神分析的视角，让来访者理解到原生家庭对自己依恋模式的影响，尤其是与父亲的关系会影响成年后与其他男性的关系，一旦被压抑的愿望得以意识化之后，其内心也相应得到了疏通。

4. 在类似涉及性与性别意识的咨询中，要求咨询师要保持觉察和开放态度，克制自己的好奇心，以咨询目标为导向，除非来访者主动谈及，避免过度关注细节，如果意识到自己无法保持中立态度，则需要进行转介。

5. 通过伴侣咨询，提高来访者对异性的审美意识和激情，在其关系中重新与伴侣建立新的联结。

6. 在本案例中，行为干预起到非常好的效果，行动可以改变来访者的感受和认知，同时也可以改变夫妻双方的关系。

第八章 原生家庭的负面传承

在我们的案例中，当事人沿袭了家庭互动模式和体验，自我状态体验也潜抑了正性体验和负性体验。其中的负性体验无意识中对自己、家庭、恋爱、婚姻，以及教育等产生了负面影响。但是，来访者并不自知。他们的自我状态体验告诉他们这些“本该如此”，甚至在明显违背常识或常态的问题上，都采取否定或视而不见的方式来应对。我们利用正念冥想，心理对镜技术，帮助来访者调整负面体验，以期实现自我和自我意识的再认识。

我们精心策划的案例，以期待读者朋友对自我状态体验，包括所谓负性体验有所认识与了解。

自我状态体验：指意识到自我所处状态的自觉性体验。根据不同结构进行划分，自我状态体验有三种形式：自我躯体状态体验，自我情绪状态体验和自我能量状态体验。由于体验的意向性不同，因此每种形式的体验又可分为正性体验和负性体验。①自我躯体状态体验。这种体验亦称为躯体内向性体验。体验者本人自觉躯体有非常态感和异样感，内在感受器异样，躯体存在状态有异于常态。因此，体验者多对自己的躯体状态表现出过分的注意和极端的关心。自觉躯体存在状态不良，担心自己身体状况恶化，因有自我不良感。与之相似，有疑病观念的病人总感到自己的身体有不适症、病症，继而发展成为疑病妄想。这种体验称之为负性自我躯体状态体验。②自我情绪状态体验。这种体验也可分为正性体验和负性体验，正性体验自我情绪的人常处于一种欣悦状态，自觉快乐无比，一切称心，事事顺利，处处满意；相反，负性体验自我情绪的人则总处于一种焦虑状态，自觉悲观、无望、痛苦万分。③自我能量状态体验。处于躁狂状态中的人自感精力充沛，心劲十足，并常处于一种亢奋状态，自信体内能量极大，仿佛取之不尽，用之不竭。具有偏执特征的人则过分自负，自觉能力过人，能成就一切伟业，傲视一切。处于抑郁状态的人往往以消极的方式体验自我的能量状态、自觉能力低下，无力克服任何困难，躲在自己设置的安全地带。处于强迫状态的人往往对自己缺乏起码的自信心，常为双向矛盾心理困扰，仿佛他们总置身于一种两难境地，无法做出选择。因而总是心事重重，犹豫不决。

（摘自湖北人民出版社，《文艺心理学大辞典》，2001 年版。）

案例九 我的儿子不会错

——单亲母亲自身焦虑导致家庭关系失衡

父母是一个人人生的第一面心理对镜，父母的言行举止是潜移默化地影响孩子形成其自我的重要因素。

心理学研究揭示，一个人的童年经历，特别是原生家庭，对个人的心理、性格、行为、认知等起着决定性的作用，并且会对其一生产生深远的影响。

阿德勒说过，幸运的人一生都被童年治愈，不幸的人一生都在治愈童年。

案例背景

单亲母亲武女士，独自抚养儿子小伟。小伟初三准备中考期间，武女士因为儿子的学习问题，通过心理机构转介，联系王老师进行心理咨询。

（一）第一次咨询

某日早晨，武女士如约来到咨询室。王老师观察到，武女士显得干练，有很强的自我意识。

武女士快人快语道："王老师好！我是武××，你们心理机构介绍我来找您咨询，他们说您是专家，都说您咨询的效果非常好……"

王老师："谢谢你的信任。你想交流哪方面的问题？"

武女士："我儿子还有两个月就要中考了，但最近他的成绩下滑得厉害。王老师，您也知道现在的社会现状，从某种意义上来说，中考甚至比高考还重要。如果考不上好的高中，对考大学就会有相当大的影响，很难考取好的大学。这年头，上不了211、985这类的大学，以后还有什么前途？”

王老师：“你的担心可以理解，大多数父母都会有类似的想法。请你具体介绍一下你儿子的情况。”

武女士：“其实我儿子的学习成绩还不错，之前一直都保持在班级的前五名。但是，最近的这次模拟考试他居然掉到二十多名，我非常着急。上周的家长座谈会后，学校老师留下我单独谈话，说我儿子最近上课不专心，常常走神，成绩下滑太多，希望家长了解一下具体原因，并要求我们好好监督他的学习。我认为老师是在推卸责任。”

王老师：“你对此做了什么呢，了解原因了吗？”

武女士有点无奈地说：“听了老师的话，我很着急，当天就和儿子谈了，可他不耐烦地说，一次没考好很正常，别那么大惊小怪的。”

王老师：“除了考试成绩下滑，你儿子在其他方面的情况怎么样呢，比如说作息时间有没有变化？”

武女士：“哦，我想起来了，他每天晚上都要用我的手机，说要与同学讨论作业，有时很晚还在用。一制止他，他就会非常生气，对我又吵又闹，说我影响他。”

王老师：“那么你是怎么处理的呢？强行没收，还是让他继续使用手机？”

武女士：“唉，王老师，您肯定知道，这种情况都是家长让步，我拿他没办法啦。不管学校老师和我怎么对他解释和强调中考的重要性，他都满不在乎。我今天来，就是希望您做做我儿子的工作，让他这两个月能够全力以赴地备考。”

王老师：“哦，请问你以前做过心理咨询吗？”

武女士：“没做过，但曾经与学校的心理辅导员有过交流。”

王老师：“这样的话，你可能已经了解心理咨询的相关原则了。”

武女士不解地问：“什么原则？我不太清楚。”

王老师：“如果不了解，我们先了解一下心理咨询的有关原则。”

武女士显得有些惊讶，她对心理咨询原则一无所知。

王老师耐心解释道："心理咨询有五大原则：保密原则，有诉求的原则，避免多重关系的原则，转介与终止原则以及收费原则。现在要向你详细说明前两条原则，即保密原则和有诉求的原则。我们的交流及咨询，可能会涉及你的家庭或你内心的某些隐私，根据保密原则，我们不做任何记录、录音和录像等，所有的咨询内容，在离开咨询室之后，原则上都不会再提及，我们有保密的义务。关于有诉求的原则，意思是来访者本人要有寻求咨询与帮助的意愿。因此，你刚才说到为你儿子咨询的事，需要你明确地告知他，并征求他本人的意见，在他有意愿的前提下，才能进行咨询。"

武女士听完介绍，不以为然地说："其实，王老师，我儿子很懂事的，像您这样的心理专家，随便指点他一下，他可能就开窍啦，不需要那么麻烦。"

王老师："这是我们职业规范的要求。"

武女士："王老师，您太认真啦，我们相信您，不会有问题的。"

王老师："我还是建议你先去征求儿子的意见，再决定他咨询的问题。"

武女士有点不情愿地说："好吧，我先征求一下他的意见。"

王老师："好，现在来讨论一下我们能为此事做些什么。我想请你介绍一下你的家庭情况。"

武女士脸上立刻流露出了自豪的神情："我儿子是非常优秀的孩子，以前学习一直很好，街坊邻居都非常羡慕我，都说……"

王老师说："我是想请你介绍一下你家庭的整体情况，在整个交流过程中，你都未提及孩子的父亲，父母的互动模式和教育模式对孩子的成长会有很大的影响，希望你能介绍一下你们的具体情况。"

武女士大方地说："王老师，刚才我忘了介绍，我与他父亲已经离婚了。"

王老师："哦，大概是什么时候的事？"

武女士表情有些黯然地说："儿子上小学三年级那年。"

王老师："请你简单介绍一下你们离婚的情况。"

停了一会儿，武女士说："他父亲当时工作较忙，经常出差，长期不在家，我们情感交流较少，儿子基本上是我和我妈带大的。可他每次出差回来，总是横挑鼻子竖挑眼，对家里的大事小事都表现出不满意，所以我们经常发生冲突，特别在儿子的教育问题上冲突比较大。他平时根本就没有管儿子，凭什么指责我？何况我把儿子培养得那么优秀，大家都很羡慕。"

王老师问："除了儿子的教育问题，你们在哪些方面还有冲突？"

武女士有些不服气地说："他总说我太强势，不够温柔。"

王老师："你自己觉得呢？"

武女士激动地说："我为这个家付出了那么多，除了带儿子，我还要挣钱买房，他那点工资根本指望不上，其他方面他也帮不上忙，他有什么权利来要求我？他要能对这个家庭多有点贡献，我何尝不想做个小女人。"

王老师："据我所知，现实生活中类似的情况并不少见，但不至于导致离婚吧？"

武女士："是的，王老师您说得太对啦。他父亲心眼小，不像个男人，由于我的工作性质特殊，同事基本都是男性，我会经常与他们一起出差，他总是抱怨和猜疑。我们谈恋爱时，他就有这种毛病，我特别反感。其实，他指责我对孩子的教育，是想在我面前表现出他比我有水平。最后我实在是忍无可忍，提出与他离婚。"

王老师："明白了，难怪你说孩子是你自己带大的。"

武女士："当然啦，我怎么可能把孩子给他。"

王老师："也就是说，儿子的教育和成长，主要是受你这个妈妈的影响，是吗？"

武女士自豪地说："是呢。"

然后她又补充道："我儿子又帅又优秀。"

王老师："我能明显感受到你作为母亲的那份骄傲。我们来看看能为你儿子做些什么。"

武女士高兴地说："太好啦。"

王老师："我们来总结一下：第一，你儿子说的'一次考不好，不说明什么问题'，我认为是有道理的；第二，作为母亲，你的担心与焦虑也是可以理解的，但是你的表现过于急躁了一点；第三，你儿子的成长过程，主要以母亲陪伴，你又当妈又当爹，儿子缺乏父亲或男性角色的影响。你觉得是不是这样呢？”

武女士兴奋地附和道：“太对啦，王老师，我真的不容易。”

王老师：“现在给你的建议是，第一，不能以你自己的想法去左右儿子的行为，先征求他的意见，如果他同意，才能来咨询；第二，给你布置一个重要的作业，回去后，请列出你所有的社会角色，每个角色至少写出两三个特征，下次咨询时我们一起讨论；第三，对于儿子的现状，要少指责，多观察，不抱怨；第四，控制好自己的情绪，不要在情绪中表达，因为你的情绪会对儿子产生直接的影响。如果必须要表达，表达中不要带有指向性，仅表达当下的心情和感受。通常，表达的态度比目的重要，表达的方式比内容重要！”

武女士认真地听王老师的建议，说到：“好的，王老师，我尽量按照您说的去做。”

王老师：“希望今天的交流对你有所启发，今天的咨询就到这里。”

（二）第二次咨询

一周后，武女士刚见到王老师，便急切地说：“王老师，我知道我儿子考试没考好的原因啦。”

王老师给她倒了一杯水，说：“先喝口水，坐下慢慢说。”

武女士接过茶杯，喝了一口水，说道：“王老师，过去这一周，我发现我儿子晚上经常给他们班的一个女生打电话，每次都聊得很晚，而且，还反锁他的房间门。”

王老师问：“你觉得他反锁自己房间的门不正常吗？”

武女士：“也倒不是，我只是觉得奇怪，因为他以前从来不锁门。我敲了半天他都不开门，我隔着房门问他在和谁打电话，他很生气地对我吼，不要你管。”

停了停，她又说：“我认为他谈恋爱了。”

王老师："哦，你怎么断定他就是在谈恋爱呢？"

武女士："我从他的同学那里了解到，他一直很关注他们班的一个女生，据说那个女生有点显成熟、爱打扮，喜欢吸引男生的关注。我儿子最近脾气古怪就是因为这个女生，她对我儿子一会儿热一会儿冷的，最近不怎么理我儿子。这个女生弄得我儿子心神不宁，所以我儿子每天晚上都给她打很长时间的电话，无法集中精力，学习受到了影响，成绩下降。"

王老师："对于这件事情，你与儿子有过交流吗？"

武女士："交流过，但他不承认。"

王老师："能具体说一说你与儿子是怎么交流的吗？"

武女士："我对他说，你年龄还小，主要精力应该放在学习和中考上，在这样关键的时刻，将精力浪费在这样的女孩身上，不值得。你那么帅，学习又好，等你以后上了好高中、名牌大学，肯定会有很多女孩来追你的。"

王老师："儿子怎么反应的呢？"

武女士生气地说："他居然说不想参加中考了。我实在搞不懂他在想什么。上周二晚上他一直在打电话，聊得非常晚，第二天早上坚决不去上学，说去学校很烦。没办法，我只好帮他请了病假。现在不管我说什么，他都要反着来，还威胁说他已经抑郁啦。唉，以前他多听话啊，现在却变成这样，我该怎么办呀？"

王老师："在这样的情况下，建议你现阶段多关注他的情感、情绪和日常生活，暂时别提你的要求与想法，但要做好他生活的保障工作。我们在咨询中遇到不少类似的情况，有些孩子在家待几天后，又想去学校上课了。"

武女士："希望他也会这样，老不去上学就毁啦。"

王老师接着问："你儿子在学校与同学的关系如何，你了解吗？"

武女士："了解。我儿子与同学的关系很好，他喜欢运动，是班级篮球队的主力，很受欢迎，与男同学女同学的关系都挺好。"

王老师："如果像你说的这样，可能很快会有意想不到的效果，前提是你不要提任何要求。有没有不清楚的地方？"

武女士有点迷惑地摇摇头："嗯，不完全明白。"

王老师："我的意思是，你对待儿子的反应和态度，要脱离你惯有的方式，最好是出乎他的意料。"

武女士还是不太明白，问："那我具体该怎么做，王老师？"

王老师："只做不说！如果实在做不到，也要多做少说。通过这两次交流，我感到你平常与儿子的互动模式，是晓之以理，动之以情，以母亲的强势地位来说服他接受你的观点。刚才建议的方式，就是要跳出这个模式，当然，你也可以用其他互动模式，前提是与平时不一样的模式。"

武女士松了口气："这下明白了，就是要让儿子猜不到我在想什么，是吗？"

王老师："大概是这意思，但还有其他的一些因素，你先试着去做一做。现在我们来讨论上周布置的作业，你做得怎么样？"

武女士拿出两张稿纸，上面写满了各种社会角色。其中，"女儿"角色的特征是听话及爱干净；"母亲"的特征是母爱与责任。

王老师鼓励道："非常好，你做得很认真。在你列举的所有社会角色中，你自认为做得最成功的是什么？请列出三个，按顺序排列。"

武女士按顺序写出，母亲，同事，女儿。

王老师又问："什么角色是你觉得做得最不满意的？"

武女士咬咬嘴唇说："应该是妻子吧。"

王老师："在上次交流中，你表示离婚的原因主要在男方，现在为什么会认为'妻子'的角色做得不好呢？"

武女士有点不自然地说："王老师，上次我没说清楚，其实我已经离了三次婚啦。与孩子他爸离婚后，又结了两次婚，都失败了，特别是第三次，从认识、结婚、到离婚，时间没有超过一年，让我心力交瘁，对男人已经失去了信心。现在就是一心一意地培养儿子，有儿子就够啦。"

王老师："第三次算是闪婚闪离了，当时对方最吸引你的是什么？"

武女士稍微有点动情地说："他爱干净，喜欢打扮，随时要喷昂贵的男士香水，这是我以前从未有过的经验，对我有很大的吸引力。我周围的男性，包括同事，都是真性情，相对比较粗线条，不像他，房间打扫得一尘不染，自己收拾得干净利落，而我自己也特别爱干净，与他情投意合，以为终于找到了真命天子。”

王老师：“听起来你们比较般配。”

武女士：“唉，可没想到，他婚后花销如流水，自己的工资不够用，便用各种借口找我要钱，这让我很不舒服。王老师，您可能想象不到，为了要到钱，他在我面前可以表现出小绵羊式的言听计从，但是在外面却乱花钱、与别的女人眉来眼去，打情骂俏。最后我实在无法忍受了，不得不离婚。我真的是对男人失去信心了。”

王老师：“如果遇到合适的人，你是否还会投入感情？”

武女士黯然地说：“我想不会了。”

王老师：“现在请你想一想，你的三次离婚，有没有共性的原因？”

武女士若有所思，过了一会儿说：“他们都说我太高傲了。”

王老师：“你自己觉得呢？”

武女士：“可能是吧。我的家庭背景是所谓的高知高干，家境比较优越，也是比较传统的家庭。我的父母对我要求很严，教导我做事要循规蹈矩，自爱、自尊、自律、自强。我现在的工作，也是按父母的规划，一步一步走到今天的。”

王老师：“我能否这样理解，你一直遵循你父母的要求做事，你的工作状态让你父母比较满意，而你的情感经历则是出乎所有人的意料？”

武女士点点头：“是的，确实是这样。”

王老师：“那么，我可不可以这样认为，你三次离婚的共性，是你在家庭角色里显得太强势？”

武女士反驳道：“从我的角度来说，是男人太不负责任。”

王老师：“哦。”停顿了一会儿，王老师又问：“请你思考一下，假如你儿子与那个女生谈恋爱，你会是什么感受？”

武女士："我觉得她太有手段啦，把我儿子搞得神魂颠倒的。我想找机会与那个女生谈谈。"

王老师："在他们这个年龄阶段，男女同学之间有好感是正常现象，有好感，不等于是谈恋爱。作为当事人的母亲，你不要相信道听途说的消息，更不要成为消息的扩散者，所以，你去找那个女孩谈话是不是合适，请你考虑。刚才说过，你尽量努力去尝试少说多做，这样的话，你儿子可能会主动与你交流。不管他说什么，你都要理解、包容、接纳，停止说教式的教育方法，特别是不要指责和抱怨。通过与你儿子的交流，你会了解到他与那位女同学的真实情况。这样的处理方式，可能才是明智的。"

武女士一副若有所思的样子。

停顿了一会儿，王老师问："你儿子是否愿意来咨询，你征求他的意见了吗？"

武女士："没有呢，这个星期，我一直忙着处理他不去上学的事，没敢跟他提咨询的事。"

王老师："不用着急，有机会时再征求他的意见。他这个年龄阶段需要在社会交往中，特别是男生、女生交往中有保护意识，需要懂得尊重对方，学习掌握一些生理、心理的自我保护方式和常识。作为母亲，你要特别提醒他在交往中要尊重对方。"

武女士申辩道："王老师，您说错了，是那个女生勾引我儿子。"

王老师："我要表达的是，这种互动关系是相互的，无论主动还是被动，都需要相互尊重。希望你不要将你对男人的偏见灌输给你儿子。这作为今天的作业，希望你认真对待，好好思考。"

武女士："好吧。"

三天后的早上，武女士联系到王老师，她激动地说："王老师，您太厉害啦，我按照你的建议，什么也没说，只是保证儿子的起居和一日三餐。昨天下午他主动要求回学校上课，今天一大早就去上学啦。"

王老师："非常好，这表明你的调整带动了儿子的改变，希望你能够认真思考和总结，我们以后再详细交流。”

咨询师小结

1. 青春期的孩子，特别是有习惯性说教的家长的孩子，无论家长要求什么，他们都可能要反着做、对着干。

2. 案例中的母亲，按照咨询师的建议，改变了自己的行为方式，暂停对儿子提出要求和想法，改变习惯性的说法和做法，使其超出儿子的预判，避免了与儿子在言语上的冲突，取到了立竿见影的效果。同时，母亲也学习到了与以往不同的互动模式，开始积累与处于青春期的儿子互动的正向体验。

（三）第三次咨询

在约定咨询日期的前一天，周五的下午，武女士通过平台电话联系到王老师，急切地说道：“王老师，我儿子受伤了。”

王老师：“先别着急。请你说说具体情况。”

武女士：“他心理受伤了，我现在非常担心。”

王老师：“什么情况？”

武女士有点语无伦次：“情况是这样，我儿子有一个相处得非常好的同班男同学，我通过这个同学的母亲了解到，我儿子喜欢的那个女生正式宣布不与我儿子来往了，使得我儿子痛苦不堪。这几天晚上，他其实不是跟那个女生打电话，而是与这个好朋友通话。在他们的电话交流中，我儿子提到过，觉得活着没有意思。我很担心，他会不会得抑郁症了。我现在不知道该怎么办了。”

王老师：“你说的情况，一定要引起重视。今天是周末了，他回来后，你要与他商量，去找专业的心理机构做一个心理测评。”

武女士：“王老师，我跟他说过了，但他不愿意。”

王老师：“那么，可以建议他与学校的心理老师做一个交流。对你们家长的要求是，要保证随时有人陪伴他。除了你自己，家里还有其他人吗？”

武女士：“孩子的外婆在，一日三餐都是外婆在操持。王老师，他在家我倒是不担心，有人陪着，我担心的是他在学校时情绪失控。”

王老师：“今天才周五，到周一上学还有两天，先不用着急。你主要是观察和陪伴，如果他愿意说什么，无论什么话题，你都要与他交流。”

武女士：“ 好的。明天是我们约定好的咨询时间，如果能做通他的工作，我想让他一起来。”

王老师好：“可以。如果他不愿意来，我建议取消明天的咨询，你在家陪陪他。”

武女士：“是的，王老师，如果他不来，只有取消了，因为外婆要出门买菜，我走不开。”

王老师：“好的，先这样。”

（四）第四次咨询

第二天上午，武女士和她儿子小伟来到咨询室。武女士对儿子介绍道：“这是王老师，心理专家，妈妈的朋友。”

王老师请他们坐下，然后对小伟说：“很高兴今天见到你与你妈妈一起来，你妈妈在之前的交流中，多次提到你这个帅气的儿子，感觉你是她的骄傲。”

小伟看起来表情平和，情绪平稳，总体的印象还是比较精神的，不像他母亲描述的那种状态。王老师观察到，小伟并不像武女士夸奖的那样帅气逼人，隐隐约约意识到，武女士对儿子过分的偏爱，有着某种固有投射。

王老师接着问小伟：“你以前是否做过心理咨询，或者与你们学校的心理辅导员有过交流？”

小伟看了妈妈一眼，说：“没咨询过，我和我的同学都不喜欢跟心理辅导员交流。”

王老师：“有什么原因吗？”

小伟有点不屑："学校的心理辅导员就是校长和班主任的帮凶。"

王老师："哦，或许你们对心理辅导员有某种误解。现在，我先向你介绍一下心理咨询的相关原则，最重要的原则是保密原则，我们的咨询要尽到保密的义务，根据咨询的情况，有时会与你们母子俩共同交流，有时可能会需要与你或你母亲分别单独交流。单独交流的内容，我们不会透露给对方，你们也不需要相互打听，如果需要告知对方，会征得你们的同意，或者在共同交流的时候，由你们自己告知对方。第二个原则是有诉求的原则，也就是不求不助，你今天能和妈妈一起来咨询，非常好，意味着你有寻求帮助和希望做某种调整的意愿。还有中止和转介的原则，如果你对某类型的老师特别有兴趣，我们可以转介绍；在咨询过程中，如果你有任何不适，或者不想继续咨询，可随时提出中止和转介。"

小伟认真地听着，王老师的介绍似乎与他对心理咨询的认知不一样。

王老师问："我介绍清楚了吗？"

小伟回答："很清楚。"

王老师："介绍心理咨询原则也是对你做一个心理咨询常识的普及，我所说到的这些原则，你们学校的心理辅导老师同样要遵守，他们同样要尽到保密的义务。希望通过今天的了解，你能给你的同学和朋友们普及一下心理咨询的常识。"

咨询师激发小伟的参与意识与动力。

小伟犹疑了一下，说："好吧。"

王老师问小伟："你能不能先介绍一下你自己的情况？需要你妈妈回避吗？"

小伟看看妈妈，说："不需要。"

妈妈插话说："王老师，我先介绍吧。"

王老师对小伟说："你觉得呢？"

小伟无所谓地说："你要想讲就讲吧。"

武女士似乎习惯性地忽视儿子的意见，不在意儿子的情绪，说道："王老师，我儿子从小都非常听我的话，大家都觉得他是一个懂事、乖巧的学生，学习成绩一直都很好，就是最近这次考试考得特别差，让我很难受。我想和他好好谈谈，但他不愿谈，甚至不理我，上周突然说不想上学啦，我问他原因，他也不说。"

武女士转向小伟："儿子，妈妈那么爱你，你有什么委屈和想法，一定要告诉妈妈。我把你培养得这么优秀，你怎么不理解妈妈？不管你做什么，我都会尽量地去理解你，想办法帮你，这么多年来，不管遇到什么事，都是妈妈出面帮你解决的。为了你，我什么都可以做。"

小伟不耐烦地说："我最烦的就是你的这一套。我现在已经是大人了，凭什么任何事都要向你汇报，征求你的意见，我能不能有点自己的自由？"

武女士有点失落："你太单纯啦，我是怕你吃亏。听说你打篮球很受同学欢迎，你们班居然有女生还看不起你。"

小伟生气地对她说："你能不能不要到处瞎打听，乱说。"

武女士很委屈："还不是因为你什么都不跟妈妈说，我才想方设法地去打听。"

小伟："你别去瞎折腾啦，我告诉你是怎么一回什么事。每次篮球比赛，我喜欢那个女生都会来观看，有一天比赛结束后，我对她说，上高中还想和她在同一所学校，只有见到她，我才会感到安心。可她对我说，你想多了，你的成绩那么好，一定会考上好的高中，而她自己可能会去考中专。我表示愿意和她一起考中专，只要每天能见到她就行。她反而生气地说我们没必要再来往了，后来再也没去看我打球。那几天我真的很难受，不知所措，干什么都提不起兴趣，满脑子都是她的身影。"

武女士："为什么你的同学议论你和她在谈恋爱？"

小伟："我倒是想谈呢，可人家不理我。你想得太多啦。"

王老师问小伟："我能不能这样理解，你这考试没考好，有这件事情影响?”

小伟：“我也说不清是什么原因。考试的时候，大脑一片空白，不听使唤。”

王老师：“我想了解一下，你这几天的状况怎么样?”

小伟：“说不清，做什么都提不起兴趣。”

王老师：“还打篮球吗?”

小伟：“没有，打篮球也没兴趣。”

王老师：“据我所知，你很喜欢在篮球场上的感觉。”

小伟看着王老师，欲言又止，过了一会儿才说：“我请了几天假，没去上学。回学校后，约了几个同学去打球，越打越没有意思，最后没打完就走了，以后也不想打了。”

王老师：“是什么原因呢?我来猜一猜，是因为那个女生没有来看你打篮球，她说到做到，你失去了打篮球的乐趣。是这样吗?”

武女士插话道：“儿子，你那么优秀，那个女生学习又差，我还怕她会影响你，不来更好。”

小伟：“你怎么那么烦。”

王老师：“我们已经了解了基本的情况，现在请妈妈暂时回避一下，先到休息室休息，我和小伟单独交流一下。”

武女士表示同意，站起来往外走。走到门口时，回头对小伟说：“儿子，要好好和王老师交流啊。”

小伟低着头，没理她。

武女士离开后，王老师对小伟说：“你能够坦率地与老师和母亲交流你自己的情况，老师认为你的表现很优秀。你的困惑与难受，我也能体会到。近期你是否做过有关抑郁、焦虑、压力、人格评估?”

小伟：“刚开学时做过，后来就再也没做过了。”

王老师：“这里有两份量表，请你根据上面的说明，认真填写，每一个问题可能会有多个答案，如果不确定，就凭直觉选择。”

小伟认真完成了两份量表，有轻度焦虑情绪、情绪波动和失眠，其他指标都在正常范围。

王老师："你最近的饮食、睡眠是否正常？"

小伟："饮食还可以，睡眠不太好，晚上不想睡，早上不想起。"

王老师："睡眠不好是否影响到你正常的生活和学习？"

小伟："好像也没有太大影响。"

王老师："你近期有什么想法，有没有什么特别的打算？"

小伟："没什么特别的，就是不想上学。"

王老师："你刚才提到考试时的感觉，从心理上来说，可能是你与那个女同学的交流以及担心不能和她在同一所学校导致你潜意识里不想考好，所以，考试时才会出现大脑不听使唤的现象。"

小伟用异样的眼光看着王老师："好像有一点这种因素。"

王老师："你最近这几天的状态，与考试时的状态类似，有没有可能是受到与女生交往受挫的情感、情绪的影响。"

小伟紧握双拳，表现出紧张感，没有回答。

王老师继续说："现在请你做三次深呼吸，放松一下。给你几分钟，想想王老师刚才的话。"

小伟做了三次深呼吸。

王老师："你可以闭上眼睛，找一找你内心的真实感受，认真感受一下。给你三分钟，时间到了我会提醒你。"

还未到三分钟，小伟睁开眼睛说："想到以后不能与她在一个学校，见不到她，我就感到紧张，无法安静下来。"

王老师："那么王老师能不能这样理解，你有意无意地不想考好，就是为了能够与她在同一个学校？"

小伟："就是这种想法。"

王老师："假如你中考真的没考好，却也没能跟她在同一学校，你会怎么想？这种情况是否有可能发生，你考虑过吗？"

小伟惊奇地回答："啊，真的没考虑过这种可能。"

王老师："王老师再假设另外一种情况，假如你真的没考好，而你喜欢的女生却考上了你原本想考的重点高中，那个时候，你将会是什么感受？"

小伟被震惊了，表情有一丝不易察觉的扭曲，没有说话。

王老师接着说："我们只假设了两种情况，在这两种情况之间，还会出现许多种可能，而所有的情况都不是我们能够左右和支配的，你认为呢？"

小伟说："老师，好像是那么回事，只是以前从来没有朝这方面想。"

王老师："现在请你想一下，下一步你该怎么做？"

小伟恍然大悟："老师，我懂你的意思了，我会全力以赴地去准备中考。"

王老师："对的，让你纠结和烦躁的那些想法，等中考结束后再说，那时你有充裕的时间去思考。我觉得我们的咨询到此可以结束了。"

小伟："谢谢王老师。但是，万一我总会想她，该怎么办？"

王老师："在你这个年龄段，男女同学相互吸引是正常的现象，会想她也是正常的。我希望你做一个作息时间规划，每天严格执行，你要这样想，你考得越好，越有能力，就像长得越帅，越有吸引力。能力和成绩也是一种吸引力。"

小伟："我有点明白了。"

王老师："现在，给你布置个作业，把你今天了解和学习到的心理咨询原则与常识，告知你的同学和好朋友们。你今后遇到任何心理困惑或者困难，可以寻求学校心理老师的帮助，与他们交流沟通。"

小伟："我会的。"

王老师："好，现在请你妈妈进来，我与她单独交流几分钟。"

武女士走进咨询室，急切地想知道儿子的咨询情况，还没坐下便问："王老师，怎么样，与我儿子交流得如何？"

王老师："请坐，你儿子很优秀，我们交流得不错，他是一个有思想的青年，这与你长期对他的培养分不开。"

武女士露出了得意的神情。

王老师接着说："但是，你对他过于的关注和掌控，让他感受到了压抑。我们都年轻过，年轻人遇到学习、生活、情感的问题时，会发展出他们自己的应对方式，你过度地以母亲的方式强加于他，就会造成他不愿意与你交流的状况，从而彼此产生误解。"

武女士："可能吧，我尽量注意。另外，王老师，关于他提及过不想活的念头，你们交流了吗？"

王老师："在以往的咨询中，类似的情况比较多，你儿子在失落的情绪状态下有过这样的表达，当然要引起重视，但我们要尽量避免强化这类的负面观念。所以我的建议是，积极关注，正向鼓励，帮他建立社会支持系统，提高正常的人际沟通能力。总体来说，你的儿子是积极向上的。"

武女士："我就是担心他会做出格的事情，听您这么一说，我就放心了。"

王老师："至于抑郁方面还是要重视，首先是陪伴，如果他总是处于精神和情绪低落状态中，建议你带他到专业的医疗机构做检查和评估。"

武女士："好的。"

王老师："请你坚持少说多做，保证他的饮食起居。有些时候，你对儿子的真实情况并不了解，仅是凭主观猜测与想象。他表示会认真准备中考，希望你积极配合。"

武女士高兴地说："太好啦，谢谢王老师，我心里的石头落地啦。"

两个月后的一天，中考已结束，武女士掩饰不住兴奋地告知王老师："王老师，告诉您一个好消息，我儿子考上重点高中了，非常感谢您。"

王老师建议武女士让小伟住校，以锻炼他的独立生活能力。但武女士舍不得让儿子住校，在学校旁边租了一套房子陪儿子，每天晚自习后，小伟回家住。美其名曰是为了让小伟可以更好地休息，她也能更好地照顾他。

新学年开始，班级进行班委选举，小伟积极参加体育委员的竞选，但没有获得同学们的支持，另一女同学当选。小伟很失落，抱怨选举不公，认为他们文科班是女生多男生少，那个女生是得到老师的偏向才当选的。之后，他处处与班主任（女性）——语文老师对着干，甚至发动部分同学要求重新选举体育委员，后来发展到上语文课时讲话，影响到课堂的正常秩序。

母亲武女士多次被老师请到学校谈话，班主任告知她，班委的选举是按学校正常程序进行的，小伟认为老师对当选女生有偏袒，仅是他自己的想象和杜撰，请家长配合学校做好儿子的思想工作，要尊重学校和老师，最起码要做到不影响课堂秩序。

老师耐心地与武女士及小伟进行过多次谈话，但小伟依然我行我素，对老师多次提出的警告充耳不闻。老师不得不告知，再这样下去，学校会给他处分，处分会进入档案。

武女士非常着急，她急忙找年级组长、学校相关领导反映情况，希望不要给儿子处分。班主任及学校相关领导表示理解家长的心情，也不希望小伟背负污点，学校经过与武女士协商，征得小伟的同意，为了维护课堂的正常教学秩序，将小伟调换到另一个班，新班主任林老师是男老师，教数学。

调换了班级，儿子不会被处分了，武女士长舒一口气。心中却抱怨原来的班主任根本不懂学生的心理，更不懂男生的心理，我家小伟那么懂事，同学都喜欢他，明明是她的处理方式方法单一，还怪我儿子。

针对上述的情况，武女士通过线上线下的方式，又做过多次咨询与交流。

（五）第八次咨询

小伟刚升入高二年级，武女士又来咨询。

她显得很焦急地说："王老师，现在的班主任又找我儿子的茬啦，我儿子怎么那么倒霉，总是遇到挑刺的老师。我该怎么办？"

王老师："你平静一会儿，具体说说是什么情况。"

武女士："我儿子的班主任林老师最近总是联系我，让我到学校去谈话，说我儿子不好好上课，影响了他的课堂秩序。"

王老师："你是否了解真实情况？你儿子有些什么具体表现？"

武女士："林老师说，趁老师背身写黑板时，我儿子飞纸飞机，惹得全班同学大笑。老师点名要他回答问题时，他不愿意回答，不要他回答问题时，他又抢着回答，扰乱了正常的课堂秩序。林老师要我和儿子好好谈谈，他自己不愿读书没有关系，但不能影响其他同学。我觉得，这点小事对他们这个年龄来说也算不上什么，我儿子就是太讲义气了。唉，开学到现在，我已经很多次被请到学校谈话，都记不清有几回啦。”

王老师：“那你与你儿子交流了吗？”

武女士：“交流啦。我儿子说林老师很偏心，只关注数学成绩特别好的那几个同学，男生们都不喜欢这个班主任，所以他才为大家出头，顶撞了林老师。从此以后，林老师就对我儿子横挑鼻子竖挑眼，做什么都看不惯。无论我怎么向他解释，他都不接受，总说我没有做儿子的工作，护着儿子。”

王老师：“你儿子在课堂上飞纸飞机，引起大家起哄，确有其事吗？”

武女士：“是的，是真的。”

王老师：“那老师说他影响课堂秩序，这没错啊！”

武女士：“但是，王老师，我已经向他赔礼道歉啦，可他就是对我儿子不依不饶。这个星期已经三次叫我到学校啦，我请了年级组长、某高校的政治老师与班主任交流，但没有效果。他们都认为，在我儿子的这个年龄，有点小问题是正常的，主要是老师的方法有问题。昨天晚上班主任又打电话约我今天去学校，我想，能不能请您王老师帮忙，去跟我儿子的老师谈谈？他那个人太难交流啦。”

王老师：“你应该还记得，第一次咨询时我就介绍了咨询的相关原则，假如你是心理老师，你会不会违反原则，去做超出自己职能的事情？”

武女士：“那你是拒绝我啰？”

王老师：“是的。”

武女士：“我只是觉得你们这种专业的老师去跟他谈，他才会觉得自己也有问题。他是我遇到的最难缠、最不可理喻的人，我作为学生家长，已经没办法跟他说了。”

王老师：“按你的说法，是老师有问题，你儿子没问题，是吗？”

武女士：“我儿子也有问题呢，但是我已经向他解释过，也向他赔礼道歉啦，他为什么还是盯着我儿子不放。”

王老师：“老师请你今天去，说没说是发生了什么情况？”

武女士：“他不说，就说是我儿子影响了他的课堂秩序，请家长去谈话。”

正在此时，武女士的电话铃响起，她看了一眼手机，对王老师说：“看，班主任又打电话来了。”

王老师：“你先接电话。”

不知武女士有意还是无意，用免提的方式与对方通话：“林老师，你好，我现在正开车去外地办事，三天以后才能回来，很抱歉，今天我不能去学校啦。”

林老师：“小伟妈妈，如果你来不了，今天谁会来？”

武女士：“我已经通知他爸爸去，但不知道他今天能不能赶得及。我儿子今天是不是又惹事啦？”

林老师：“没有，今天没有数学课。但是这一周的数学课上，小伟都会跟别的同学讲话，一会儿借笔，一会儿借书，讲与教学无关的话题，扰乱了课堂秩序，影响了其他同学的学习。所以我才要求你们家长来配合做小伟同学的工作。请你们家长一定要理解，我们这个班不仅仅是为小伟一个人开设的。”

武女士说：“对不起，林老师，我作为小伟的妈妈，先向你道歉，但是我今天真的去不了，等我回来后，争取星期一去学校。”

林老师：“我希望你们家长能够重视，只要上我的课，小伟总会找各种借口顶撞我，导致课程不能正常地进行，所以希望你们家长能够理解、配合，做做小伟的工作。实在是对我有意见的话，可以考虑再换另一个班级，或转学校。”

武女士：“林老师，我了解啦。无论如何，下周我一定去。我现在正开着车，不方便多说。”

挂断电话后，武女士说：“王老师，您也听见啦，这个老师是不是太有问题啦？为什么我儿子只在他的课堂上才有这些表现，这不明显的是他有问题嘛。”

王老师：“我的感觉是，你今天不会去学校见老师。”

武女士：“肯定不去。我的意思是让您替我去，我真的和他说不清，不想见他。您去见他，也可判断一下是不是他的问题？”

王老师：“你的这个要求，是不尊重心理咨询这个行业，所以，我不能满足你的要求。”

武女士：“唉，实在不行，我只有逼着他爸爸去应付了。”

王老师：“说了这么多，你自己是否发现，你一直在说老师的不是，而没有提到你儿子的问题。在这件事情上，你认为你儿子是否也有问题？”

武女士：“我知道我儿子也有问题。他的问题主要是太正直，爱打抱不平，他与老师发生冲突，同学们都觉得很高兴。这也应该不算什么大错吧，老师何必小题大做。我真的是想尽了各种方法，向他解释和道歉，请他放我儿子一马。”

王老师：“如果你坚持认为是老师的问题，儿子没有问题，我觉得老师的建议也不是不可行，可以再换一个班级。”

武女士：“换班级的事我与儿子交流过，不想换了。”

王老师：“我能不能这样理解，你与你儿子都认为，换一个班级也不一定就好，现在的班主任相对来说还是比较负责任的？”

武女士：“说不清，就是不想换啦。”

王老师：“现在的班主任与原先那个班的班主任，哪一个更容易相处一些？”

武女士想了一会儿说：“还是林老师好一些，原来的班主任动不动就上纲上线，老拿校规校纪压人。”

王老师：“明白了。通过与你的交流，我觉得老师对你和你儿子的要求并不过分，你和你儿子是否也可以尝试着从自己身上发现一些问题，做出调整和改变？”

武女士：“王老师，我觉得我儿子这个年龄的年轻人，有点激情和冲动是很正常的嘛。上高中以前，从来没有任何人说过我儿子的不好，主要是老师对我儿子有偏见，揪着不放。”

王老师此时意识到，这个母亲不愿正视自己孩子的缺点和错误，不能接受别人对她儿子的否定与批评，哪怕是小伟明显的错误，她的内心都采取视而不见的态度。

王老师：“记得你曾经说过你对男人失去信心了。现在王老师做一个假设，请你想象一下，如果一个像你这样优秀的女人，爱上了一个像你儿子这样的男人，你觉得这个女人会嫁给你儿子吗，他们会幸福吗？”

武女士愣住了，然后说：“哪个女人嫁给我儿子的话，她太占便宜啦。我辛辛苦苦把他抚养大，他那么优秀，是我的骄傲。”

王老师：“你这么说，说明世界上还是有优秀的男人嘛，譬如说你心目中的儿子。你的意思是可以嫁。我的第二个问题是，他们会幸福吗？”

武女士：“幸福倒不一定，万一那个女人不懂得珍惜我儿子呢。”

王老师：“有道理。另一方面，是否也有这样的可能，是你儿子不珍惜那个像你一样优秀的女人而导致离婚？”

武女士开始时有点不解，然后陷入沉思。

王老师接着问：“请你想一下，是你儿子有问题，还是那个像你一样优秀的女人有问题。”过了几分钟，武女士说道：“都有问题。王老师，我隐约感到你要表达的意思，是想说我有问题。”

王老师：“非常好。我要表达的意思是，在现实当中，我们不能一味地强调对方的问题，比如你儿子在学校，他有他问题；在你的婚姻中，你也可能有你的问题。请你回去后认真思考我们的交流，现在布置一个作业给你，回去后写出你自己的五个优点和五个缺点，也写出你儿子的五个优点和三个缺点，下次交流时我们再讨论。”

咨询师小结

1. 在讨论儿子的问题时，咨询师逐渐意识到，凡是涉及儿子的问题，母亲都不愿意正视，其他任何人，包括学校的老师，对儿子的批评与教育，她都不能接受。

2. 本案例虽然是儿子的教育问题，也涉及母亲的教育方式和母亲自身的问题。

3. 咨询师把交流重点从儿子的教育问题转到家庭关系和母亲身上。

4. 本案例使用了心理对镜技术，把儿子作为母亲的心理对镜，促进其反思婚姻家庭关系以及对儿子的教育模式，以重新认识自我，正视现实。

一般意义上的“对镜”基本上是当事人观察镜子里面的自我，对着实体镜面调整呼吸，进行肢体训练的过程。它与本文提及的“心理对镜”，不仅内容不同，方式也不同。

案例里提到的心理对镜，是结合传统文化，应用冥想、意念、意象对话等技术，观想出一面虚拟的、巨大的、立体的心理镜子。对镜里面呈现的可以是自我内心状态，也可以是其他人、事、物，当事人从镜子里面可以看到上述内容，在这种状态下重新认识世界、自我和自我的内心状态，以起到成长和治疗的作用。

（六）第九次咨询

武女士：“我最近认真思考啦，我一个人独自抚养儿子，不仅要买房买车，还要保证儿子的生活和教育水平不能输给别人，如果我不强势的话，怎么能做得到呢?”

王老师："可以理解。你的确为你儿子付出了很多，但在王老师看来，除了工作、挣钱、教育儿子，其他方面也很重要，特别是你自己的生活。"

武女士："我和我儿子走到今天，真的是很不容易，可学校的老师却总盯着我儿子不放。"

王老师："我想了解一下，你儿子的班级有多少同学？"

武女士："一共四十五个。"

王老师："你是否了解，有没有其他同学也被老师盯着，影响正常的教学秩序？"

武女士："不太了解。我儿子比较讲义气，他只要为大家出头，就能得到很多同学的支持和赞赏。"

王老师："支持和赞赏他的同学，会不会被老师请家长谈话？"

武女士："不会。他们不敢公开支持，只是私下说我儿子太厉害啦。"

王老师："照这么说，支持他的同学具有自我保护的意识，不与老师产生正面冲突，请你认真地思考一下这个问题。另外，无论初中或高中的老师向你反映你儿子的问题，为什么你的反应都比较激烈？无论是何种原因与理由，你儿子的某些行为的确影响到了正常的课堂纪律，在这种情况下，你仍然希望老师能够理解、包容你儿子，而不愿去正视与接受你儿子的问题。"

武女士："哦，王老师，真的是，不管哪个说我儿子，我都会不高兴。"

王老师："你不高兴是可以理解的，但在我看来，你儿子在成长过程中，缺少了人际交往的艺术与自我保护的意识。从心理学上说，这与他的原生家庭及你的教育模式有关。你们离婚后，儿子与他爸接触多吗？"

武女士："他爸偶尔会来看他，但我儿子不喜欢与他在一起，我也不愿意儿子去见他。我们离婚的时候，他提出来不要孩子，我一生气，把孩子改了随我姓武，哪有他那样的父亲。可后来他又想要回儿子的抚养权……"

王老师："为什么呢？"

武女士："在儿子上小学二年级时，我再婚了，他便强烈地要求变更儿子的抚养权，我坚决不同意，但答应他，周末可以来看儿子，带儿子出去玩，但绝不许在外过夜。即便如此，在儿子的面前我从来没说过他的坏话。”

王老师：“离婚不应该是孩子缺少父爱母爱的理由和因素。你从离婚开始，就不让父亲接触儿子，事实上让儿子的成长过程缺少了父爱和男性模板。在现实生活中，很多离异家庭的孩子，没有因为父母离婚而缺少父爱母爱，也有因为父母而可能得到更多的父爱母爱。在我们咨询中也遇到这样的情况，有的孩子很享受父母离异的状态，利用父母离婚的状态而两头讨好，在母亲这边得不到的，到父亲那边去索要，在父亲那边不能满足的，就在母亲这边加倍地争取。你的家庭情况，恰恰相反，孩子在三至九岁之间，是最需要男性模板影响的时期，你的儿子缺少了父亲角色的正向影响。”

武女士：“唉，王老师，我们也是没有办法，当时也不懂这些。”

王老师：“另一方面，你的母亲角色，又以一种强势的男性化特征呈现在儿子面前，又让他缺少了母亲角色的影响，一直在对你言听计从的环境中成长。”

武女士：“王老师，其实我也看过一些心理学方面的书籍，也跟其他心理学老师有过交流，我知道我也有问题，我可以接受我是‘女汉子’，今后不再恋爱结婚，我对我自己认命啦。但是，我就是听不得、见不得别人说我培养的儿子不好。”

王老师：“你的想法刚好印证了前面分析的你的心态。问题是，孩子在学校的状况，不仅仅是儿子的问题或老师的问题，也与你们的家庭模式和教育方式有关，是长期不良的关系和模式埋下的弊端所致。所以，要从家庭以及你自己的改变和调整来带动孩子的改变与成长。”

武女士：“可是，王老师，没有功劳我还有苦劳的嘛！”

王老师：“没错，你是一个很辛勤的母亲，希望你认真思考刚才的交流，以及上次布置给你的作业，下次我们咨询时一起来梳理。”

武女士：“好的。虽然我也看过一些心理学的书，但是，与你交流给我的启发更多，我会认真去思考的。另外，王老师，我想下个周末带儿子一起找您咨询。”

王老师："你单独来或是与儿子一起来，都没有问题。但是，如果儿子一起来，一定要征得他的同意。"

武女士："我懂的。"

（七）第十次咨询

周末，武女士与儿子小伟一起来到咨询室。

王老师对小伟说："你妈妈那天说你要与她一起来咨询，我感到你太给王老师面子了。"

小伟有点不好意思："我觉得王老师您比较容易相处，所以想再听听你的意见。"

武女士："我也没想到他会主动来咨询。"

王老师："以前已经向你们俩介绍过咨询的相关原则了。小伟，我想听听你的意见，你是想单独交流呢，还是和妈妈一起交流？"

小伟："我希望一起交流，主要是也想让我妈听听我的想法。"

王老师对武女士说："你不会有意见吧？"

武女士："没意见。"

小伟："她太烦啦，我只要一回家，她就缠着我打听学校的情况。"

武女士："我主要是担心老师又跟你过不去，我着急啊！"

小伟："急有什么用，你又搞不定我们的老师。"

王老师问小伟："除了这件事，妈妈在其他方面是不是也这样？"

小伟想了想："其他方面好像好多了，不像以前什么都要打听。"

王老师："你妈妈关心你在学校的情况，站在心理老师的角度，我觉得是可以理解的。如果要降低她对你的关注，你认为你应该怎么做？"

小伟："我也不知道，但不管我做什么，希望她不要整天盯着我问，或到家长群里瞎打听，让我很没面子。"

武女士马上接话："那还不是因为你什么都不告诉我，我才去打听的。"

王老师："你妈妈来咨询交流过好多次了，她已经意识她自己的问题及家庭模式对你成长的影响，你要相信她也会做出改变与调整。除了打听你在学校的事情，你觉得你妈妈在其他方面有没有变化?”

小伟想了一会儿说：“她的抱怨和絮絮叨叨好像少多了。”

武女士说：“我那样做还不是想保护你，怕你吃亏。”

王老师对小伟说：“关于妈妈的情况，上次布置了两个作业，一会儿我们再交流，现在，先来说说你的情况。你妈妈刚才说她要保护你，而你却烦她，那么，你觉得她该怎么做，你需不需要妈妈的保护?”

小伟坚定地回答：“不需要，她也保护不了我。”

王老师：“那么，你能做些什么呢?”

小伟没有马上回答，仿佛在思考什么。

王老师：“其实，要降低妈妈对你的各种关注和担心，你需要做的是尽快学会自我保护，让妈妈放心，而不是让妈妈来保护你。上一次在与你妈妈的讨论中，提到你的成长过程中缺乏这方面的经历，妈妈替代太多。”

武女士插话说：“王老师，我保护他，是母亲的本能，这没有错啊。”

王老师：“我们现在不是讨论谁对谁错，而是要讨论如何让小伟成长，形成独立的自我。当孩子的自我意识形成，能够独立处理问题的时候，母亲的焦虑和担心就会降低，面对其他人对儿子的批评与指责，你就不会过分地在意。”

小伟说：“王老师，您不知道，我妈就像一只老母鸡，巴不得整天捂着我，太难受啦。”

王老师：“你能意识到这些，在我看来是一个成长的契机。好像你是文科班的，是否学过‘木秀于林，风必摧之’?”

小伟：“知道呢。”

王老师：“那你知道下两句是什么吗?”

小伟挠了挠头，说：“嗯，记不得。”

王老师：“你带手机了吗? 马上搜索一下，妈妈也查一下。”

小伟很快就说：“查到了。”

王老师：“连起来大声念。”

小伟大声念出：“木秀于林，风必摧之；堆出于岸，流必湍之；行高于人，众必非之。”

王老师：“很好，请你们认真看一下解释。”

过了一会儿，王老师说：“能理解吗，没问题吧？”

小伟怯懦地回答道：“能的。”

王老师：“体会一下，知道该怎么自我保护了吗？”

小伟没有马上回答，王老师耐心地等待。三分钟后，小伟开口说：“老师，我知道你的意思了，以后我再不做替别人出头的那种傻事啦。”

王老师：“非常好。俗话说得好，出头的椽子先烂！你如果能够意识到需要学会管理控制自己的言行，用适当的方式方法保护自己，就是自我成长的重要开端。你有了这样的想法，并愿意去做，我们的咨询就可以结束了。”

然后王老师对武女士说：“现在请妈妈谈一下感受。”

武女士：“王老师说得太对啦，我也发现我的教育方式和过分的护犊心理有问题，但是在现实的社会中，我不得不这样做，不然很难生存啊。”

王老师：“上次布置的作业你做了吗？”

武女士：“做啦，认真做啦。”

王老师：“很好，先说说你的优缺点。”

武女士：“我的缺点是，较真、眼里容不得沙子、不服软、单纯、不了解社会，优点是，正直、爱干净、好相处、乐于助人、负责任。”

王老师：“在你列出的缺点中，你是否认为‘较真’既是缺点，也是优点？”

武女士想了想：“好像是的。”

王老师：“在什么事情上较真是有讲究的，并非任何事情都需要较真。在孩子的问题上，像你这样较真，得不到好的结果，还会把老师、孩子以及你自己都闹得不愉快。”

王老师接着问：“请你解释一下优点中的‘好相处’。”

武女士："我的家人、朋友和同事都说我随和好相处，也处得不错。"

王老师："我能不能这样理解，你除了与丈夫不好相处，与其他人都好相处？"

武女士笑了笑："可以这么说，我也意识到了这一点。也许在婚姻中，我对自己和对对方的要求都太高，使得我难以接受对方，对方也难以接受我。"

王老师："你现在能够认识到这些，并对自己有所反思，在我看来已经很好了。你回去后再慢慢厘清思路。现在说说你儿子小伟的优缺点。"

武女士来了精神："好。我儿子的优点太多啦，帅气、聪明、懂事、兴趣爱好广泛、仗义等等，缺点就是有时不理解我。"

王老师："看得出儿子在你心里非常'优秀'，对优点中的'仗义'你是怎么理解的？"

武女士："我认为就是正直，愿意为朋友出头，不懦弱。"

王老师："好像有道理，可是，仗义和出头也要视情况而定，如果在适当的场合以合适的方式表现，则是优点，若只以自己的意志为中心，不考虑他人或环境因素，一味地'仗义'恐怕算不上优点啦。你觉得呢？"

武女士："也许吧，但我还是觉得我儿子仗义没什么错。"

王老师："我想问一下，儿子的缺点为什么只列了一项？记得作业要求是三项。"

武女士："王老师，我是认真地想了，只想得到这一点。您也知道，我关心他在学校的情况，可他却还很不耐烦，所以我说他有时不理解我。"

王老师："哦，我可不可以这样理解，在你眼里，儿子小伟非常优秀，几乎没有缺点？"

武女士似乎从未想过王老师提出的问题，不知怎么回答。

王老师耐心等了一分钟，问小伟："小伟，对你妈妈的说法，你是怎么想的？"

小伟说："唉，王老师，她的想法我早就知道了，在她的心目中，我就是最优秀的，谁也不能说我的不对，不然的话，她就会生气。"

王老师："那么你对你自己的感觉是什么呢？"

小伟："我从小都在满足妈妈的愿望和要求，所以她才觉得我优秀。她说我不理解她，我觉得其实是她不理解我。我这么大了，我的行踪她都要搞得一清二楚，不给我一点自由的空间。只要我与女同学有点交往，我妈就会觉得她吃大亏了一样，好像别人抢了她儿子似的。"

王老师："听你的语气，王老师感到你还是比较享受妈妈对你的'关爱'。你遇到问题时，是不是已经习惯让妈妈出面帮你摆平？"

武女士插话道："就是的啊，连上什么学校，进什么班，都是我在操心，他一点主意都没有。"

小伟回应道："老师，听你这么一说，我真的还是喜欢我妈对我的安排。"

武女士有点委屈地说："您看嘛，王老师，我为他做了那么多，还左也不是，右也不是。"

王老师对武女士说："我们不是指责你，你可以坚持你的认知和观点。但是，在与儿子的互动过程中，还是要坚持早先布置的作业，只做不说或多做少说，给儿子一些独立思考、自我判断和成长的空间。你的观点，如果非要表达的话，应该作为儿子多种观点和想法的参考。"

武女士："王老师，您的建议我会认真对待的。"

王老师对他俩说："你们先这样做，如果以后有问题，我们再讨论。最后，还是要给妈妈布置一个作业，请回去后学习一下'梅拉宾法则'，又叫'7/38/55/定律'。这个法则告诉我们，通过视角获得的信息影响是最大的，达到55%，通过听觉获得的信息影响排在第二，达38%，而影响最小的是通过语言获得的信息，仅占7%。因此，我们要少说多做！"

武女士："谢谢王老师，我愿意努力去做的。"

在这次咨询后，武女士又单独咨询过两次，主要是讨论家庭关系、角色定位，她认识到在她的成长过程中，她的原生家庭对她影响很大。父亲处于强势的地位，母亲比较传统，武女士完全是在传统的、家长式的环境中成长，在她的成长过程，父亲试图用他的意志控制她的成长，她上中学、读大学和工作，都是按照父亲的意志选择的。她无意识地适应和习惯了她原生家庭的模式，习得并认可了这一模式，因此，她在自己的婚姻家庭中，延续了父亲的强势风格和模式。作为‘妻子’和‘母亲’的家庭角色，产生了某种错位，自己却认为是正常的，这是她多次离婚的重要原因。

儿子的问题暴露以后，武女士才开始反思自己的成长经历，看似是儿子缺乏人际关系沟通能力，社会适应不良，实际上是家庭两代父母延续的角色错位，家庭功能缺失，父母替代过多等所致。

通过后续的咨询，武女士逐渐意识到自己的问题，有了改变和调整的愿望，表示不排除重新组成家庭的可能。

咨询师小结

咨询开始时制定的方向与目标，是儿子的行为问题，以及儿子与老师的冲突问题。随着咨询的逐步深入，咨询师意识到，儿子存在的问题被母亲的焦虑及认知偏差夸大了，母亲的问题才应该是需要解决的主要方向。母亲一味地抱怨老师对儿子的批评，本质上是不愿意正视自己以及自己孩子的成长中的缺失。

咨询师及时调整咨询方向，从孩子的成长咨询转变为婚姻家庭的咨询，取得了意想不到的效果。

策略与技巧

1. 本案例是因为儿子在学校出现问题而寻求帮助。通过咨询逐步发现，儿子的问题主要源于其成长过程被母亲过多替代，缺乏应对挫折的经验和方式，因而造成困惑。

2. 离异母亲独自抚养儿子，爱子心切，不愿意正视、更不能接受他人对她儿子的批评，包括多任班主任对她儿子的批评与教育。

3. 儿子本身显而易见的问题，她均视而不见，老师正常的批评教育，她都抱怨是老师不理解包容她的儿子，并寻找各种理由和借口为儿子开脱。

4. 经过多次咨询，咨询师逐渐发现，无论谁否定了她儿子或说她儿子的不是，本质上就是否定了她的原生家庭，否定了她自己所付出的努力，这是她的症结所在。同时，也从另一方面证实了她婚姻的失败也有她自己的原因。

5. 咨询师发现这一点，并没有点破，因为那可能引起她的反感与抗拒，而是在讨论儿子问题的过程中，利用儿子作为其心理对镜，使其逐步意识到，儿子的问题是成长过程中家庭及家庭教育模式欠缺，长期累积而成的。

6. 咨询师利用心理对镜技术，将她儿子和她自己作为她的心理对镜，发现自身的问题，从而，将咨询的方向从对儿子成长的问题转向对母亲及整个家庭的咨询。

7. 孩子在成长的过程中有问题是正常的，家长忽视、不愿正视孩子的问题，才是真正的问题。

心理对镜技术

利用冥想的、虚拟的一面巨大的立体镜子，观察镜子里呈现的人、事、物，来认知宇宙、自然，观照自我，以达到自我成长和疗愈的作用。万事万物都可以成为我们的对镜，如某个人、某个表情、一叶、一花、一草、天空、海洋等。

我们可以冥想曾经的梦境、某些经历、某种情绪、某个场景、甚至某种记忆在这面巨大的对镜中呈现，以达到释梦、了解自我、认识情绪、自由联想、唤醒记忆等状态，对心理咨询和疗愈会有出乎意料的效果。

这个技术具有很好的实用性和可操作性，在熟练应用之前，需要有经验的心理老师带领引导。

案例十 父亲的阴影

——一个“永远正确”的来访者

原生家庭生活对每个人都是一种非常强烈的体验，其对个人的影响并不局限于童年时期。

大多数人都会在某一时刻离开自己的原生家庭，然而，即使我们与原生家庭相隔一片海洋，我们也很少会在情感上离开原生家庭。在我们建立的新家庭中，将会继续重演原生家庭的动态。

原生家庭的环境塑造了我们看待自己、他人和世界的方式，并伴随我们一生。

——【美】罗纳德·理查森《超越原生家庭》

案例背景

余先生是事业单位干部，他很难与他人进行正常的沟通，在单位上也是如此，与领导和同事都发生过大大小小的冲突。在交流中他总与别人争对错，极力用各种理由或他自己的道理证明自己是正确的，别人都不如他。如果他的道理或行为出现明显的纰漏和错误，他又会找其他不相关的理由来证明不是他的错。总之，他永远有道理。

在不与人交流的时候，他看起来很正常，但领导给他安排工作时，即便是正常的工作安排，他也要质疑其合理性，要求领导说清楚为什么这样安排，如果领导仅说这是他职责范围内的工作，他便会拒绝执行，只有说他的观点是正确的，他才愿意执行。与同事交流时，他就会表现得异常兴奋，总要高谈阔论，炫耀他自己所谓的正确思想与理论，千方百计要证明只有他是对的，以至于大家都不愿再与他交流，慢慢远离他，最终他变成了孤家寡人。

他与领导及同事的频繁冲突和摩擦，影响到了单位正常的管理工作，单位领导对他的劝说乃至批评不仅起不到任何作用，反而引起新的冲突。单位领导接受相关心理专家的建议，安排他到医院精神科做了诊断和治疗，结论是轻度抑郁，中度妄想，中度焦虑和躁郁症。医院建议他做进一步的治疗。

经过一段时间的治疗，他的症状有所缓解。他始终认为自己没问题，拒绝服用医生后续开的相关药物，一年后，病情复发，又到医院治疗，他还是拒绝吃药，认为自己没有问题。在治疗过程中，他与医生的交流沟通方式与他对待他的领导一样，在各种事情上都强词夺理，争强好胜，认为医生的水平没他高。

单位又安排他做心理咨询和疏导，他不反对，也很配合，但无论医院的心理医生，或单位安排的心理老师与他交流什么，他都表现得异常兴奋，高谈阔论其所谓的思想与理论，同样要证明医生们都不如他。一段时间以后，他又拒绝治疗，医生与老师都拿他没办法。

针对他的人际关系障碍，单位一直努力寻求各种治疗方法，经过多方周折，安排他到王老师处咨询。

（一）第一次咨询

余先生来到咨询室，开口便说：“王老师，我与很多精神科医生和心理老师都交流过，他们都不是我的对手。我的上司介绍说您在心理咨询方面很厉害，叫我来找您咨询。我对咨询没多少兴趣，但听说您厉害，所以就想来会会您。”

王老师：“感觉你有点情绪激动，请先坐下，我们慢慢交流。你刚才说曾与很多精神科医生和心理老师有过交流沟通，我想请你先介绍一下你与他们交流的情况。”

老余：“医院的医生就不好说啦，只会让我吃药，药对我又没有太大作用，该睡不着还是睡不着，后来发现精神科的药副作用很大。心理老师尽讲些无用的大道理，他们还不如我呢，我对他们已经失望了。”

王老师：“心理老师是怎么讲大道理，能不能举几个例子？”

老余露出不屑的神情：“能的呀，他们叫我改变对领导的认知。领导说的都是错的，我怎么改变嘛？”

王老师：“能不能再具体一点？”

老余：“比如说写报告，他们自己不写，让我写又觉得我写的报告有问题，最后不采用我写的报告，其实是他们根本就看不懂。时间长了，我就不想写啦，他们又说我消极怠工。而那些所谓的咨询师只会说教，总是站在领导一边，说服从领导安排是我的职责和责任。这种说法，难道我还不知道吗？何必要他们告诉我。之前为我咨询的那个心理老师，在我面前大言不惭地说会释梦，我问他梦的本质是什么，他绕来绕去也没说清楚。这个问题我一句话就能说清楚，是愿望的达成。他这样的水平还为我咨询，哼，弗洛伊德的书我看得多啦，后来他不敢为我咨询了。”

王老师：“听你刚才的表述，你有一种得意的感觉。那位心理老师后来没有为你咨询了，是这样吗？”

老余：“是的，他不敢了。”

王老师：“你对此有什么感受呢？”

老余：“我的感受太多啦，低水平的人就不应该与我交流，更不该做我的心理老师。”

王老师：“我能不能这样理解，咨询没有继续进行，你的内心里反而暗自感到高兴？”

老余：“我不仅高兴，还觉得得意，说明我比他厉害。”

王老师：“那你今天来王老师这里想交流什么？”

老余带有一丝挑衅的口气说：“我主要是来看看您是不是像他们说得那么厉害，如果不说您很厉害，我根本就不想来。”

王老师：“哦，厉害不厉害，我也不知道。你所说的厉害是谁来评判呢？”

老余：“自然是我来评判。”

王老师："不同的人，可能会有不同的结论，你同意吗？"

老余："那我管不着，我只管我自己的结论。"

王老师："你在单位上或在家里是不是也这样，别人的结论或决定你都不考虑，只有你自己的结论才是对的？"

老余："当然。像我这样高水平的人，可以说是一个思想家，如果别人超过我，我自然可以听他们的，如果水平比我低，我为什么要听他们的？"

王老师："你自认为是思想家，我们可以来讨论一下这个问题。但是，在讨论之前，我想问一下，你已经做了那么多的心理咨询和治疗，对心理咨询应该是很熟悉了吧？"

老余："唉，怎么说呢，应该说算是熟悉，但那些所谓的心理老师水平都太低了。"

王老师："这个问题，你前面已经说过了，王老师想问的是，你对心理咨询的相关原则是否了解？"

老余："王老师，您说的是保密原则吧？"

王老师："哦，你还是真的知道，但这只是其中之一。"

老余："当然啰与我交流不用保密，我这样的人，走到那里都可以公开讨论交流，而且我欢迎别人挑战我，我不怕。"

王老师："除了保密原则，请你也说说其他原则。"

老余："王老师，你在考我吧，哪里还有其他原则，我知道的只有保密原则。"

王老师："这谈不上考不考你，如果你不了解的话，我还是要向你做一个简单的介绍，这有利于我们咨询的正常进行。"

老余来了兴趣："好吧，我倒想听听，您能把咨询原则说出朵花来。"

王老师："心理咨询的第二个原则是有诉求的原则，也叫不求不助的原则，你今天主动来咨询，我理解是你希望得到专业老师的帮助，我能这样理解吗？"

老余："就算是这样吧。"

王老师："第三个原则是不能有双重关系的原则，也就是在咨询中，咨询师与来访者之间只能是咨询关系，而不能有其他任何关系，比如说，我与你不能是朋友、同事、亲戚等关系，否则会把其他关系中的对你的印象带入到咨询当中，从而影响咨询的正常进行。"

老余面无表情地说："没听说过，我能理解。"

王老师："第四个原则是转介和终止原则。咨询过程中，你可以根据你的感受和需求，提出终止咨询，或者是转介给你觉得更适合你的咨询师。心理老师也可根据你的需求和状况，向你提出终止咨询或转介给其他适合你的咨询师。"

老余："这一条嘛，只有我提出来才会有实质意义，心理老师都想赚钱，不可能主动提出终止和转介的。"

王老师："第五个原则是收费原则，咨询是需要付费的，这是对心理咨询职业的尊重，也是对来访者的尊重。你的单位与我们有长期的合作协议，个案咨询费用已经包含在内。"

老余："王老师，我懂呢，按照我以往的经验，还没有哪个老师为我咨询超过两次。"

王老师："心理咨询第四条原则是什么，还记得吗？"

老余："哦哟，没记住。"

王老师："终止和转介原则！咨询几次不重要，重要的是你有这样的权利。"

老余："王老师，我现在能不能说啦。"

王老师："行，听你说，你想说什么？"

老余："王老师，您对哲学感兴趣吗？"

王老师："你接着说。"

老余："我发明了一个新的哲学理论，问题是我周围的那些人不但听不懂，反而嘲笑我，我与他们实在是没有什么可交流的。"

王老师："能不能简单介绍介绍你的哲学理论？"

老余兴奋地说："好啊。哎呀，我一下不知从哪里说起，一谈到哲学我就兴奋，坐着讲没有感觉，我能站起来讲吗？"

王老师："可以。"

老余站起来激动地说道："这个世界总是要毁灭的，人也是要死的，那些总是指挥别人的人，他们不了解他们也是要死的。他们强势地要求别人，自以为是指挥别人，其实是没有意义的。有思想的人，不应该被指挥，低水平的人指挥有思想的人，是违反自然规律的。"

王老师："这就是你发明的哲学思想吗？"

老余越说越兴奋："我走着讲感觉更好，王老师，我能不能边走边讲？"

王老师："我们咨询室不大，两步就走到头，原则上不允许，但鉴于你今天的特殊情况，允许你走着讲。"

老余在咨询室里边踱步边说："人生的意义是什么？我觉得我的人生意义就是没有人能辩论过我。"

王老师："假设有人能辩论过你，你会有什么表现？"

老余："不可能，从来没遇到过这样的人。"

王老师："假设有人不跟你辩论，你又是什么感受？"

老余："不辩论，那就是他认输，不如我嘛。"

王老师："就算都是你赢，对你来说意味着什么？"

老余："只有辩论赢了，我才会满足，才会开心。"

王老师："王老师现在不与你辩论，只提一个小小的问题，无论是否辩论，工作生活还得继续，那么你的工作生活该怎么安排呢？"

老余："王老师，您没有理解我的思想体系，辩论不过我就不要来指挥我，哪有低水平者指挥高水平者的道理。"

王老师："你说得好像头头是道，看起来你不像刚才那么兴奋了，先坐下来冷静一会儿，我们再接着交流。"

老余坐下来后，王老师说："请你先做三次深呼吸，放松一下。"

老余："王老师，我能不能脱掉鞋子？脱了鞋，我才能放松。"

王老师："可以，你脱吧。"

老余脱了鞋子，用双手分别抱着他的左脚和右脚，别扭而痛苦地打了一个非常不标准的双盘。王老师引导他做了三次深呼吸，稳定一下他的情绪，然后对他说："你感受一下，能不能把你的思绪放在呼吸上？王老师给你五分钟，让你的大脑得到休息。"

还未到五分钟，他睁开眼睛说："王老师，我的大脑经常处于兴奋状态，晚上睡不好觉，大白天做不到集中精力。"

王老师："你平时晚上的睡眠不好吗？"

老余："不太好。"

王老师："看你能打双盘，那么下次咨询时我们一起来做一个针对睡眠的放松训练，你觉得怎么样？"

老余："是您教我做还是我教您做？"

王老师："我已经说了，我们一起做。"

老余："可以的。"

此次咨询结束。

咨询师小结

1. 咨询中时常会遇到医院已经诊断为某种神经症或人格障碍的来访者，其中有一部分会拒绝医院的治疗，转而寻求心理咨询和帮助。类似躁郁症和癔症的来访者，他们咨询的主要目的不是寻求帮助和改善自己的状况，而是来挑战咨询师，与咨询师发生各种辩论，证明他们比咨询师厉害。

2. 在现实的督导和培训的实践中，一些没有经验或缺乏训练的咨询师，会与这样的来访者产生辩论，导致咨询方向被带偏，这种情况是要尽量避免的。对于这类来访者，越辩论，他们会越兴奋，你任何的言语漏洞或不严谨，都会成为他们攻击你的把柄，从而给你带来强烈的挫败感。因此，在这种情况下，要多听少说，避免辩论，更不要试图去说服来访者。有的咨询师会习惯件地去改变来访者的认知，试图尽快达到咨询效果，殊不知，对于这类来访者，这种做法是徒劳的。

3. 一般情况下，要建议来访者以治疗为主，咨询只能在配合治疗的前提下进行，对于他们的状况，药物的作用远远大于言语交流。假如你在这类来访者的咨询中有挫败感，最好的处理方式是转介给其他心理咨询师。

4. 在咨询过程中，如果遇到类似的强势来访者，咨询师要把握好自己交流的节奏和方向，不要被他的强势带偏，或者带到他习惯性的方向上去，让咨询无法正常顺利进行。一旦咨询方向被带偏，甚至失控，咨询便不能达到该有的效果，咨询师本人也会产生挫败感，甚至受伤。

（二）第二次咨询

余先生提前来到咨询室。

王老师问："哦，你今天来得早嘛。"

老余："王老师，前两天就想打电话与您聊聊，想着今天要见您，就忍着没打。"

王老师："你能忍住不打电话，说明你的控制能力强。"

老余："这就算控制能力强啦？"

王老师："上次咨询你给我的印象是，你兴奋时就非要表达，不然会难受。"

老余："您好像真的还是了解我的。但奇怪啦，我也不知是怎么控制住没打电话。"

王老师："你想打电话是想要说什么？"

老余："我睡不着，就会想起您说我们要一起做睡眠的放松训练，我对此很好奇，所以想给您打电话。"

王老师："即便你打了电话，也不会有好的效果。类似的行为与体验，电话上交流与现场实操是不一样的，更重要的是，如果不在现场训练，王老师就看不到你的反应和反馈，因为这一类的训练要根据不同的人、不同的情况，实时做相应的调整，所以要在现场共同完成。”

老余：“听您这么说，我没打电话是歪打正着了。”

王老师：“是的。在我看来，你忍住没打电话，更重要的是表明你具有较高的自我管理能力。”

老余：“我见过不少心理咨询师，都看不起他们。可不知为什么，上次见到您之后，觉得您这个人很有意思，就想与您聊聊。”

王老师：“好的，那说说你这几天的情况。”

老余：“我还是容易兴奋，兴奋了就睡不还着觉，睡不好就影响第二天的工作，所以呢，脑子里总会在想你说的睡眠放松法。王老师，说到睡眠放松，我又开始兴奋了，我见的心理咨询师多了，他们也大言不惭地说要教我催眠和入睡的方法，可是说来说去，尽是呼吸训练和数羊数数字的低级方法。如果您也是这种方法的话，就没必要浪费时间啦。”

王老师：“方法有很多，我们要共同找出适合你的方法。先了解一下，你睡眠不好，是入睡困难还是睡眠质量不好？还是夜间常醒，而后难以再入睡？”

老余：“几种情况都有。”

王老师：“你认为影响你入睡的因素是什么，比如声音、光线、气味，还是大脑里的画面？”

老余：“是声音和想法。”

王老师：“至于想法，在以后的交流过程中会逐步谈到。现在简单聊一聊声音对你的影响，是所有声音还是某些特别的声音对你有干扰？”

老余：“我对我讨厌的人发出的声音特别反感，说我不好的领导的声音也让我讨厌。”

王老师：“很好，你能分辨这些声音，说明你还有一定自我觉察力。”

通过交流，咨询师发现来访者并未丧失自我觉察力，只是很多时候他自我屏蔽，不愿去觉察。

老余："王老师，您不是说今天要做睡眠放松练习吗？可以开始了吗？"

王老师："可以，我们先做练习，然后再交流。"

王老师邀请他到放松宣泄室，室内空旷的地面铺满泡沫垫。

王老师和余先生赤脚站在放松室的正中央，王老师说道："在放松室不会有人来打扰，你可以完全放松自我，站、卧、坐各种姿势，你可以怎么舒服怎么来，然后我先向你讲解睡眠放松训练的具体内容。"

余先生带着几分不屑的表情坐了下来。

王老师接着说："我们先一起做三次深呼吸，用鼻吸气，吸得越深越好。吸气的同时这样想，我的一切烦恼、担心、紧张、恐惧、羡慕、嫉妒、恨……身体的各种不适，都随着呼气一起呼出。来，我们俩一起做，吸—— 呼，吸——呼，再来一次，吸——呼，把你的一切烦恼、身体不适…… 随呼气呼出。随着呼吸，你的身心放松下来。"

王老师："感受一下，你的身体现在有什么感觉。"

老余直愣愣地看着王老师说："没有感觉。"

王老师："我看你上次放松的时候喜欢盘腿，现在也想盘腿吗？"

老余用手抱着腿，准备像上次那样盘腿，但由于坐在屋子中央，背部没有支撑点，无论他如何努力，身体总是扭曲，姿势极不自然。

王老师看到他的窘态："这样，我们到墙边坐，靠着墙双盘坐会舒服点。"

老余挪到了墙边，王老师依然坐在中央。

在墙的依托下，老余终于打起双盘，身体不像刚才那样别扭了。

王老师："你能不能说一下，放松和静坐为什么要打双盘，这有什么好处？"

老余得意扬扬地说："这您就问对人啦。双盘的功能是有利于打通血脉，特别是打通任督二脉。能够打双盘的人，是具有某种天赋和有灵感的人。"

王老师："说得很好，你说得很高深。王老师认为，双盘最重要的一个功能是不让踝关节被压迫在地上，否则脚踝骨会被压痛。我们现在是坐在软垫上，但古人是常坐在青石板上，接触青石板的踝关节会被压迫，双盘能够很好地解决这一难题。不知你试过没有？另外，双盘是要改变上下肢的血脉走向，有利于气血打通堵塞的脉络。因此，不管采取什么样的姿势，上身都应该是端正、轻松、自然的。”

王老师说完，随即打了一个标准的双盘，端正地坐在房间中央，给老余做示范并加以解释。

看到王老师标准的双盘，老余有些吃惊，略显尴尬地说：“王老师，我们可以开始了吗？”

王老师：“我们已经开始了。现在请你微闭眼睛，舌尖轻轻接触上颚，然后，从头到颈，到肩，到背，到腰，上肢，下肢依次放松。放松以后调整呼吸，把你的意念集中在下丹田，想象下丹田发光发热。”

王老师接着引导：“放慢你的呼吸，你进入了梦乡，无论你大脑里有什么念头，你就去看这个念头，不要追随，也不要逃避。现在想象你进入了梦乡，放松睡十分钟。时间到时，王老师会提醒你。”

老余似乎进入睡眠状态，随着王老师停止引导，老余便睁开眼睛。王老师意识到，老余其实很想睡觉，但由于紧张和不安全感，他不敢睡着。

于是王老师继续引导：“全身放松，意念集中在下丹田，想象下丹田发光发热，王老师在你身边陪着你，现在你是安全的。”

引导持续了十分钟，老余一直处于睡眠状态。

王老师说：“十分钟马上就到，王老师会倒数三个数，数到一时请睁开眼睛。三、二、一，醒！”

老余睁开眼睛后，王老师说：“现在有什么感受？”

老余：“好像没有什么特别的感受。”

王老师：“有头昏、心慌的感觉吗？”

老余：“没有，但我觉得身上有点发热。”

王老师：“现在请你注意一下你的坐姿。”

老余这才注意到，他现在是一个半坐半躺的姿势，全无盘腿的架势。他有一点尴尬地说：“嗯，坐姿不重要，重要的是我并没有睡着。”

王老师："我也认为姿势不重要，仅仅是外在形式。外在形式需要配合实质，实质是要找到适合你自己放松的状态。征求一下你的意见，我们是继续坐在垫子上，还是回咨询室交流？"

老余看着王老师依然保持着轻松自然的双盘，想都没想就说："咨询室。"

回到咨询室后，王老师说："刚才的放松练习，称为正念冥想入静法，非常适合你的情况。你在睡前特别是睡不着的时候，可以自己练习。"

老余："说实在呢，我觉得这种东西没有意思，对我用处不大。"

王老师："你回去后先练习，我们下次咨询再讨论。这种方法是针对你的情况特别设计的，意在让你把意识集中在下丹田，想象下丹田发光发热，在传统中，称之为以一念代万念。你平时的杂念太多，如果加以训练，对你排除杂念，放松自己，会有所帮助。"

老余："王老师，最近几年我见的医生和咨询师太多啦，大部分老师只会倾听，听我讲。听你讲这么长的时间，这是第一次。我在想，我凭什么要听你说呢。"

王老师："并非你必须要听我讲，需要明确一下，我们是在交流讨论，不存在谁听谁的。你还记得咨询的第二条原则吗？"

老余："记不住了，你提示一下。"

王老师："上一次向你介绍了咨询的五大原则，其中第二条是有诉求的原则，也称为不求不助的原则。"

老余有点不在乎地说："哦，我还是有印象呢。"

王老师："有印象就好。我们的咨询过程，是咨询师用各种专业的技术技能和相关的知识陪伴来访者共同成长的过程。"

此处用"共同成长"而不是"帮助他成长"，是考虑到来访者的特点，他习惯强势地挑战咨询师的权威，以达到自我满足感。为了建立和维护咨询关系，咨询师用了"共同成长"一词。

老余有些诧异："共同成长？王老师，您也需要成长？"

王老师："我当然也需要成长，在长期的咨询过程中，我从来访者的身上学到了好多东西。既然你来到这里，说明你是有求助意识的，希望得到帮助。如果你觉得你方方面面都很厉害，不需要帮助，那么根据有诉求的原则，你其实没必要来咨询，免得浪费时间和金钱。"

老余说："我觉得您还是有点意思的，我们两个算得上棋逢对手，可以交流交流。"

王老师："好。请介绍一下你的日常生活与工作情况。"

老余："工作嘛，我是非常努力和认真的。单位上的许多文书和宣传材料都是我在起草，现在不大不小也算个中层干部。但是我的那些领导看不惯我的能力水平，不断地挑刺和打压我。他们水平很低，整天只会瞎指挥，我与他们理论，他们说不过我，反而说我有神经病。"

王老师说："单位上的情况上次你说过啦，我已经有所了解。请你介绍一下你的家庭情况，你结婚了吗？"

老余："结婚啦。"

王老师："有孩子吗？"

老余："还没有。我老婆嫌我挣的钱不够多，不愿意生。"

王老师："你与你媳妇的感情怎么样？"

老余："就那样。我们两地分居，交流比较少。"

王老师："你们没想过调到同一个城市吗？生活在一起对情感的加深有好处。"

老余："她在老家和我父母住一起，不愿意来。我在这里买一套公寓，把她接了过来，但她嫌我买的公寓太小，不如我父母老家的房子又大又好住。我们经常闹矛盾，后来她就回老家去了。"

王老师："你媳妇能够与你的父母一起生活，说明婆媳关系不错，她很优秀是吧？"

老余："优秀什么，老家的那破房子有什么好的。我正在设计一个赚大钱的方式，等我赚了大钱后，要让他们看看，像我这样有头脑有思想的人，赚钱还不容易？他们还敢看不起我。”

王老师：“听你的说法，你不仅对你媳妇有意见，对你父母也有看法。”

老余：“王老师，我现在在这种破单位，就是受我爸的影响，他看不起我，非要求我到这种工作稳定的单位工作。其实，我是做生意的料。”

王老师：“那么现在你与你父母的关系如何？”

老余：“我们不在同一个城市，还是能相安无事的。只要在一起，他见不得我，我也见不得他。”

老余停顿了一下，说：“王老师，我们就是要交流这些鸡毛蒜皮的小事吗，能不能交流点哲学上的事情？”

王老师：“小事大事都可以交流。从心理咨询的角度来说，心理问题一般都会从你认为的小事里体现出来，并能从这些小事中找到其原因及解决路径。”

老余：“凭什么总是你提问题？我现在想提几个问题。”

王老师：“你提吧。”

老余：“ 上次向你介绍的我的哲学体系，你是什么感觉？”

王老师：“我感觉好像不能称之为体系，更不能称为哲学体系，并且，你的观点有东拼西凑的感觉。”

老余：“我没想到你的水平这么低。”

王老师：“我的水平高低不重要。从心理学的角度来说，任何问题，越具体越好，包括你说的思想、理论、体系。请问你看过哪些思想家的书，你喜好哪个哲人？”

老余：“我已经自成体系啦，不需要再看别人的书了，那已经是过去式了。”

王老师：“那就是说，你现在不读书不看报啰。你工作之余的闲暇时间都做什么呢，总不至于胡思乱想吧？”

老余想了一下说：“也不是，我最近在研究传统文化。”

王老师：“非常好，能不能说得具体一点？”

老余："我在研究易经。"

王老师："哦，能够研究易经，你真的是厉害。你能不能介绍一下，你是如何理解"易经"的?"

老余激动地说："王老师，你问对人啦，我又兴奋啦，我要站着说。《易经》是先秦的哲人研究天地变化的一本书。

王老师："《易经》这本书博大精深，以后再慢慢讨论。我的意思是，你是如何理解'易经'这两个字的?"

老余："很简单，顾名思义，易经就是研究变化和变易的经典。"

王老师问："还有吗?现在你可以发挥你的强项和优势解读你对"易经"理解和看法。"

老余站着，用居高临下的眼光看着王老师说："凭什么您要我说我就得说?"

王老师说："请你先坐下来。那我来说说我对'易经'的理解吧。"

王老师接着说："你刚才说易经是研究变化和变易的经典，说得非常好。除此之外，王老师认为，还有容易、简易、不易和轻易，至少还包含这几层意思。所谓不易，表明要了解世间万事万物的变化是非常困难的，特别是相对于宇宙，人的生命极其短暂，无法穷尽宇宙万物的变化，所以需要有某种规律和方法来概括宇宙万事万物的变化。认识世界是不容易的，认识宇宙是不容易的，要找到认识世界和宇宙的规律和方法，更是不易的。当然，认识自我也是不易的。"

老余："嗯，我明白啦。那么容易怎么解释?"

王老师："容易也有几层意思。首先，《易经》这本书是我们先哲观察世界的规律，它用一种简易的方式让人们研究和掌握事物的发展规律；其次，变化具有某种规律，又有许许多多的变化无常，这种无常会给人类带来冲击和伤害。通过学习和掌握《易经》这本经典著作，人类可以减少无常带来的各种伤害，防患于未然。"

老余面无表情地听王老师的解释。

王老师继续解释："《易经》以简易的方法认识宇宙世界复杂的、不断变化的、跨越时空的事物的本质。至于变易，你刚才已经说到，这个世界，万事万物唯一不变的就是变。人们对世界的认知多种多样，千变万化，所以不要轻易与别人谈《易经》，以免引起人们对《易经》的误会、对解释《易经》的人的误会。"

老余变得安静，坐着不动，似乎在沉思。

王老师站起来去倒了一杯水，对老余说："请喝杯水。"

王老师起来倒水的目的，是为了给老余留出一点思考和沉淀的时间和空间。咨询师也不宜多说，此时无声胜有声！

过了一会儿，老余问："王老师，您对《易经》中的卦熟悉吗？"

王老师："至于卦，不能说熟悉，也不能说不熟悉。我读过一些相关的书籍，但是，对卦的应用还有很多东西要学。你说你在研究《易经》，相信你应该是很有体会啦。《易经》的第一卦是乾卦，你能不能解释一下？"

老余推辞道："王老师，我还是想听您来解释。"

王老师看了看时间，说："嗯，我们的咨询已经超时了，先布置几个作业，下次咨询我们再来讨论。第一，你回去后挑选八卦中你熟悉的任何一卦，下次你来讲解；第二，今天我们一起练习的正念冥想入静法，你自己需要抽时间练习；第三，请回忆一下你儿时的最早记忆，下次咨询要讨论。"

老余："没问题。我还以为要动笔写作业，我最讨厌我们领导让我写材料。这种作业对我不成问题。"

王老师："那么我们今天就到这里，怎么样？"

老余："好呢。王老师，我想和您握个手，下次我还是希望您先带我做正念冥想入静练习。"

王老师："没问题。"

在约定第三次咨询的前一天，老余通过平台联系王老师："王老师，我明天要出差，约好的咨询我来不了啦。等我出差回来后再去找您，可以吗？”

王老师：“可以的，但希望你提前预约时间，以免与我的其他咨询或安排发生时间冲突。”

老余：“我懂，一旦我的行程定下来，我就会通知您。”

老余的行为，说明前两次咨询已经建立了咨询关系，他从被动地由单位安排咨询变为主动想来咨询。

（三）第三次咨询

老余出差回来后，在预约好时间来到咨询室。

王老师：“你出差还顺利吧？”

老余：“很顺利，只是时不时会想到您。”

王老师：“上次布置给你的作业，你做得怎么样？”

老余：“做得不怎么样，一是工作忙，二是大脑静不下来。冥想时就会想到您和那天我们一起练习时的情景；回忆儿时的记忆时，心静不下来，总会想到我爸从来都不信任我，想着就心烦。”

王老师：“我记得你上次说还想做正念冥想入静训练，今天我们是先训练还是先交流？”

老余：“先做训练。”

进入放松宣泄室后，王老师在房间中央打双盘坐下，然后对老余说：“刚开始练习时，坐姿不必刻意非要是双盘还是单盘，以你最自然最舒服的姿势为佳，这更利于你的血脉流通放松入静，像我这样自然轻松地打双盘，已经是经过很多年的练习啦。”

在王老师的引导下，老余用散盘的坐姿进入到放松练习中，很快进入到较深的安静状态，呼吸变得轻柔均匀。王老师停止引导，他也能保持在安静状态，不像上次那样因为紧张而睁开眼睛。

过了十分钟，王老师观察到老余还处在安静状态中，便有意地说道："现在你已经过了十分钟，王老师再给你五分钟时间，让你安静地体会现在的这种状态。时间到了，我会叫你。"

五分钟后，王老师轻声地说："我会倒数三个数，当数到一时，请你睁开眼睛。三、二、一，睁开眼睛。"

老余睁开眼睛说："王老师，我好长时间没有这样舒服的感觉啦，以后的咨询，我们什么也别做啦，就做这个练习就可以啦。"

王老师："我没有问题，但今天我们还得把该交流的交流一下。"

两人回到咨询室，王老师说："你刚才说回忆儿时的记忆时，就会想到你爸，会烦。现在请你靠在沙发上，回想你最早的儿时记忆，场景越具体越好。"

老余想了一分钟，说道："我想到的是我爸我妈吵架，他们吵完架又来逼我做作业，不做完作业不让睡觉。"

王老师："你现在工作、成家啦，你和你父母的关系怎么样？"

老余："现在我干我自己的，希望哪天能发大财，做点一鸣惊人的事给我爸看看。"

王老师："你现在还这样想吗？"

老余："我一直都这样想。"

王老师："你想证明给你爸看的想法是什么时候开始的？"

老余："唉，我也记不清啦，只记得上高中时，我很恨他们，特别是我爸。我妈也讨厌，只要不被我爸骂，她就站在我爸一边。上高中那会儿，老师经常请他们到学校谈话，所以我爸看不起我。从那时起，我就想做一鸣惊人的事给他们看看。"

王老师："那就是说，从高中到现在你一直保持着这种念头。"

老余："是呢。不但保持着，而且随着年龄的增加，这念头越来越强烈。"

王老师："从高中到现在，这么多年里是否有让你有扬眉吐气的事？"

老余："有呢，高考那年，我爸和老师都认为我考不起大学，但我不服气，暗自鼓劲儿终于考上了大学，让他们大吃一惊，为自己争了气。”

王老师：“看来你还是挺厉害嘛。你上大学以后，那种想法会有降低吗？”

老余：“哦，王老师，你不说我还没意识到，上大学那几年，我很自豪，好像真的没有那种感觉啦。”

王老师：“什么时候又开始有这种想法了呢？”

老余：“大学毕业时，我爸要求我到稳定的单位上班，我坚决不干。我自己找了好几份工作，可都好景不长，要么是公司垮台，要么是我看领导不顺眼主动走人。后来，没有工作闲在家的时候，他们给我介绍了现在的这个媳妇，没想到我媳妇那么怕我爸，千方百计讨好我爸我妈，三个人一起联合起来挤兑我。后来，我爸的朋友介绍了现在这个工作，虽然单位不怎么样，但想到不在同一个城市，可以躲清静，所以我就答应了。”

王老师：“你现在已经是中层领导啦，这能不能证明你过去的工作表现还是不错的，与现在不一样？”

老余：“是呢，刚工作那几年得到大家的欣赏和认可，我也挺开心。”

王老师：“后来为什么不开心啦？”

老余：“四年前，我父母催我们生孩子，说我们没有孩子是夫妻两地分居造成的，所以我爸想让我在系统内部调回老家。我忍受不了天天与他们在一起的日子，所以坚决拒绝工作调动。为这个事情没少跟他们吵架，弄得经常睡不着觉。”

王老师：“不同意回老家，你有没有拿出一个解决方案？”

老余：“王老师，说到这事我就更难受了。记得我对您说过，我想避免与我爸我妈的冲突，就在这里买了一个小公寓，把我媳妇接过来一起生活，没想到她来了后不满意，嫌公寓太小。那段时间刚好碰到单位事情多，我天天加班，很晚才回家，因此她对我有意见。我们领导也是扯淡，按他们要求写的材料，改了一遍又一遍还是不满意，我与他们理论，他们又听不懂。在家与媳妇吵，在单位与领导吵，让我心里烦得要死。有一天在单位与领导大吵一架，回家后媳妇又喋喋不休地抱怨，也许是在单位的气没有消，回家又得不到媳妇的理解，我一时没忍住踢了她一脚。第二天她就回老家，再不来了。”

王老师：“我能不能这样理解，近两年你都是一个人在这边生活？”

老余：“是呢。我有时候出差时会回老家看看他们，我自己生活很充实，睡不着觉时就看各种书。”

王老师：“那么，你大脑的这种兴奋状态是不是近两年才发生的？”

老余：“王老师，有两年多了，被单位逼着去医院做检查，已经是两年多以前的事啦。”

王老师：“在单位上除了容易与领导发生冲突，与同事也会有冲突吗？”

老余：“主要是与领导冲突，同事之间倒没有什么冲突。我觉得我的同事水平太低，只会讨好领导，我懒得理他们。”

王老师：“根据你刚才的表述，我们来总结一下。在家里主要是与你爸冲突，在单位上主要与领导发生冲突。另外，只要有人与你讲道理，你就要反驳，按你的说法是要占上风才开心。能这样说吗？”

老余：“好像是呢。但问题是，那些人的水平真的太低啦，王老师。”

王老师：“水平低不低，我不清楚，但我知道的是这个世界唯一不变的是变，刚才讨论易经的时候就说过。那么，你非要占上风的心态、与领导争高低的执着，是不是也需要变一下？你觉得你现在的心态，变或者是不变，哪一个更符合你自己的逻辑？”

老余：“都不符合。哪个说的有道理，就该听哪个的。”

王老师：“我们现在暂不纠结这个问题，把这个问题作为今天的作业，你回去思考思考，下次咨询时再讨论。此外，请你思考另一个问题，除了要在家人面前证明你厉害，是否还有改善与家人关系，以及让你自己快乐的方法？”

老余：“恐怕是没有。”

王老师：“别急于回答，这也是作业，回去思考思考，下次再说。上次还有个作业，就是解读八卦中你熟悉的一卦，你准备了吗？”

老余："王老师，我觉得与您没什么好讨论的，易经八卦我肯定说不过您，我倒是想听听您的解释。"

王老师："其实，我也是一知半解，只略懂皮毛。给你的建议是，先多看多读易经的卦象，爻辞，彖辞，在理解中应用，在应用中理解。这种方法对我们会大有裨益。"

老余："这个可以考虑。王老师，今天已经是星期四啦，按原来的计划，后天周六又该来咨询了，我还来吗？"

王老师："这由你自己决定。布置了那么多作业，你要不要留点时间去整理你的心情和状态？如果需要，这周末的咨询就取消。"

老余："我倒是希望按计划进行。"

王老师："可以，那就后天见。"

（四）第四次咨询

周六，老余如约来到咨询室，王老师与他先做了放松练习。

练习结束后，老余说："王老师，看您的样子，已经修炼很多年了。"

王老师回答："正念冥想是心理咨询的技能之一，我的确是练习了很多年啦，对我来说，禅坐和正念冥想已经是轻车熟路了。除此之外还有很多放松的方法，如果你感兴趣，在以后的咨询中我们再慢慢地交流讨论。"

老余："王老师，我有个想法，我想拜您为师。"

王老师诧异地说："这个不合适，违反了我们的咨询原则。"

老余："我觉得你是看不起我。"

王老师："这与看得上看不上没有关系。首先，我没有任何这方面的念头；其次，你是否记得咨询原则的第三条是什么？"

老余："哦，我没记。"

王老师："是避免双重关系的原则。我们既然是咨询关系，就不能有其他关系，如同事、朋友、亲戚关系，也包括不能有你希望的所谓师徒关系。"

老余想了一下，说："我不听您讲大道理，总有一天您会接受我的。"

王老师："我们还是先遵循你们单位安排的咨询计划，正常地进行下去吧。"

老余："可以呢，先咨询了再说。"

咨询师小结

1. 咨询到此，可以看到，咨询伦理和原则是非常重要的，其对咨询师起到了很好的保护作用，对来访者起到很好的提示作用。同时，防止打破边界，保持适当的边界感，准确和适当地应用好咨询原则，可以让咨询过程变得顺利，在某些特定情况下，可调节咨询师与来访者的关系，避免直接的冲突。

2. 当老余提出拜师的时候，咨询师意识到，这是一种父亲情结的移情。同时也觉察到其现实的问题来源于从小在家庭的成长过程教育中，父亲的强势打压与否定。他与单位领导的冲突，想显示自己比别人行，要证明一切都是别人的错，也多多少少表现出他从小就形成的对父亲和强势男性的抵触和反抗，这也是导致他现有性格的因素之一。

3. 当咨询师意识到这一点后，也就为以后的咨询找到了方向和突破口，即改善父子关系。

4. 对于类似的来访者，咨询师的洞察力与实操能力比理论说教的作用更大。

（五）第五次咨询

周六上午，老余提前来到咨询室。一见面就说："王老师，我要怎么做您才收我为徒？"

王老师："这件事情已经解释得很清楚了，所有违反咨询原则的事情我们都不要做。今天是像以往一样先做放松训练，还是先交流？"

老余："做放松训练。我希望您多教我一点东西。"

在放松宣泄室，王老师用随吸法带他做了放松训练。老余还像前几次训练一样，很享受被引导入静放松的状态。看到他享受的状态，王老师有意地延长放松时间到二十分钟。

随吸法是把意念集中在呼吸上的一种放松方法，让自己所有的感知和意识随着呼吸逐渐地平稳安静下来，逐渐替代内在的思绪。

回到咨询室，王老师问："上次布置给你的作业，你考虑了吗？"

老余："什么作业？"

王老师："你忘啦？共两个作业，一个是高大上的，另一个是世俗的。"

老余："我搞不清嘛。"

王老师："看来你没有认真对待。"

老余："王老师，我发誓，这么多年以来，只有你布置的任务我是认真对待，真的是没有懈怠。"

王老师："一个是与变易有关的，你在单位上与同事、领导相处时的执着，需不需要改变，可不可以做调整？"

老余插话说："王老师，我已经改变了。从您布置这个作业以后，不管谁安排我的工作，我都不与他们争论，做完了事，所以这次才会派我出差。"

王老师："非常好。你的改变是朝正向方向的一种努力。但我稍微有点担心，不与人争论是什么感受，会不会感到压抑？"

老余："王老师，您真的是理解我，的确很难受。"

王老师："那你怎么办？"

老余："我只有强压着自己。"

王老师："这是一个方法，但在王老师看来，这不是一个长久的方法，总有一天你会爆发，且会爆发得更厉害。所以，我们来讨论一下，除了强忍，还有没有别的方法？"

老余："我想不到别的方法，还是您来说吧。"

王老师："从心理上说，如果一个正常人只有压抑，长此以往，总有一天会爆发。即使一时不爆发，内心也不会开心，甚至会痛苦。所以，我们讨论一下，如果你在日常生活中能够做到以下几件事情，对你会很有帮助，比如每天快走五公里，你觉得怎么样？"

老余："快走五公里没问题，可以做到。"

王老师："第二，你不是喜欢读书思考吗？无论你读的什么书，都要把你读书心得和你的思考写下来，字数不限。只读不写，会增加你的思绪，当你看自己写的东西的时候，会把你的思想条理化。"

老余："唉，王老师，我在单位上就是干文书工作，你还让我写，太痛苦了嘛。"

王老师："痛苦不痛苦，写了再说。写思想和读书心得与文书完全是两回事，除了条理化以外，也是表达和洞察你的内心状态与审美意识的方式。当你通过这种练习逐渐提高审美意识以后，你的内心状态以及你对外界的看法会有正向的改变。"

老余："好嘛，我试试看。"

王老师："第三，你今天说最近你只做不说，非常好，但还不够，在与单位领导、同事和朋友打交道时，不要总是看到别人的缺点。这个作业的要求是，不管与谁打交道，你都要去发现对方身上两三个优点和长处。"

老余："王老师，这个作业太难啦。"

王老师："我知道这个作业对你有点难，但是如果你坚持练习，尝试着去找别人的优点和长处，逐渐消除与别人比高低的心态，慢慢地形成习惯，那时就不觉得难啦。"

老余："说得容易，做起来真的难，恐怕您也做不到。"

王老师："对你很难，对我早就不难啦，关键是看你是否有心去做。比如说，与你打交道的人，头发比你的黑，你应该真心地赞美，哦，他的头发那么好！再比如说，你接触的人穿得比你整洁，你应该想到他比我讲究；其他人与领导或同事相处较好，你应该意识到他善于与人交往，比我会处理人际关系。总之，要在生活学习的过程中和与人交往时，去发现别人的优点和长处。当你能够看到别人的优点和长处并真实接纳的时候，你内心的痛苦和烦恼就会减轻。"

王老师接着问："这个要求高不高？"

老余："是有点高，我试着做做再说。"

王老师："很好。那么现在我来谈一下世俗的问题。上次布置的另一个作业，你觉得除了要在家人面前证明你自己之外，是否还有什么方法让你觉得快乐？"

老余："好像没有。只有当我周围的人承认我的思想和说法是正确的时候，我才会快乐。"

王老师："我们降低一点要求，怎样才能让你的情绪和心里安静平和？"

老余："王老师，我的大脑长期处于兴奋状态，许多人都不理解我。所以，每次来您这里，我都希望与您做放松训练，这样可以使我的大脑安静一点。"

王老师："如果你总是需要在别人面前证明你的正确和水平高，让自己处于相对亢奋的状态，时间长了就会有崩溃的危险。因此，仅靠做放松训练，不足以让你从这种状态中走出来，你还需要调整你的三观，我们首先从人际关系的调整来实施，你觉得怎么样？"

老余："王老师，我按时按点来找你咨询，就是想改变自己，但不知道该怎么做。"

王老师："请你介绍一下你对你父母的印象，以及你与他们的关系。"

老余："我家基本上是我爸说了算。我爸对我要求特别高，如果我在学校成绩不好，他不仅教训我，还教训我妈。说我妈没有女人味，我的成绩不好是她不懂教育造成的。"

王老师："把青春期作为一个时间节点，在这个节点以前及之后，你对父母的认知有没有变化？"

老余："小时候主要是怕我爸，怕他发脾气，满脸凶巴巴的样子，初中以后，我的心态发生了变化，就是要争气，要做出点大事让他们看看。”

王老师：“记得你说过，刚工作时，你并没有这样的状况，在单位上表现也不错，比较受重用。但在你当了中层领导后，因为上级领导对你的要求提高了，批评也增加了，你觉得压力很大，也觉得委屈，所以极力想在同事和领导面前证明自己。是这样的吗？”

老余：“哦，王老师，好像是这样的。”

王老师：“那么，这种情况与你初中时的状况是不是似曾相识？”

老余：“嗯，好像是很相似。”

王老师：“能不能总结一下这两件事？”

老余：“初中以后，我一直想在父母面前证明自己，虽然高考为自己争了气，但大学毕业以后工作不顺利，在我爸的帮忙下才进到现在的单位，这使得我在我爸面前抬不起头。工作前几年发展比较顺，得到原来领导的欣赏和认可，我爸觉得我很不容易了，态度有了一小点改变。可是没想到，单位人事变动后新领导对我百般挑剌，工作很不顺心，加上媳妇嫌我挣钱少，不愿来与我生活，于是我又开始想证明自我，整天胡思乱想。”

王老师：“总结得非常好，很到位。能不能这样说，从小到大，你就想在家人，特别是父亲面前得到肯定。”

老余：“这是肯定的。无论我做了什么，都很难得到他们的肯定。我最没想到的是，我通过自己的努力买了房子，他们却说这么小的房子有什么稀奇的？总是被他们打击挖苦，我觉得很受伤害。”

王老师：“非常理解你，也理解你要与别人争输赢、证明自己的状态。从心理的角度来说，你现在是把你父亲的角色投射到你的领导身上，不仅是想在父亲面前证明自己，也想要在领导面前证明自己，所以才会产生这些冲突。因此，王老师认为，首先，要改善与家人特别是与父亲的关系和互动模式；然后，以此来带动和调整你与领导及同事的互动模式和关系。”

老余：“这太难了，王老师。这些年以来，我一直想得到我爸以及领导的承认或佩服，只有这样我才会兴奋。”

王老师："这个问题你已经说过很多次，王老师已经了解了。现在的问题是，既然是咨询，我们就要有具体的方式和方法，你要尝试着去做。通过这些具体的方式和方法，去感受一下与以往是否有些不同。"

老余："王老师，您说说看。"

王老师："首先，你回去后做一个重要的作业，将你有记忆以来父亲在你的印象中的所有优点全部写出来，越多越细越好，我们下次咨询做交流讨论；第二，要努力把这样的行为变成一种本能反应，无论对领导、同事或有交集的任何人，要练习快速地发现他们的优点和长处，并加以表达，这样做是快速建立良好人际关系的有效方式；第三，无论在家与父母、妻子还是在单位与领导同事的交流过程中，最重要的不是说，而是听。学会倾听，是有效的交流沟通技巧，也是心理咨询师培训的重要技术。"

老余："对我来说，这太难啦。我只习惯别人听我讲。"

王老师："我知道这对你很难，正因为如此才需要你去改变，慢慢地去适应。"

老余不太情愿地说："好嘛，我试试看。"

王老师："你这么厉害的人，我相信你能够做到，并能做好。还有一条建议，今后在与别人交流的时候，要说对方感兴趣的话题，而不是你自己感兴趣的话题。"

老余吃惊地问："为什么？我从来没想过这样的问题。"

王老师："如果你从这些方面逐步实施训练，你的人际关系和心理状态都会得到改善。今天布置了这么多作业，希望你回去后好好消化消化。"

咨询师小结

1. 对于这类特殊的来访者，建立咨询关系非常重要。

2. 在咨询中，详细而简单的行为疗法和互动是有效的。对这类来访者，尽量不去讲道理。

3. 所有的作业，都应该是他愿意接受，并能够完成的。

（六）第六次咨询

王老师："上次布置的那个关于你父亲的作业，你完成得怎么样？"

老余："我做啦，但做得很痛苦，头几天总是想到他的缺点，想不到他的优点。"

王老师："能不能把你写的拿出来，我们一起讨论一下？"

老余拿出稿纸，上面稀疏简单地写了几条。第一条是有责任，要求严格；第二条是不抽烟不喝酒；第三条是爱干净；第四条是注意形象，爱面子。

王老师看了后说："非常好，除了优点，你还写了缺点。"

老余："实在是想不出来啦。"

王老师："你发现没有，不管你写优点还是缺点，你都缺乏情感的表达和印象，都是外在的描述。现在我们一起来完成这个作业，需要你配合。"

老余："好的。"

王老师："现在请你用最舒服最自然的坐姿坐好，眼睛微闭，从头到脚自然放松。"

王老师引导道："放松，入静，请放松你的面部表情，回忆一下你能记起的最早的记忆。放松，回想儿时记忆中父母的印象。"

等了片刻，王老师问："现在能不能回忆起你对父母的印象？"

老余摇摇头："不能。"

王老师语气缓慢地继续引导："没关系，想象一下，你现在是一个三岁的孩子，你的父母带你在绿树成荫的草坪上玩耍，你的父母陪伴着你，笑得很开心，你玩得高兴，笑得灿烂。"

老余的嘴角微微上扬，有一丝微笑的表情。

王老师继续引导："请你回忆一下你母亲送你上学的情景。给你一分钟自由联想一下。"

一分钟以后，王老师接着引导："再回想一下你小学毕业时候的情景。"

王老师有意地暂停引导，让他自由联想。

老余突然抽泣起来，睁开眼睛，两眼流出了泪水。

王老师："请你做三次深呼吸，平复一下心情。"

老余按要求做完深呼吸后，王老师问："你现在心情比较激动、能不能告诉王老师你想到了什么？"

老余："我想到小学毕业考上重点中学，我爸爸非常高兴，那时我家正在盖新房，我爸每天带我去看他盖房子的进度，逢人就骄傲地说，我家双喜临门，一是盖新房，二是儿子考上重点中学。"

王老师："你因为回想起以前的事情而激动、抽泣，这是好事情。"

老余有些激动："我想起我爸在建房工地上的形象，他为了家、为了我在外辛苦赚钱，我却从来没有理解过他。其实，他也很不容易。我突然有想哭的感觉。"

王老师："我能不能这样理解，你的爸爸是一个勤劳、有担当的男人，他希望用他坚强的臂膀撑起这个家庭。"

老余没说话，眼角依然闪现泪花。

王老师："你一直抱怨他对你的要求过高，近乎苛刻。你现在还这样认为吗？"

老余："其实，王老师，我小时候还是愿意按家里的要求去做的，只是初二以后，无论我爸说什么我都反感，他说什么我都要拧着来，从那时起，就开始与我爸产生了矛盾。"

王老师："初二正值青春期前后，心理可能会发生变化，这是正常现象。你从那时起开始想证明自我，本质是想得到父亲的认可。从刚才的联想记忆来看，你上小学时还是得到了父亲的认可，这一点没错吧？"

老余："是呢，这几天在做您布置的作业时，我想到的只有小学时得到他的认可，其他时候就想不起来了。现在认真想来，他平常对我的打压和抱怨，主要是针对我的学习，那时我的学习成绩不太好。"

王老师："我们在表现不尽如人意的时候，父母因为关心和焦急而提出批评，是比较常见的事。你逐渐发展形成事事为自己辩解、极力要表现出比父母、领导、同事都强的心态，本质上是不愿意接受被批评、被否定，特别是不愿意接受来自父亲的否定。你的表现在表面上看很厉害，实质是一种逃避，是不愿意接纳自己的不足与缺点，不愿意去正视自己的弱点和问题。”

老余认真地说：“听了您的分析，我心里隐隐约约地感觉到了，我总是强势地表现出别人只能听我说，其实是怕别人否定我。”

王老师：“非常好。通过咨询，希望你能逐渐意识到金无足赤、人无完人，有缺点的人才是正常的，所以你也应该接纳你的不足与不完美的部分，与它们和平共处。包含不完美的完美，才是真正的完美。”

老余：“王老师，您说的这些我还是懂的，但是，一旦有人对我表现出强势或打压，特别是面对领导的打压，我就会强力反弹，难以控制自己。”

王老师：“王老师不指望你一蹴而就，你也不要急于求成，只要保持自我，同时愿意改变自我的状态，你终究会达成自己的目标。”

老余：“唉，王老师，我就是担心我的状态反反复复。”

王老师：“你有担心，说明你在成长。希望你今后能持之以恒地坚持咨询中的练习，特别是正念冥想入静法，这会让你逐渐改变和成长。至于与人打交道的方式，王老师建议，对越亲近的人，如父母、妻子，越要多听少说，越要控制自己的情绪。你喜欢《易经》和传统文化，是好事，应该从中学到一些东西，不要总犯常见的愚痴愚昧的错误，对越亲近的人、越天天打交道的人越不懂得尊重；对不相干的人，反而言听计从。我们都知道，对那些天天打交道的人，我们更需要用有效的沟通交流技巧去处理好和他们的关系。你很聪明，对易经等传统文化，如果你感兴趣，我们还是可以交流的。”

老余：“明白！”

春节时，老余请了公休假，带着给父母买的保健品，给妻子买的衣服，回老家看望他们。

回到家，老余说话不多，显得有些沉默，每日在家勤快地帮妻子做家务，静静地陪着父母坐着，虽然双方都略显局促，但关系缓和了许多，不像以前一样剑拔弩张。

吃年夜饭时，老余给父亲斟满了酒，父子俩默默地喝酒，又都欲言又止。酒过三巡，老余脸色发红，眼睛有些湿润，鼓足勇气向父亲敬酒，先是向父亲道歉，这些年一直不理解他，甚至怨恨他，让他们二老很不舒心，然后又诉说了自己这些年的不易。

老父亲听着老余的叙述，眼泪止不住地往下淌，强忍哽咽，待老余说完，父亲端起酒杯，泣不成声地说："儿子，今天我要敬你一杯，其实我一直看好你，但对你要求太严，让你过得也不好。看着你难过，我也心疼。"

说完，两个男人拥抱在一起，激动不已，老余与父亲在内心深处达成和解。

春节后，老余妻子跟随他回到了他们自己的家，开始了新的生活。

策略与技巧

1. 对于这类有医院精神科明确诊断的来访者，原则上坚持以治疗为主，咨询为辅的方式。

2. 类似本案例来访者的情况，其病程长，长期与各种医生和心理咨询师打交道，已经形成了他们自己的应对模式。来咨询的目的主要是为了挑战咨询师，在这种情况下，咨询师的专业理论和专业技术可能成为他挑战和攻击的目标。这时，咨询师的人格魅力与知识结构在咨询中显得尤为重要。

3. 本案例最明显的特征是，咨询师从咨询开始就发现来访者有对父亲的负移情。他与领导的冲突、在日常生活中的表现，都充分显现了这种移情，他把从小对父亲的反抗和想在父亲面前证实自我的情结投射到了领导身上。在治疗与咨询期间，他也把这种移情投射到了医生和心理咨询师身上。

4. 咨询师在咨询过程中并未点明他对父亲的负移情，而是全程通过有针对性的行为疗法、儿时回忆、自由联想以及意象对话等技巧，不动声色地处理其移情及投射。对于这类策略与技巧，本咨询做了一个很好的示范。

5. 在类似的咨询中，有的咨询师一旦察觉到某种移情，就会迫不及待地告知来访者，试图以此达到快速有效的咨询效果，但是，这样做的弊端是，咨询师提及的移情与反移情有可能成为此类来访者的挑战目标。

6. 有的来访者在经过咨询后取得不错的效果，病理性症状逐渐消失，然而，根据以往的经验，有的人在三五年间有复发的可能，甚至有八年后复发的真实案例。因此，在来访者病理性症状消除以后，家人对其的关心爱护是非常重要的，定期复查和治疗也很重要。

第九章　永恒的战争

爱情是婚姻的基础。恋爱是两个人的事情，婚姻则是两个家庭的事情。新生家庭与原生家庭的角色和功能在无形中都扩大了，它们的交叉重叠使得家庭与家庭之间，角色与角色之间发生矛盾的概率大大增加了。因此，处理好双方原生家庭之间的关系以及它们与新生家庭间的关系是无法回避的重要课题。同时也要处理好所有家庭成员的互动模式和关系。这需要包容开放的心态和爱心，也需要爱的技巧和方法。夫妻关系是家庭关系的核心，因此，首先维护好各自家庭的夫妻关系本身是对所有家人的爱的贡献。这可以减少和降低家庭之间和家庭成员之间的冲突与矛盾。

额外压抑：是赫伯特·马尔库塞在《爱欲与文明》（1950）一书中首次运用的术语，专以此补充和修正弗洛伊德精神分析学说。弗洛伊德理论有一个基本假设，即文明与爱欲具有对抗性。马尔库塞认为由于造就文化，人类不能不对爱欲做一定程度的限制、减缩或推延。这样，受现实原则支配的对爱欲的压抑，可称之为“基本压抑”。但马尔库塞进一步指出，弗洛伊德的术语没有在本能的生物变迁与社会历史变迁之间做出恰当的区分，这就混淆了爱欲受压抑的生物根源和社会历史根源。事实上，代表特定文明阶段的统治利益，总是对人的爱欲强行施加在一般文明要求之外的、仅为维持特定统治形式所必需的压抑，这一点是弗洛伊德根本没有注意到的。为了与基本压抑相对应，马尔库塞引入了这个表示特定的社会

——历史成分的术语“额外压抑”，这是为社会统治所必不可少的约束。它与基本压抑的区别在于，它是为使人类在文明中永久生存下去而对本能所做的必要变更。马尔库塞引入这个概念的意图在于证明建立一种非压抑性文明的可能性。但是，在发达工业社会里，人类爱欲所遭受的压抑非但没有减轻，反而变本加厉的严重起来。马尔库塞认为，这正是特定社会统治机构用自身的操作原则施行额外压抑的结果。为此，他的爱欲解放记的批判锋芒，终究指向了西方现行社会的统治秩序。

（摘自湖北人民出版社，《文艺心理学大辞典》，2001年版。）

案例十一 自以为是的他
——逃不掉的伊底帕斯情结

当一个人失去自信，不再认为通过自己脚踏实地的努力可以摆脱自卑，但他依旧不能忍受自卑感的折磨时，他会继续设法摆脱它们，只是他所应用的方法是不切实际的。他不再设法克服困难，反而沉醉于一种优越感中，强迫自己认为自己有优越感。产生自卑感的原因没有克服，问题就会一直存在，所采取的每一个自欺欺人的行为都会让他的自卑感更加强烈。

——【奥】阿尔弗雷德·阿德勒

（一）第一次婚姻失败

詹骞，一直与父母居住在一起，大事小情都由父母操办，母亲细心周到地替他安排妥当他的日常生活，他对父母特别是母亲有很强的依赖性。他的父母是高级知识分子，家境较好，有优越的教育资源，大学毕业后，他随即进入一家体面的专业单位工作，经济待遇不错。

詹骞的家庭背景及生活环境，让他产生了较强的优越感，并且毫不掩饰，喜欢自我吹嘘，在同事、朋友面前表现出清高的样子。他的性格比较张扬，在单位上我行我素，表现常常不合时宜，似乎谁都看不上，与同事相处不融洽，显得有点孤傲。如果同学、朋友有了值得称道的事情，或是同事取得不错的工作成绩，他总会故意表现出嗤之以鼻的态度，酸溜溜地说："有什么了不起。没意思。"

他热爱运动，浑身充满了肌肉感，工作之余，喜欢参加女性较多的各类集体活动，常与女同学、女同事们打成一片。在与女性的交往中，也会习惯性地表现出他的优越感，事事都要表现得高人一等。尽管身边女性不少，从未能与其中某一位女性有更进一步的交往，一直没有女朋友。

他的朋友基本上是大学的同学，其他人都已结婚成家生子，只剩他一人单身。朋友关心地问他："詹骞，你已三十多岁了，该成家了，别老是这样独来独往，要不要帮你介绍？"

詹骞一般会很拽地说："开什么玩笑，我的条件这么优秀，还需要你们介绍吗？我是看不上，要是想找的话，那是分分钟的事，随便挑。"

了解他的人都知道，他的确与女性有很多交集，可他的个性以及言谈举止让人望而却步，难以深交，从未真正恋爱过。大家只能叹息："这小子就是嘴硬，自以为是的毛病一点没改，实在没法帮他。"

詹骞的母亲是大学教授，非常宠爱她的这个儿子，认为詹骞在方方面面都非常优秀，人前人后从不掩饰对儿子的赞誉。对詹骞找对象的事，母亲设定了很高标准，对女方的颜值、家庭背景、学历、工作等的要求都比较高，还要贤惠体贴。她常对詹骞说："你要找的对象首先要过老妈这一关，要配得上你和我们这个家庭。"

詹骞总是显得不耐烦："知道了，我找的女朋友肯定比您想得优秀。"

詹骞虽然热衷于参加女性较多的活动，与她们在一起看上去似乎玩得很开心，却只能停留在普通朋友的层面。往往越了解的人越难与他坦诚交流，其中也有他心仪的女性，却无法深入交往。另一方面，母亲对未来儿媳的要求，当然也是他自己的要求，无形中束缚着他，让他在与心仪女性交往时，既自傲又缩手缩脚，无法形成稳定的关系，结果一直是单身一人。

看着詹骞整天到处玩，三十多岁的人了，对找对象似乎很不上心，老母亲开始着急，希望儿子能尽快成家，老母亲还等着抱孙子呢。她找到詹骞的好朋友，希望他们劝劝詹骞，让他顾及一下老妈的感受，该找对象成家了。

朋友们能够理解他母亲的心情，虽然知道他总是自以为是，不听劝，还是做了许多工作。结果与过去一样，碰一鼻子灰。詹骞不高兴地说："你们别瞎操心了，追我的女人多的是，找对象不是问题。”

焦急且挑剔的母亲，经过多方牵线撮合，给詹骞介绍了一个学校老师小A。三个月后，他们结婚了。那一年，詹骞三十五岁。

结婚时，詹骞邀请同学、朋友参加婚礼，大家都很吃惊，这速度也太快了点吧。

婚礼当天，詹骞表现得大大咧咧，当好朋友开着婚车去接他时，他不修边幅，穿着打扮没有新郎官的样子，朋友皱眉地说：“知道你喜欢表现得与众不同，可婚礼是人生大事，正规隆重的场合，你恐怕应该认真对待，注意一下自己的仪容仪表。”

詹骞满不在乎地说：“没必要，我这是气质，比其他人有品位得多。”

在大家的劝说下，他才肯换上为他准备好的西装，朋友无语，好在婚礼顺利进行，没出岔子。

婚后没多长时间，夫妻俩暴露出了性格不合的问题，即便在微不足道的小事上，也会产生矛盾和冲突。

詹骞的家庭生活方式比较古板，早餐多是咖啡加面包，而小A则习惯传统的中式早餐，不适应西式早点。新婚伊始，性格随和的小A为了尊重公公婆婆的习惯，顺从他们一起喝咖啡吃面包，一个多月后，小A觉得这种小事没必要委曲求全，便对詹骞说：“我真的吃不惯你们家的早餐，不一起吃，又怕他们二老多心，天天吃又不舒服，要不以后我不与你家人一起吃了，在上班路上随便买点东西吃就可以，你觉得怎么样？”

听小A提出这个想法，一时不知怎么办，便说：“嗯，等我问问我妈。”

小A说：“不要问，否则你妈可能会对我有意见。你最好对你爸妈说，我到单位去吃，可以避免迟到，免得他们有疑虑。”

詹骞觉得小A的解释有道理，本来也不是什么大事，便说没问题，接着又补充道：“不过，你以后还是要学着吃，我们的吃法比你的那种豆浆油条高级多啦。”

小A有点失落，说：“唉，你家的吃法，高级不高级的，不知道，但是又复杂又难吃，也不省时间。”

詹骞回了一句：“那是你不懂。”

小 A 看到詹骞不理解自己，于是赌气地说：“是是是，我不懂，我看你爸妈也不懂，就是吃个早餐嘛，何必穷讲究。”

詹骞一听，暴跳如雷：“你没资格说我爸妈。”

小 A 看到詹骞生气甚至有点愤怒，为了息事宁人，便不再吭声。无论如何，早餐的难题算是暂时解决了。

午饭他们各自在单位解决，下班后回家吃晚饭。没过多久，小 A 常常加班，不回家吃晚饭。其实，小 A 是找借口加班以逃避回家吃晚饭，因为家里的饭菜实在不合胃口，还不能说。更关键的是吃饭时的压抑气氛，令人受不了，婆婆会不胜其烦地打听她单位的琐事，甚至会询问他们小两口的私房事，小 A 羞于回答。有时旁敲侧击地说谁家的媳妇多孝顺，谁家的媳妇又生了大胖孙子，小 A 觉得无趣又无奈。而詹骞一副事不关己的样子，从不在意和关心小 A 的感受与窘境，更不会为小 A 打圆场，调和母亲与小 A 的相处方式。

一天，詹骞与小 A 上班不在家，婆婆在打扫儿子儿媳妇房间时，有意无意间在抽屉发现了避孕套。她瞬间又气又急，难怪她一直没受孕。晚上詹骞和小 A 下班回家，刚进门，婆婆就板着脸气鼓鼓地质问：为什么要避孕，你们不知道我想抱孙子吗？

小 A 的脸一下红到耳根，低着头不好意思说话。这种时候詹骞也不说话。小 A 捅了捅他，他才不得不打圆场，却把原因推到小 A 身上，说：“小 A 正在参加培训，很忙，培训后有升职的可能，所以暂时不想要孩子，等她培训完再说。”

听到儿子的回答，婆婆悻悻地走开，嘴里嘟囔：“能有多忙，忙就不能要孩子了？”

三个月以后，婆婆又发现他们的避孕套数量还在减少，突然有被小两口欺骗的感觉，又质问道：“你们究竟打算什么时候要孩子？”

詹骞不吭声，小 A 只好说：“妈，我们一直在努力。”

婆婆板着脸："你们在努力？我知道你们一直在避孕，就是不想生。"

詹骞也觉得烦了，说："妈，你别瞎操心了，这是我们自己的事，我们有自己的考虑。"

婆婆提高声音说："不行，我这么大年纪啦，还要我等多久？你们到底是怎么想的，今天要跟我说清楚。"

小A说："妈，您要相信我们，我们真的在努力。"

婆婆瞥了小A一眼："如果你们真的在努力，那么你告诉我，你们的避孕套为什么还在不断地减少？"

詹骞一副无所谓的样子，还是不吭声，这时小A再也忍不住了，生气地说："为什么会减少，您得问您儿子。"

原来他们曾经到医院做过相关检查，詹骞患有严重的精子数量不足，医生在为其治疗的同时，建议詹骞避孕，暂时不要孩子，等调理一段时间再考虑受孕的事。通常，除了生理原因外，心理因素也会导致早泄的发生。因此，医生也建议他们寻求婚姻家庭方面的心理咨询与辅导。

经过这次冲突，家庭矛盾公开化了，詹骞的父母对小A的态度变得冷淡。而詹骞经过一段时间的治疗，身体状况没有明显变化，与小A也处于冷战之中。小A希望缓解矛盾，于是希望詹骞考虑一下心理咨询。

由于面子观念，以及他自我标板的"自尊"，詹骞拒绝做心理咨询。母亲持续的强烈要求与威逼，小A对夫妻生活的不满与抱怨，让詹骞的心理压力变得越来越大，夫妻矛盾愈发严重。在这样的情况下，詹骞无奈地顺从小A的要求，来到咨询室寻求帮助。

詹骞在与咨询师交流的过程中有很强的抵触情绪，导致咨询的效果不太理想。夫妇俩为是否继续治疗与咨询，产生了严重的分歧，小A希望继续进行，而詹骞却坚决拒绝。

夫妻俩的冲突越来越多，也越来越严重。当母亲与媳妇有矛盾时，詹骞总是站在母亲的角度说话、考虑问题，从不会为媳妇考虑，照顾媳妇的情绪，更不懂得儿子需要做婆媳之间的"调和剂"。小A从詹骞身上，体会不到家庭的幸福、丈夫的担当和爱的温暖。

他们结婚不到一年，便以离婚收场。

咨询师小结

1. 恋母情结又称作俄狄浦斯情结，是西格蒙德·弗洛伊德借用古希腊神话故事《俄狄浦斯王》中的情节衍生出的术语概念。俄狄浦斯王子因应验一个神谕，无意中杀死生父，娶母为妻，弗洛伊德认为这个情节反映了男孩爱母憎父的本能愿望。人的这种本能愿望是从原始人的心理中继承下来的，留存在人类的无意识领域，它持续活动，以性本能为核心，带有强烈的情感色彩，以致使人总是产生悔罪之感，这是人类先天的无意识的生物本能的一种表现形式。

2. 在传统文化的影响下，我们的家庭教育过程引起憎父感和自卑感的原因有很多，其中比较普遍的现象是男孩与母亲的分离过晚。三岁以后的孩子已经有了明确的记忆，父亲和母亲的亲密行为会给孩子造成一种记忆和伤害，或被潜抑在潜意识里，这就形成了对父亲的憎恶感与自我的自卑感。因此，五岁左右，男孩子拥有自己独立的空间，与父母分开独自睡觉，完成这一次与母亲的“分离”，可以避免或减轻恋母情结。这一次分离是脱离对母亲的过度依赖，对孩子在成长过程中与其他同伴建立友情极其重要。再次分离，是在青春期前后将对母亲的依恋和关注转移到关注其他异性。这两次分离的成功，对孩子今后的恋爱婚姻将起到重要的作用。

3. 在本案例中，来访者虽然已过中年，但仍然对父亲表现出反感和不屑一顾，对母亲表现出过度的依赖。他自己的恋爱和婚姻的问题，体现了他的恋母情结在成长过程中没有得到有效的分离和转移。

4. 恋母情结有可能导致自卑感，本案例中来访者的表现较为明显，具体表现在不断地邀约女性，向对方吹嘘他自己如何受女性喜欢，同时故意表现自己如何懂女性。他声称自己是不缺女人的优秀男人，以此达到自己内心的满足，这是典型的以自尊来掩盖自卑。

5. 来访者恋爱时难以形成稳定的恋爱关系。在男女交往中，他要么循规蹈矩，按照母亲的标准去寻找恋爱对象；要么表现成“花花公子”类型，害怕承担责任且难以捉摸。

6. 来访者在婚姻中，在与妻子和父母相处过程中，扭曲的思维、情绪和行为表现影响到家庭关系。他的恋母情结和自卑导致和妻子的关系不融洽，自己也有种莫名其妙的罪恶感。为此，他与妻子经常发生冲突，夫妻关系的裂痕越来越大，最后导致婚姻不和谐，以离婚收场。

（二）第二次婚姻

离婚后的詹骞，又恢复到从前单身的状态。工作之余自由自在，喜欢在女人堆里混，日子过得似乎很充实快乐。失败的婚姻好像对他没有多大影响。

詹骞的父母自然不断地催促他赶快找对象结婚。他像以前一样，表现得自以为是，常在朋友面前吹嘘他有很多女朋友，大言不惭地说：“结过婚的不要，带着‘拖油瓶’的不要，我的条件肯定要找年轻漂亮的大姑娘。”

看他自以为是的态度和表现，大家纳闷：“这家伙是不是有点心理扭曲？如果不改，这辈子恐怕只能单身了。”

十年后，詹骞终于再次恋爱。通过单位同事介绍，詹骞认识了小 B。她是机关行政工作人员，四十岁左右，从未有过恋爱经历。小 B 的性格比较成熟。两人见面后，随即陷入爱河之中。

此后，詹骞的言行举止开始有了变化，不像以前那样爱吹牛、说大话，而是表现出相对的收敛与低调。有空就与小 B 黏在一起，非常细心地关心照顾她，没有了以往的高傲，反而有腼腆的样子。还时常送礼品给小 B 制造浪漫，耐心地陪小 B 逛街，主动帮她拎包，一副暖男模样。

恋爱半年后，他们决定结婚。

当结婚一事提上议事日程，詹骞充满了幸福的感觉，常常带着小 B 一起参加朋友间的聚会，有意无意间显出几分得意。然而，他心中总有隐隐的忧虑，挥之不去，那就是他以前的个人隐私问题。他担心这个状况还会不会发生，会不会又影响到他的婚姻？詹骞很在乎小 B，不希望与小 B 的婚姻出现问题，更不想因为这种事再次伤害自己男人的自尊。

这一烦恼像魔咒一样缠绕着詹骞，常常走神，心不在焉。小 B 关心地问他："看你最近状态不好，无精打采的，是不是生病了？"

詹骞有点心虚，也感到莫名的烦躁，说："我好得很，你想多了。"

这是他的隐秘心事，也是他的软肋，不能被小 B 知道，也不好意思与朋友交流，于是他决定寻求帮助。咨询师曾在詹骞第一次婚姻中对他的情况有所了解。听了他的诉求后，建议他首先应该到医院做有关生殖系统的相关检查，包括性激素水平等的检查。心理上，他需要系统脱敏，不要被过去不愉快的性经历所困扰。然后，咨询师对他做了婚姻家庭和夫妻关系的婚前辅导，希望他加强身体锻炼，提高生理、心理以及情绪的自控能力，并教授讨论了具体的实施方法。

通过与咨询师的交流，詹骞的忧虑情绪释放了很多，并到医院做了相关检查和治疗，逐渐恢复了自信。婚后，他们各方面还算和谐，小 B 也善于与他父母交流沟通，家庭关系比较融洽。经过詹骞上一次婚姻的失败，詹骞父母的观念也发生了变化，表面上会尊重他们小两口的意愿，不再着急地催促他们生孩子。没有了因生孩子问题而产生的矛盾与冲突，他们的日子过得比较轻松愉快。

或许是自己年龄不小了，虽然父母不再催促，詹骞反而着急想要孩子了。而小 B 已接近四十岁，也想加紧生孩子，否则就要错过女性的生育年龄了，所以夫妻俩把生孩子作为婚姻生活的头等大事，调理身体、规律作息，小 B 还要求詹骞戒烟戒酒，詹骞毫无怨言听从小 B 的要求。

一切都按计划进行，詹骞几乎拒绝了所有的社交活动，整日待在家里陪小 B，对她照顾有加。几个月过去了，妻子还是没受孕，詹骞的心理发生了变化，开始怀疑是不是自己个人的问题，又觉得对不起盼孙子心切的母亲。他整日处于压抑的情绪之中，没过多长时间，心理压力变得愈来愈大，心理方面出现了问题。

在妻子不满和抱怨声中，詹骞男人的自尊受到伤害，两次婚姻都因为自身的男性功能产生矛盾，是对他的自信与自傲的沉重打击。他的情绪变得非常低落，不愿见人，怕丢面子，整日在家酗酒，沉默寡言。因不愿面对不满的妻子，每日尽量找理由晚回家甚至夜不归宿，即使有时下班早，也要在外面无目的地转悠，只为晚一点进家门。

他表面上看是害怕面对妻子，避免与妻子发生直接冲突，实质是逃避夫妻生活。他的逃避，加深了夫妻矛盾，两人常常为家庭琐事争吵不休。

上班时，詹骞也没有好的情绪状态，难以集中精力，即便很简单的工作也常常出现差错。领导指出时，他便与领导大吵大闹，认为领导吹毛求疵，情绪变得越来越难以控制。

一次，詹骞因小事与领导吵架，情绪异常激动，下班回家后依然情绪不好，不愿与家人说话，一个人喝闷酒。

小 B 关心地问："你怎么啦，板着脸也不理人？"

詹骞露出厌恶的神情，不情愿地说："单位领导找我的茬，没什么了不起的。"

小 B 看着他这样子，嫌弃地说："你看看你这窝囊样，在家里在单位上都不像个男人，不知道你还能干什么？只要有点事就生闷气、装可怜。我们是夫妻，有什么事，难道就不能对我说吗？"

詹骞突然感觉到妻子说话的口气，太像他的领导了，甚至比他的领导还刻薄和居高临下，突然意识到妻子这种表面随和，实质强势的风格是结婚后一直很压抑的原因。他觉得很无聊，不想再多说话，头也不抬地说："你能不能少说两句？能不能让我清净清净？"

小 B 听了不依不饶地说："问问你不行吗？你最近总是醉醺醺地回来，我什么也没说呀。你回家后就抱头大睡，不愿理我，也不愿意碰我，我说什么了吗，难道我忍得还不够吗？你看看你，像个男人吗，日子还过不过啦？"

听着小 B 不停地指责，詹骞突然情绪爆发："不过就不过，老子早就不想过啦，你有什么稀奇的？”

小B听了詹骞的话，先是一愣，然后流着泪跑回卧室，砰一声关上房门。詹骞没有理会，在客厅沙发上熬了一夜。

第二天一早，小B收拾好行李，搬回到自己父母家。

詹骞慢慢冷静下来，意识到是自己的冲动，说话难听伤害了妻子。他想去找妻子，好好解释一下，把她接回家。可他的面子观念又不让他低头认错。加上父母也抱怨儿媳妇的不是，所以他一直拖着没去接小B。另一方面，小B回娘家后，情绪慢慢平复，意识到自己的行为有些过激。她妈妈劝她不要要孩子脾气，回去与詹骞好好过日子。

“只要他来求我，我就跟他回去。”小B强硬地回答道。其实，她已经原谅了詹骞。虽然他脾气有时不太好，但还是很在乎她的，她也愿意与他好好过日子。

小B一直在等詹骞来接她，而詹骞一直在等小B先开口。双方就这样僵持着，既不给对方台阶，也不愿自找台阶，拖了一段时间后，双方心灰意冷，终于还是离婚了。这一次婚姻，依然没有超过一年。

咨询师小结

1. 男人是具有洞穴情结的“动物”。人在从动物性走向社会性的过程中，洞穴情结表面上被逐渐淡化，甚至消失。其本质是被潜抑在某些潜意识当中。远古时期，男人躲进洞穴的目的是寻求一个安全的处所自我疗伤，不让族人与家人看到自己的外伤。现代人所受的伤，更多是心理上和面子上的伤害。他们需要自我疗愈的时间和空间，不希望别人打扰，这个时间和空间便是现代人的“洞穴”。它与古人的真正的洞穴具有同样的功能。现代人在与同性、领导，以及在为了获取资源和利益的各种争斗中，会被唤醒这一在远古已经存在的情结与意识。现代人也需要进入到一个安全的“洞穴”，进行自我梳理和自我疗愈，让自己有时间和空间来接受挫败和自我接受。越是暴露在外的伤害，同样也不愿意被他人看到。很多情况下，只有自我找到台阶、自我说服自己，自我接受挫败和伤害后，才有勇气去面对他人和挫败本身。一般情况下，当男人走出洞穴时，他已经找好了自己可以接纳的理由，无论这种理由合理与否，无论多么可笑，家人都不要去质疑和反驳，以避免矛盾的激化与冲突，而要接纳他及其理由，维护家庭的和谐。

在这种情况下，正如本案例所展示的一样，妻子应该给予丈夫自我梳理、自我疗愈的时间和过程，而不要不依不饶地用所谓理解、懂得、担当等合理甚至高尚的理由去逼对方解释和说明，这样做的结果，本质上是对其新的一种伤害。

2. 男性在很多情况下比女性更爱面子。在强大的生存欲望面前，他们为了面子，很可能不愿接受亲密关系的人所给的台阶和说辞，这种台阶和说辞反而是对他的不尊重和伤害。

3. 很多夫妻间的战争，直接原因是男性和女性对同一事物的认知和处理方式不同所致，本质是男女的差异造成的，男人不懂女人，女人也不懂男人。

（三）婚姻之缘

第二次婚姻的失败，让詹骞对婚姻心灰意冷，时常对朋友吐槽说结婚太累人，自己再也不会结婚了。

一个人的日子很轻松，自由自在，每天饭后陪母亲散步。然而，詹骞并没有快乐的感觉，反而情绪低落，对许多事都提不起兴趣。朋友约他打球、郊游、露营等，这些他以前喜欢的活动，都一概拒绝。他每天独来独往，郁郁寡欢，一度怀疑自己是不是抑郁了，于是联系咨询师咨询。

心理咨询师了解了他的情况后，先带他做了放松训练，训练非常有效，他自感浑身轻松。咨询师教授他如何在家里自己做放松练习，并建议他积极参加各种社会活动，比如骑行、郊游、野外露营、踢足球、打羽毛球等，参加集体活动，多与人交往，对他的精神状态会有所帮助。

詹骞听从心理老师的建议，几乎每天都自己认真做放松练习，加入了一个自行车骑行团体，每日下班后都会有训练，有时周末还会有比赛。他的精神状态慢慢地有了改观，生活过得比较充实。

在一次城市骑行比赛中，詹骞刚骑完半程，觉得浑身乏力，气喘吁吁，在运动员服务站，他停下来喝水，感觉快要支持不住了，甚至产生了放弃的念头。身旁一位女性志愿者小 C，正在热情大方地为运动员递水递毛巾，看到他脸色苍白，赶快跑到他身边，关心地问道："你是不是哪里不舒服？"

詹骞回答："没事，有点喘不过气来。"

小 C 赶快拧开一瓶水递给他："先喝口水，缓一缓。"

说完又跑回服务站为他拿了一条毛巾，让他擦擦汗。一会儿，詹骞感觉好多了，对小 C 说："感觉好多了，谢谢你。"

小 C 露出美丽的笑容，说："不用谢。加油，你一定行。"

詹骞受到小 C 的鼓励，坚持继续骑行，汇入骑行的队伍中，最终完成了比赛。

那天晚上，詹骞浑身酸痛，辗转难眠睡不着觉，脑子里像放电影般闪现白天比赛的场景。尤其是小 C 的脸庞，亲切、可爱、善良，还有迷人的笑容。之后的几天，小 C 总出现在他的脑海中，上班时也经常因此而发呆，有去找小 C 的冲动。他意识到，虽然仅仅一面之缘，他已经喜欢上了小 C，可糟糕的是没有小 C 的联系方式。

思来想去，他向单位请了半天假，急匆匆赶去骑行比赛组委会打听小 C 的联系方式。他连比带画向工作人员描述小 C 的模样，工作人员听得一脸茫然，告诉他："不知道你想找的人是谁，况且，志愿者的信息都是保密的，不能告诉任何人。对不起。"

满怀希望的詹骞感到很失落。看着他傻站在那里，一脸的真诚，工作人员告诉他："我们下周末有一场比赛，志愿者很多，不知你要找的人会不会来，你可以来碰碰运气。"

詹骞心中又有了一线希望，连声道谢。

詹骞决定去比赛场找小 C。想到可能会见到小 C，想象着见到小 C 的情景，他就兴奋不已，上班也充满了活力。脸上时不时露出诡异表情，主动热情地和同事们打招呼。同事感觉他像变了个人似的。是不是碰上什么好事了？

这是詹骞度过的最漫长的一周，他急切地等待着周末的到来。

周末，詹骞特意打扮了一下，精心挑选了让自己显得年轻精神的衣服，一大早就到了赛场。比赛还未开始，有一些志愿者正在做准备工作。他满怀希望地问其中一位志愿者是否认识小 C，连说带比画地描述了小 C 的模样，那人说不认识，并说志愿者太多，分布在骑行线路上不同的服务点，恐怕不好找。

这难不倒詹骞，他决定一个一个服务点地去找。

比赛已经开始，骑行运动员的车流络绎不绝，志愿者们在紧张忙碌着。因志愿者统一着装，发型也差别不大，他看得眼花缭乱，或许是心情太迫切，几次错认了人。

詹骞焦急而又心存侥幸，看到远处一个女性志愿者正背对他忙碌。突然，他觉得这个背影非常熟悉，像极了那天跑去为他拿毛巾的小 C 的背影，心狂跳起来，激动地跑了过去。恍惚中，那女子转过身来，朝詹骞的方向瞻望，正是他一直寻找的小 C。詹骞一阵惊喜，他略显羞涩欲与她打招呼时，小 C 并未认出詹骞，拿着水和毛巾从詹骞身边走过，为运动员服务。

詹骞愣在那里有点不知所措，陷入矛盾纠结的状态。无数次设想过再次相见的情景，每天日思夜想的女人，甚至幻想着已经相识相知相爱的女人，居然不认识我！

听到有人喊："矿泉水来啦，快来抬。"

小 C 急匆匆从詹骞身边跑过去抬矿泉水。

詹骞赶紧过去帮忙，当他与小 C 一起抬矿泉水时，一股幸福感流遍全身。

小 C 笑着对詹骞说："谢谢你啊。"

看着小 C 迷人的笑容，詹骞鼓足勇气说："你还记得我吗？我在上周的比赛中身体不舒服，快要放弃时，是你安慰我并鼓励我继续比赛。我叫詹骞，想与你交个朋友。"

“哦。”小C似乎没认出了他，笑着对他说：“后面的运动员快过来啦，我先去忙。”

小C在比赛中忙前忙后，递水递毛巾，热情服务。

詹骞的眼睛一直没离开小C，她忙碌的身影，一颦一笑，詹骞都觉得那样的亲切，在梦中已见过无数次。他向旁边的另一志愿者打听，得知小C是某俱乐部的健身教练。

比赛结束后，詹骞主动帮小C收拾东西。小C惊奇地问：“咦，你还没走？”

詹骞说：“没呢，我就是在等你，你还没回答是否愿意和我交朋友。”

小C吃惊地看着他，诧异地说：“不好吧？”

詹骞已经没有了刚才的紧张感：“我今天是专门来找你的，一个一个服务点地找，终于在这里见到你。能不能留个联系方式？”

小C：“哦，我们志愿者碰到过太多的类似情况。无论是谁我们都会热情服务，这是我们的工作。如果都留联系方式，这也太突兀啦。”

詹骞：“自从上次见到你，就忘不掉你，一直有与你交朋友的想法。今天碰上了，说明运气不错。”

小C感受到了詹骞的执着，想了一会儿说：“既然如此，那就看看我们是否有缘。我们做个约定，如果能碰到三次，我们就交个朋友。”

詹骞：“说话算数？”

小C：“说话算数。”

那一夜，詹骞一直回想着小C与他说话时的表情，美丽动人。又是一个无眠夜。第二天，他到小C所在的俱乐部，找她办理了健身卡。他的出现，让小C感到意外。从此，他们成了朋友。

他们每日在健身房约会。周末，一起郊游，有时詹骞也会陪她去做志愿者。在交往过程中，詹骞了解到小C离异，独自抚养两个女儿，分别是十岁和七岁。小C方方面面吸引着他，詹骞深深地爱上小C，为她痴迷。然而，那两个女儿让他产生了顾虑，虽然两个女儿很可爱，但他心里依然有难以排解的情结。

纠结之中，詹骞找到咨询师。

詹骞："王老师，她什么都好，我太喜欢她啦，甚至有离不开她的感觉，可是她有两个女儿，我心里总有点过不去。"

王老师："能说说你的具体想法吗？"

詹骞："与小C交往，我们的脾气、性格、爱好都非常投缘，而且她的身材非常好，我是真的喜欢她。但是，对于她的两个女儿，我父母和我都多多少少觉得不是自己生的，有点遗憾。"

王老师："等一下，先不说这两个女儿。小C今年几岁啦？"

詹骞："哦，快四十岁了。"

王老师："她还能生孩子吗，或者说她还愿意生孩子吗，你是否征求过她的意见？"

詹骞一愣："哦，我没有从这方面想过。"

王老师："如果没想过，那么请认真考虑一下，你是否太自我，有没有点大男子主义？"

詹骞若有所思，然后说："王老师，您提醒得太对啦，我的前两次婚姻，她们都认为我太自我，不考虑她们的感受。"

王老师："你能有这种认识，愿意去反思，非常好。既然说到你的前两次婚姻，记得你们都没要孩子，是吧？"

詹骞："对呢，都没要孩子。"

王老师："你想要吗？"

詹骞："肯定想要，就是一直没怀上，这也是离婚的原因之一。"

王老师："按你的说法，你是想要孩子的，但两次婚姻都没有，是什么原因呢？"

詹骞有点不自然："您知道的，主要是我的原因。"

王老师："那就意味着，无论谁与你结婚，都可能不会有孩子，可以这样说吗？"

詹骞："应该是吧。"

王老师："你刚才说特别爱小 C，那么，你对她的爱会不会因为她生过孩子而打折扣呢？"

詹骞："王老师，我可以发誓，我是真爱她，不管怎么样，我都爱。"

王老师："假如她不能为你生孩子，还爱吗？"

詹骞不假思索："爱。"

王老师："离过婚，爱不爱？"

詹骞："爱。"

王老师："有两个可爱的女儿，爱不爱？"

詹骞："爱。"

王老师："那么，你还有什么问题呢？"

詹骞恍然间意识到了什么，几分惊讶，几分释然，看着王老师，没有说话。

王老师："因为你的具体情况，你自己可能不再会有孩子，现在突然有了两个女儿，又是那么的可爱。如果是我，我会觉得很幸运，有福气，视她们如己出，不仅不会郁闷，而是会高兴得合不拢嘴。"

詹骞有点自责地说："王老师，听您这么讲，我觉得我在钻牛角尖，是个榆木脑袋。"

王老师："非常好。现在想与你聊聊爱的问题，你能不能说说你是怎么理解爱的？"

詹骞："哦，我现在太有感觉啦，老想着她。白天、晚上，吃饭、睡觉都会想到她，在梦中也常常梦见她。"

王老师："还有吗？"

詹骞："还有另外一种感觉，就是怕别人把她抢走，想尽快与他结婚。"

王老师："你是否发现，你所有的表述都是关乎'我'，仅考虑你自己的感受，而没有涉及对方的感受？如果用你的说法来表达爱的话，那么爱就是一个自私的代名词，这或许是你前两次婚姻失败的主要原因。"

詹骞似乎觉得有点突然，有点疑惑："哦？爱情本来就是自私的嘛。"

王老师："一般来说，现代婚姻是在爱情基础上的婚姻，爱和爱情的本质是付出、理解、懂得、担当、责任等。在你结婚之前，希望你把爱与爱情，男人与女人，重新做一个认真的解读、理解，不要让'婚姻是爱情的坟墓'再次发生在你身上。婚姻是爱与爱情的伊甸园，让爱与爱情之花绽放。"

詹骞："王老师您说得太好了，我会认真思考的。"

詹骞摆脱了内心的纠结，从心底里接受了小 C 的两个女儿，关心和爱护她们，彼此相处很融洽。恋爱一段时间后，他们决定结婚了。詹骞常常在人前炫耀他有两个可爱的女儿。

（四）爱情是婚姻的基础

结婚前，詹骞又来咨询说："王老师，我们交往不错，准备步入婚姻了。"

王老师："恭喜你们。准备什么时候举行婚礼？"

詹骞："还没最后定，但在年内就会办。"

王老师："今天来，有什么事？"

詹骞有点吞吞吐吐，好像在考虑如何表达："没打算结婚前，一切都正常，高高兴兴的。但决定结婚后，我又有些恐惧。王老师，您知道，我前两次婚姻都失败了，我担心与小 C 结婚后会不会也产生矛盾，会不会又离婚。我实在是太爱她了，不希望我们的婚姻出问题。"

王老师："你的恐惧，是恐惧结婚后日子过不好，还是恐惧婚姻本身？"

詹骞想了一下说："可能两方面都有，主要是后者。"

王老师："王老师想请你具体地说说。"

詹骞："唉，我这是第三次结婚了，她也是第二次结婚，还带着两个孩子，所以我不想举行婚礼。但是，她觉得她带俩孩子嫁给我，需要一个仪式来证明我真的爱她、接纳她和两个孩子。所以，她坚持要办婚礼。我都接受她的两个孩子了，不知道她为什么还用这种方式来考验我。"

王老师："哦，你认为呢？"

詹骞："王老师，主要问题是，虽然我真心地接受俩孩子，但要举行婚礼，怕让亲戚朋友看到了不好意思，怕我父母难受，也怕我父母不来参加婚礼。我妈本来就反对我与她结婚。"

王老师："社会在进步，人们的观念也在改变，亲戚朋友看到你们的情况，无论怎么想都很正常。要是在意别人的想法你会很累。也变相说明她的担心是有道理的。倒是你父母的态度，你与小 C 准备怎么处理？"

詹骞："她说，如果我父母不来参加婚礼，得不到他们的祝福，那就暂时不要结婚了，等以后再说。"

王老师："你的想法呢？"

詹骞："我还是想尽快结婚。"

王老师："婆媳关系从来都很复杂、不容易妥当处理，更何况你们这样的特殊情况。小 C 带来两个女儿，处理起来会更困难些。这需要你有处理技巧与担当。如果你恐婚的主要原因是婆媳关系，在我看来，你首先要做好你母亲的工作，在这个方面，你不能过多地指望你的未婚妻，最好暂时不要让她与你母亲过多接触，接触越多，发生冲突的概率就越大。原则上，你们俩应该达成共识，谁家的问题就要多听谁的意见，并由谁出面去解决。听你的描述，你们俩要举行婚礼，对方的家庭并没有太大的阻力，问题主要在你家这边。我现在想问你，在你父母这里你能做些什么？"

詹骞："我不知道啊，所以才来找您。"

王老师："你是你父母的儿子，应该最了解他们，如果什么都不知道，可能就是你的问题了。"

詹骞："其实是他们不了解我。"

王老师："哦，既然这样，你父母对小 C 的印象如何？"

詹骞："刚开始时非常好，可知道她有俩孩子后，态度就变了，对她不太热情。"

王老师："你开始时也不喜欢那俩孩子，现在为什么接受了呢？"

詹骞："是的，开始时有点接受不了，后来发现我太爱她了，加上两个孩子非常可爱，才改变了以前愚昧的想法。”

王老师：“假如你没与带两孩子的小 C 恋爱结婚，而是与另一个女人结婚，你还会要孩子吗?”

詹骞：“我不会要。如果不是遇到小 C 这个人，我可能连婚都不会结。”

王老师：“很好，希望你能够这样真诚、坦率、清晰地与你父母交流，将你的感受与想法告诉他们。在家庭关系的交流中，简单坦率的方法往往是最有效的，不真诚、拐弯抹角、相互猜忌的交流方式只会带来更多的家庭矛盾和误解。”

詹骞：“看来我不能再逃避了。”

王老师：“你母亲是否知道，如果没遇到小 C，你可能不会再结婚。即便是结婚了，由于你原因，也不会再有孩子?”

詹骞：“王老师，这个事情怎么可能对她讲。”

王老师：“这就是你不懂事了，你不告诉你父母你的真实情况，就会让他们对你抱有希望。你这样做，对他们是不是太残忍啦?”

詹骞为难地说：“我早就想对他们说了，碍于面子一直开不了口，不知怎么说。”

王老师：“还是要找适当的机会对他们说清楚。同时，在日常生活当中，要多找机会带俩孩子与你的父母互动，让他们也能感受到两个孩子的可爱以及家庭的亲情与活力。把这两步做好以后，再考虑寻求你父母对你们婚姻的支持、理解和关爱。”

詹骞：“好的，我试试看。”

王老师：“从今天以后，你在你父母与你女朋友小 C 之间，你要做好双面胶和过滤膜的作用，让爱和善意在双方中间流动起来。不能做‘传话筒’，说话要有艺术，尽量正向表达，多说她们各自的好。”

詹骞：“其实我妈更喜欢女儿，只是面子上她一下接受不了。”

王老师：“是的，老一辈的人对传统的面子观念和传宗接代的观念看得很重，这就需要你和你媳妇更细腻和体贴地关心他们，培养两个女儿有礼貌，尊重他们，常陪陪他们，这会让两位老人感受到家庭温暖、享受到天伦之乐。只要你们做好了，相信你的父母会理解、接纳你们的。”

詹骞：“哦，好的，我们努力去做。”

王老师：“对你来说，在家要做好丈夫、儿子、爸爸这三个角色。这对你是一种考验，也是一种成长。回去以后，最好能把这几个角色的功能与特质做认真的思考，并写出来，在新的婚姻生活中发挥出来。这是王老师给你的作业，也是你要用心和行动去体验的生活。”

詹骞又做了多次有关夫妻生活和婚姻家庭的咨询，听取王老师的建议，进行了有关改善其男性功能的中西医结合的治疗，取得了明显的效果。詹骞重新树立了男人的自信。

> 男性性功能障碍，是男性最原始的、最深层次的自卑的原因。本质来说，男性最大的自卑，就是性无能的自卑。男性的原始焦虑，以及情绪的失控多与性和性无能有关。

半年以后，詹骞邀请王老师，声音中充满了喜庆：“王老师，我们定于下星期举办婚礼，我们真诚地邀请您参加。”

王老师：“太好了，恭喜你们。但是，由于我们职业的规定，我们之间不能有双重关系，所以婚礼就不参加了，祝你们婚姻幸福。”

詹骞：“王老师，非常谢谢您，我们能够顺利结婚，离不开您的帮助。我们正是按照您的建议去做，结果我妈不仅同意我们结婚，而且还很喜欢两个女儿。在家里经常说，我这个傻儿子从哪里修来的好福气，白得了两个宝贝女儿。她也常对外人炫耀，这是我可爱的孙女。我们夫妻俩再次谢谢您。”

王老师：“太好啦，再次祝福你们。”

策略与技巧

1. 来访者具有大男子主义和自卑的双重性格，回避恋爱是自卑的表现，怕受伤害。与人交往所表现出来的强势，其本质是以虚假的自尊来掩盖自卑，其实是一种个人的面子观念。在类似的咨询中，咨询师要适时调整咨询策略和目标，让来访者保持他需要的面子，是咨询得以顺利进行的前提。

2. 表面上，来访者两次离婚都与婆媳关系有关，实际上是忽略了家庭关系的核心——夫妻关系。他们在生活、工作、人际关系上未达成共识，各自只顾自己的感受和生活习惯，未能很好地维护他们自己的夫妻关系。在现实中的表面现象是婆媳关系处理不当。

3. 涉及性功能障碍的个人，应避免讳疾忌医，最好是早检查、早治疗、早咨询。正视自我，寻求治疗与帮助的过程，也是建立自信的过程。

4. 原生家庭的夫妻关系，也就是双方父母的夫妻关系，与新生家庭的夫妻关系，即便是在物理空间的同一屋檐下，生活中也要保持适度的边界和边界感，相互不要有过多的干涉。有的原生家庭与新生家庭虽然不在同一物理空间，但在生育、教育等问题上，新生家庭主动或被动地缺乏自主性，客观上造成边界感缺失。

5. 在亲密关系中，受伤的人一般会自己找到台阶和疗伤的方式，当事人和咨询师很容易犯的错误是去拆除其理由和台阶。要强调的是，理由和台阶很重要，是他们走出心理阴影的过渡方式，如果台阶和理由被不恰当地拆除，可能会对他们产生新的伤害。

6. 来访者的第三次婚姻能够顺利并成功的主要原因，是通过总结前两次婚姻失败的教训，在咨询师的帮助下，能够正视自我及其存在的问题，坦然地接受自我的不足，主动寻求专业的帮助。

7. 在本案例中，表面上看是以改善夫妻关系，改善性关系，改善家庭关系为咨询日标，实质是通过婚姻情感咨询正视自我、接纳自我。一旦正视和接纳了自我，其他关系便得到了改善。

案例十二 爱的负担
——家庭关系双重关系错位

> 功能失调的家庭很少有健康的边界；功能失调的家庭很难知道自己在哪里停止，别人在哪里开始。
>
> ——大卫·厄尔

案例背景

漂亮的小矜喜欢上了小顾，老实憨厚的小顾是技术工人，对漂亮又有点娇气的小矜百依百顺，他们陷入热恋之中。然而，小矜的母亲反对他俩交往，因她看不起小顾的工作，觉得自己漂亮的女儿找这样的男人吃亏了。但小矜不顾母亲的反对，坚持与小顾恋爱。五年后，他们结婚了。

结婚后，两人在外租房筑起了自己的小窝，过着甜蜜温馨的夫妻生活。小顾非常体贴照顾小矜，虽然他的工作很辛苦，但他承担了家里几乎所有的家务。看着小顾忙前忙后的身影，小矜脸上透着幸福和笑容。

每到周末，小顾的妈妈就会主动来照顾夫妻俩，给他们洗衣做饭，并常常擅自做主安排家里的一切。小顾妈妈心疼儿子，看他工作辛苦还要给媳妇做饭，想来帮他，好像只有守着儿子，才会感到安心。小顾妈妈每个周末按时准点来，慢慢地夫妻俩感到不自在，周末的自由时间被扰乱，两人的私密空间被干扰，甚至感觉有被监视的感觉，本来可以放松的周末反而过得更累。于是，小顾劝妈妈以后不用来帮忙了，那些家务事他们自己都能做，并且也不想妈妈太辛苦。妈妈说你媳妇又懒又馋，我怕你吃亏，我不帮你谁帮你。小顾说："不管怎么说，我自己愿意。"看着小顾坚决的态度，母亲很不情愿地减少了休息日来儿子家帮忙的频次，两个年轻人的生活逐步恢复到他们自己适应的状态。

两年后，小矜怀孕了，这个喜讯让双方的家庭高兴万分，双方的父母都想好好照顾小矜，争着来做饭。为了减轻儿子照顾小矜的负担，小顾的母亲每天来给他们做饭，让劳累一天的儿子下班回家就可以吃到饭，后来母亲干脆搬到小家庭中和两个年轻人住在一起。小矜的母亲也惦记着怀有身孕的女儿，周末也来为他们做饭，两个母亲观念有差别，经常为做饭的事发生争执，小两口还得费神当和事佬平息争执。

孩子满周岁后，小矜休完产假回单位上班，孩子留在家里由小顾妈妈照看，但小矜的妈妈抱怨小顾的妈妈不会带小孩，没把孩子照顾好。两个母亲为照看小孩又产生冲突，小顾夹在中间三边讨好，压力逐渐增大，身心俱疲，于是前来咨询。

（一）第一次咨询

小顾来到咨询室，说："王老师，听别人介绍你是婚姻家庭咨询的专家，我遇到了一些困惑，想和您聊一聊。"

王老师："可以，欢迎你。你以前做过咨询吗?"

小顾："没有，上学的时候喜欢过心理学，曾经想要学，但是我们以工科为主，没有学。"

王老师："那么，在正式咨询开始之前我要向你介绍相关原则。"

王老师向小顾详细介绍了咨询的五大原则，然后说："现在请你介绍一下你的情况。"

小顾："我最近特别烦，在家里无论我怎么做，所有的人都不满意。我压力很大，现在后悔要孩子了。"

王老师："请你具体说一下。在心理咨询中，你介绍得越具体，我们的咨询就越有针对性。"

小顾："我们的孩子现在一岁零三个月，每天晚上睡觉时都会又哭又闹，为了不影响我老婆第二天上班，所以晚上都是我起来给孩子换尿布、喂奶。晚上休息不好，我第二天上班的状态也就不好，无精打采常常打瞌睡，主管发现后当着同事批评我，让我下不来台。下班回到家后，岳母又总抱怨我没本事，不会做家务，没有照顾好小矜。而我母亲很心疼我，看不惯我老婆，说她太懒，家里的家务全是我在做，为这事我妈和岳母发生了冲突。岳母私底下常常和我老婆说，就是因为她不听劝，嫁给没本事的男人，生活才会那么糟糕。似乎我妈、我老婆和我岳母都感到很委屈，我夹在中间无所适从，唉，我的生活就是一团糟。"

他表情灰暗、全身透出一副疲惫相："没想到结婚会这么累、会有这么多麻烦。"

王老师："听了你的叙述，我都感到了不容易。王老师总体的感觉是，两个妈妈对你们这个小家庭的婚姻生活干预过多，缺乏边界意识。"

小顾："确实如此，在有小孩之前，我就有深刻的体会，她们对我们干预太多。但是没办法，现在有了孩子，我们又希望她们来帮忙。"

王老师："按照你的说法，你们既需要两个妈妈来帮你们带孩子，又不希望妈妈们过多地干涉你们的生活。是这样吗？"

小顾无奈地说："是的。"

王老师："那你有什么具体的打算或规划吗？"

小顾："没有。这就是我痛苦的原因，烦她们，可又离不开她们，不知道该怎么办。"

王老师："你和你爱人有没有讨论过怎么去平衡或解决这个问题？"

小顾："我曾经想和她讨论，但只要一开口，她就情绪激动地骂我没有本事，喋喋不休地抱怨我及这个家没让她过上好日子，我也就不敢再说，尽量去做好我能做的事情。"

王老师："你即使有三头六臂，你再怎么努力，做这么多事情也会很辛苦很累，同时还会有一种出力不讨好的感觉。是这样吗？"

小顾："王老师，您说得太对了，就是这种感觉。"

王老师："你现在的状况，涉及很多的因素，需要全家人共同来商量解决。但今天只是你一个人来做咨询，我们只能对你的心理和现状进行分析，制定一些切实可行的方案和规划，希望通过你可以接受的调整来带动整个家庭的调整或改变。"

小顾神情黯淡地说："我已经不知道我还能做什么了，我对这个家庭的付出已经超出了我的极限了。"

王老师："根据你刚才的叙述，我能不能理解为你很享受你母亲对你的小家庭的帮助，甚至干预？"

小顾："是的，我妈能帮我，我当然很享受。"

王老师："你在享受你母亲的各种帮助的时候，你爱人也有同样的感受吗？"

小顾："她是希望她妈来帮她。"

王老师："这就是问题所在。你和你爱人并没有达成共识，各自都享受自己母亲的帮助，而埋怨对方的母亲。双方的母亲又互相抱怨，这将你们带入了一个恶性循环当中，你不累才怪呢。"

小顾："那我该怎么做？"

王老师："你知道家庭关系的核心是什么吗？"

小顾："责任、情感？"

王老师："说得非常好，这有明确的界定，家庭关系的核心是夫妻关系，在你和爱人组成新的家庭之前，你父母的夫妻关系就是你们整个家庭的核心。现在你们已经组成了新的家庭，那么你们的夫妻关系就成为你们小家庭的核心。因此，你做任何决定，都需要和你的妻子共同商量，达成一定程度的共识。你发现没有，在你刚才的介绍中，你想做的事或决定并没有征求过妻子的意见，可以看出，你们俩各自以自我为中心，没有形成本来应该达到的统一整体，因此，你们双方的母亲才有机会影响到你们的生活。"

小顾："我妈本来就是来帮助我们的，如果和老婆商量达成共识，我会觉得是我们在同一战线对付我妈，更何况我们的现实状况也需要她的帮助。"

工老师：“你说的我能理解，这种现象在现实生活中比较普遍，许许多多的家庭与你们的情况差不多。但是，刚才介绍了夫妻关系是家庭关系的核心，那么你与你妻子的关系就是你这个小家庭的核心，所以你首先要做的是和妻子达成共识，制定一个你们小两口和两位母亲都能接受的方案，大家按照制定的方案来实施。这个方案中应该明确，哪些是你和你爱人能做到的，哪些是需要妈妈帮助的，每周的哪几天由哪一位妈妈来帮你们。不要让两个妈妈同时来帮忙，不仅没必要，还容易产生矛盾。”

小顾：“您说得太对了，两位妈妈确实不能在一起，她们在一起就不得安宁。”

王老师：“这个方案要包括以下内容：你和你爱人要尽量详细地把每天要做的事情列出来，刨除你们俩能完成的事情，哪些是需要妈妈帮助完成的；制定一个两位母亲来帮助你们的周期，是按周、按月或者按季度来调换，你们要共同商量出一个方案来，要明确写出来。”

小顾：“我们怕是要按周调换，不然两边都不愿意。”

王老师：“听下来都是妈妈来帮助你们，爸爸并没有参与，周末你们有时间自己做家务，能不能在周末的时候让妈妈回家休息一下？”

小顾：“嗯，我大概明白了，我回去跟她们商量，看看能不能做通大家的工作。”

王老师：“这可是个系统工程，请你回去完成，你要记住不要丢了夫妻关系这个核心。另外，首先要和你妻子达成共识，然后再征求大家的意见。”

（二）第二次咨询

小顾一脸愁容，说：“王老师，我和我爱人商量了，可她总袒护她妈，事事都和她妈串通一气，抱怨我妈带小孩没有她们带得好，扯了半天扯不清楚。好在我们最后达成了共识，两个母亲轮流来，一个星期换一次，周末让她们休息。虽然两个母亲不太愿意，但还是接受了我们的安排。”

王老师：“很好啊，那你还有什么其他的具体问题吗？”

小顾："是不错，按现在的安排，她们两位见不到面，没有了争吵，家里清净了许多。但是，岳母来帮忙时，她还是对我百般挑剔，什么都看不惯。我在家里过得特别憋屈，有时候太想逃跑了。"

王老师："你妈妈来帮助你们的时候，你爱人有没有类似的感觉？"

小顾："也有，她也觉得很不舒服。我妈老抱怨她半夜不起来照顾孩子，把这些事情推给我。"

王老师："你们家庭关系不和谐的根源，是你和你爱人，还是你妈妈或你岳母，你是怎么认为的？"

小顾："我觉得一直都是两位妈妈在胡搅蛮缠。"

王老师："其实，有一部分原因还是在你们夫妻身上。在中国传统中，婆媳关系是一个千古难题，大多数人会把问题归结在对方身上。从现实状况和背景来说，婆媳矛盾产生的主要原因在于儿子，是儿子没有发挥他该有的功能和作用，在婆媳关系中，他既是儿子又是丈夫，在自己最爱的两个女人之间，他至少要发挥两个作用，一是过滤器，二是双面胶。所谓过滤器就是你不能做一个简单直接的传话筒，无论是妈妈说的话还是妻子说的话，你都要进行过滤，要有选择有技巧地传递给另一方，比如在妈妈那里说妻子如何说妈妈的好，在妻子那里说妈妈如何说妻子的好。在婆媳间传递对对方的正向表达，尽量减少或停止负面表达的传递。而双面胶功能，则是需要你成为她们沟通的桥梁，减少或化解母亲与妻子因为生活习惯和生活观念的差异导致的摩擦，像双面胶一样既要有隔离又要把她们双方黏合在一起。"

小顾："哦，我从来没想过，确实挺有道理。"

王老师："那么，你们小两口是否要考虑应该怎么与两个妈妈相处？"

小顾："请您接着讲。"

王老师："在家庭关系中，要减少新的家庭和原生家庭的矛盾，较好的方式是，谁家的事要以谁为主去处理，无论发生任何问题，如果是你们的小家庭和你爱人的原生家庭需要交流沟通，需要以你爱人的意见为主，并由她为主跟她的父母交流沟通；如果是需要与你的原生家庭交流沟通，那么要以你的意见为主，并由你为主来和你的父母交流沟通。因为你们各自已经适应你们的原生家庭长期以来形成的互动模式，所以通过这样的方式去交流沟通，可以把矛盾和冲突，甚至是伤害降到最低。把女婿当儿子，把儿媳当女儿的说法仅是一种高情商的表达而已，在现实生活中，要处理好婆媳关系和家庭关系，还是需要技巧性和艺术性。”

小顾沉默了许久。

小顾：“听着倒是很有道理，但是回到现实里就非常地无奈，我们家目前的相处模式已经乱作一团，互相埋怨，又都不愿意让步，我在这个家已经没有话语权了，一个男人和三个女人生活，不管我说什么，总有人说我的不是，我现在已经害怕回家啦。”

王老师：“在现实生活中，像你这种情况的男人似乎还不少，王老师的建议是多做少说，把我们刚才交流的儿子和丈夫这两个角色尽量做好。你先这样去做，之后我们再根据情况来做调整，可以吗?”

小顾：“可以的，和您交流受益匪浅。我希望我妈能一起来找您咨询，让她知道我和妻子的感受。”

王老师；“可以的，但这要看你母亲的意愿，前提是她自己愿意来咨询。”

小顾的愿望没有实现，她的母亲马女士一直不愿意来咨询，他只好继续自己的个体咨询，同时努力在家庭中做自己该做的努力和改变。

时间过得很快，他们的孩子已到上幼儿园的年龄。有一天，小顾带着憔悴的母亲来到了咨询室，希望王老师为她咨询。原来，小顾的妻子上周表示再也受不了婆婆一直以来对他们生活的过多干预，如果这样的情况继续下去，她就要离婚并带走孩子。面对儿媳的强烈反应，婆婆选择了退让，她也觉得孙子长大了，上幼儿园后家务事就会少很多，不需要太多的帮忙了，他们夫妻的生活也可以有序进行，于是同意儿媳的要求搬回了自己的家。

回归自己家庭的马女士，却非常意外也非常吃惊地发现丈夫有了出轨的迹象，她愤怒、生气，更觉委屈，天天和老公争吵：“我为了儿子、孙子，为这个家做了那么多贡献，我辛辛苦苦伺候你们，你却在外面找别的女人，你还有良心吗？”

丈夫不管她怎么说，都不吭声。

在小顾的劝说下，马女士来到了咨询室。

马女士：“王老师，我都不好意思说，我为这个家付出那么多，没想到他爹会在外面做出对不起我的丑事来。”

王老师：“你能来咨询非常好，王老师首先要向你介绍一下咨询原则。”

王老师向小顾及马女士介绍了心理咨询相关原则，并安排马女士先进行单独咨询。

王老师：“你辛辛苦苦地为整个家庭付出了那么多，一心为整个家庭好，现在发生这种事情，你的难过和痛苦是可以理解的。任何有家庭的男性，做出这种事情，都是需要被批判的。”

马女士：“王老师，您说得太对了，他就是那种极端不负责任、自私自利的人，总是抱怨我只顾儿子他们的事，对他关心少。没想到他这个老色鬼居然在我带孙子的时候做出对不起我的事来。”

王老师：“导致男人出轨的原因多种多样，可能不仅仅是社会上很多人说的好色，你下一步有什么想法和打算？”

马女士：“我也不知道。他是一个很闷的人，我现在跟他说什么，即便是骂他，他都不吭声，不正面回答我，所以我才痛苦。”

王老师：“我能不能这样理解，自从儿子结婚以后，你就把你的主要精力放在了儿子的家庭当中，特别是有了孙子以后，几乎全身心地关注儿子的家庭和孙子的养育，因此忽略了你们自己的家庭，忽略了与你丈夫的沟通交流。”

马女士：“大多数的家庭都是这样嘛，这也不是他出轨的理由啊。”

王老师：“这肯定不是他出轨的理由，我们现在需要做的是看看我们能做些什么调整，如何让您的爱人回归家庭。”

马女士：“他回不回归我不在乎，大不了我去和儿子过。”

王老师：“现在王老师请你思考一下，如果你的家庭散了，你和儿子过对儿子的家庭会不会有影响？”

马女士：“哦，您这么一说，倒是提醒我啦，儿媳妇还有亲家也是太难相处了，和他们也过不在一起。”

王老师：“这就是我们今天要讨论的重点，无论是你自己的家庭，还是儿子儿媳妇的家庭，你应该怎么做才能让他们感受到你的付出，才能得到大家认可。”

马女士：“唉！我发现我做得越多，问题越多，被指责的也越多。”

王老师：“在一个家庭中，夫妻关系才是家庭关系的核心，但是在长期的婚姻家庭咨询中，我们看到许许多多家庭的问题主要来源于家庭关系中的边界和边界感的缺失。这两个问题是需要我们共同来做调整的，这对你自己的家庭和孩子的家庭都非常重要。”

马女士：“您现在说的这些对我来说意义不大，我真正痛苦的是，之前我老公对我唯命是从，唯唯诺诺，现在做了对不起我的事又不敢承认。”

王老师：“你觉得他承认或者不承认对你很重要吗？在我看来，目前最重要的是，你是否想挽回你的家庭，或者想做出其他的决定，你得问问你内心的真实想法。”

马女士犹犹豫豫地说：“其实我老公之前特别怕我，对我百依百顺，人也挺老实，家里的事基本上是我说了算。”

王老师：“现在请你思考一下，你说的怕你和爱你有什么区别吗？”

马女士：“我年轻的时候有很多人追求我，最后我答应和他结婚就是看中他老实，没想到他居然做出这种对不起我的事来……”

马女士忍不住掩面抽泣。

王老师：“这可能在你们的关系中，一开始你就忽略了他对你的爱的表现，也忽略了他的感受，把他对你的爱当作了你的一种优越感，所以你才会说他是怕你。”

马女士：“也许是吧。”

王老师：“当你把关注重点放在孩子的婚姻上时，就更加忽略了你先生的感受。”

马女士：“唉，我确实不太在意他和他的感受。”

王老师：“建议你现在暂时不要做任何决定，回家学习了解一下非爱行为。你还需要认真地思考一下，你是否能够原谅你的丈夫，如果你愿意原谅他的话，你自己该做些什么调整？”

人格冲突理论：这一理论认为，夫妻之间的非爱行为可能源于人格特质的冲突。每个人都有自己独特的人格特质和行为方式，当夫妻的人格特质存在冲突时，可能会产生摩擦和非爱行为。

马女士：“现在不管我怎么和他理论、发火，他都不表态，闷声不出气，关键是我也不知道他到底是怎么想的。”

王老师：“在我们的咨询中，有不少类似你们情况的案例，婚姻中的男人发生了出轨的情况，不等于他就想要离婚，所以你先不要着急做决定，等你和你老公冷静以后，了解清楚了他的真实想法，再来做决定。”

马女士：“可是我现在和他没法沟通，他不愿意和我交流。”

王老师：“一般来说，不说话，不表明态度，是一种知错认错的表现，也就是说，在这种情况下，在你面前不管说什么都可能是一种争辩，所以他选择了沉默。因此，现在不是让他表示什么，而是需要你们双方都冷静下来，然后再慢慢沟通。如果有可能的话，建议你和你先生一起来做一个家庭咨询。”

马女士：“我不想跟他说，让他儿子和他商量吧！”

王老师：“可以的，我们请你儿子进来一起交流。”

小顾进到咨询室。

王老师：“刚才和你母亲做了咨询沟通，她现在接受不了你父亲不理睬的态度，希望你回去征求一下你父亲的意见，问他能不能下次一起来做一个家庭咨询，他单独咨询也可以。”

小顾：“好，我回去和他商量。”

王老师："另外，你母亲现在处于一种焦虑和愤怒的情绪当中，你要多关心妈妈的情况。"

小顾："这个我会做的。"

（三）第三次咨询

小顾和父母一起来到咨询室，小顾的父亲老顾在妻子和儿子的面前显得很卑微，低着头，小心翼翼地跟在他们后面。

王老师："妈妈和小顾对咨询的原则和设置都已经了解了，今天你们一家三口来做家庭关系咨询，在正式开始之前，我还是要向爸爸介绍一下咨询的相关原则。"

王老师详细介绍了咨询原则，针对老顾的特殊情况，重点介绍了保密原则："在保密原则中，咨询师会根据咨询的具体情况，可能会分开单独咨询，也可能是一起咨询，咨询过程中可能会涉及某人的内心状态或隐私，咨询师有义务进行保密。如果需要告知其他家庭成员，咨询师会征得本人同意，或者由本人告知其他成员。"

老顾："我既然同意来了，就没打算瞒我老婆，你们大可放心。"

王老师："之前的咨询中已经和你的爱人、儿子有过一些交流，现在先请小顾和妈妈谈一下前几次咨询的感受，还有你们的作业完成情况。"

马女士抢着说："在家不管我怎么问他，他都不哼不哈，结婚几十年，现在有一种很无奈的感觉，不管怎么说，我都希望他把事情说清楚。"

王老师："上次请你回去学习的夫妻间的非爱行为，你看了有什么感受呢？"

马女士："我看了，我的做法有些越界，但也不是他出轨的理由嘛，我都是为了这个家好，为儿子好，为孙子好。"

王老师："你这么说，说明你是认真地学习了，而且也做了反思，我们现在请小顾说一下他对家庭核心的理解。"

小顾："我真实地体会到了夫妻关系是家庭关系的核心对我们很重要。我们结婚以后，妈妈什么都要来支配和干涉，我们觉得很烦。有了小孩以后，由于有实际困难，又特别希望妈妈来帮我们，这无形中影响了爸爸妈妈的夫妻关系。而妈妈的过度干涉和强势，又给我们自己的夫妻关系带来了困惑。和王老师交流了几次以后，我意识到我们的小家庭还得以我们夫妻俩为主，我最烦的是我妈要干涉，她妈也要干涉，整个家庭都不得安宁。自从听了王老师的建议，对家庭事务的安排和沟通模式重新做了规划和调整，家庭关系变得和谐稳定多了。如果只是我一个人做改变，会很累而且效果不是很好，所以我希望我妻子、她的家人和我的家人都一起来做调整，这样效果也许会好很多。万万没想到的是我的父母又出了问题，我很希望爸妈能和好。"

王老师："你有求助意识，并及时做出了调整，实属不易。现在我们来听听爸爸的感受或想法。"

老顾："他们小夫妻才结婚，他们有自己的生活，但他妈总是找各种借口去干涉和支配他们小两口的生活，我就很看不惯，表面上是帮他们，实际上是不放心自己的儿子。我跟她说过无数次，年轻人有年轻人的生活，他们既然结婚了，是一家人了，就不应该顾虑谁吃亏谁占便宜的事。儿子既然找了一个矫情、漂亮的媳妇，他多做一点家务也是正常的嘛，只要他们过得开心就行。他妈妈总是担心儿子受气、受累，以帮忙的名义和他们生活在一起，实际上是怕儿子吃亏。儿子、儿媳、亲家都嫌她烦，她还自以为是。"

马女士情绪激动插话："明明是你的不是，却反过来责怪我，你是什么意思?"

老顾："我是做得不对，所以我才一直不敢吭声，我知道不管我怎么说，你都会不依不饶，还不如不说。"

马女士："那你到底要怎么办嘛?"

王老师："我们先让父亲说完，听完他的想法后你再说。请父亲继续说。"

老顾叹了口气："我劝过她无数次，人家小两口爱怎么生活是他们自己的事，不要去干扰他们，可她非要去给人家做饭，生了孙子以后，买菜、做饭、带孙子的事都要管，更有理由守在儿子家里了，很少回家来，我像是不存在样。从儿了结婚到现在快五年了，我也是个男人，其实做出这种事情我还是很后悔的。”

> 未满足基本需求理论：夫妻之间的非爱行为可能源于某些基本需求的不满足。这些需求可能包括关注、支持、尊重、认同等。当夫妻中的一方感受到这些需求未得到满足时，可能会表现出消极行为，以表达他们的不满和需求。
>
> 根据“未满足需求模型”，问题行为是由终身习惯和个性、当前的身体和精神状态以及不理想的环境条件之间的不平衡相互作用造成的。

王老师：“我能不能这么理解，你还是想继续维系这个家庭的？”

老顾：“确实想。”

王老师：“你还想和马女士过下去，那么你做了什么努力，能不能具体说一下？”

老顾：“我已经和那个女人说清楚了，以后不再来往，我们都有各自的家庭，以后就各自过好自己的日子。可是我老婆就是不信，天天不依不饶，我下楼散步她怀疑我是去见那个女人，我不出门在家静静地待着，她又说我是在想那个女人。我不知道该怎么做她才满意。”

王老师：“你的想法我们都听清楚了，现在听一下你爱人的想法，好吗？”

马女士一肚子的怨气：“想到这事我就气不打一处来，当初如果不是觉得他老实，我才不会嫁给他。”

王老师：“他刚才表示已经和女方断绝了关系，你觉得他还需要做什么，你的气才能消减？”

马女士：“事情到了这一步，说什么、做什么都没有意义了。我现在也想通了，我也不想说什么。”

王老师：“上次咨询时请你考虑下一步的打算，现在你愿不愿意当着他们的面交流一下你的打算？”

马女士怨气依然未消：“我不想说。”

王老师：“明白。现在我们已经了解了儿子和老顾的想法，我想与母亲单独交流一下，请儿子和老顾先到休息室休息。”

老顾和小顾离开后，王老师问马女士：“我们能不能先交流一下你的打算？”

马女士：“其实我这把年纪了，我也不想离婚，按您布置的作业我认真学习了非爱行为，意识到我的确是忽略了他，对他关心不够，但是，现在最大的问题是我一下子接受不了他出轨这个事实，想起来就生气和委屈。”

王老师：“不管是谁遇到这种事情，一下子要接受都很困难，现在的情况是老顾能够主动断绝与对方的来往，处理好他们之间的关系，说明他还是很在乎你和这个家庭的，希望你能主动表达你的真实想法。至于你们夫妻间的交流模式，如果你能做一点点调整，不要那么咄咄逼人，效果可能会更好一些。从心理的角度来说，类似情况中犯错的一方被宽恕、被原谅，他会有一种释然、轻松的感觉，会更加珍惜失而复得的家庭。”

马女士：“那他的犯错成本是不是太低了。”

王老师：“你这种担心是多余的，如果他不迷途知返，还一错再错，那时你做分手的决定不就变得很容易了吗？从男性的角度来说，只要家庭功能得以实现，他们会更注重家庭。你回去思考一下家庭功能有些什么，用一张纸列写出来，作为这次咨询的作业，我们下次讨论。”

马女士：“好的。”

王老师：“我还需要和你先生单独聊几句，请你叫他进来好吗？”

老顾进到咨询室，急切地说：“王老师，我真不想离婚。”

王老师：“非常理解，从你刚才的表述已经能够感受到你的心情了。你爱人能够主动来咨询，说明她也有想改变和成长的意愿，她也在寻找她需要改进的部分，但这一切都不是你去做不该做的事的借口。”

老顾：“我知道自己做错了，很后悔，对不起她。”

王老师："与你单独交流，目的是希望你下次咨询时把你的歉意真诚地表达给她，最好能做一个有仪式感的道歉，仪式感能帮助化解心中的郁结，你回去思考一下怎么做。另外，再列写出你认为的家庭功能。"

咨询师小结

在咨询中，咨询师明显地感觉到马女士不愿意当着老公和儿子的面谈论她自己的想法，更不愿意承认自己也有问题，所以决定单独和马女士进行交流。

（四）第四次咨询

老顾和马女士一起来到咨询室。

王老师问小顾怎么没来。

马女士："儿子要管自己的小家，我们老两口的事情就不用他管了。"

老顾："对呢，我们的事不牵扯他了。今天我们俩开车一起来，想与您说说我们这一周的情况。我呢，天天买菜、做饭，哪儿都不去，可她还是不太愿意和我说话。"

王老师："上次分别给你们布置了同一个作业——家庭的主要功能有些什么，你们做得怎么样？"

老顾："我认为是责任、担当、赚钱养家。"

马女士："生儿育女、赡养老人、柴米油盐酱醋茶。"

王老师："很好，看来你们都认真思考了这个问题，王老师需要补充一下，家庭功能除了你们说的教育、赡养老人之外，还包括家庭是避风港、充电站、疗伤地，以及经济功能、性功能、爱与被爱的功能，等等。许多家庭缺乏了上述的某些功能，把家庭变成好坏对错、是非理论的战场。造成这种情况的原因很多，有原生家庭影响、成长、社会、环境的原因等，其本质是缺乏爱与被爱的能力。"

爱与被爱的能力，从男性和女性的角度来看，其内容和表现形式是不一样的，女性更需要被懂得、被呵护；男性更需要被理解、被崇拜。许许多多的家庭问题就源于性别角色的错位。

老顾："您说得太对了。"

马女士："我也认真思考了，我对儿子、儿媳妇的生活关注过多，给他们小两口带来了困惑，又忽略了对老公的关心，忽视了他的感受，最终事与愿违，两头不讨好。"

听了马女士的话，老顾有些激动，诚恳地说："老婆，主要是我的错，我不该做对不起你的事，我现在当着王老师的面向你正式道歉，对不起，老婆！以后绝对不会再发生这种事了，请你相信我。"

马女士没说话，但看得出，老顾的道歉多多少少打动了她，眼睛有些湿润。

王老师："你们各自能够从自己身上发现问题，非常好，是一个好的开端。今天关于家庭功能的讨论，你们回去后再进一步地思考与交流，希望你们能细化一下具体的功能和措施，并努力去实施。需要多说一句的是，家庭关系的核心是夫妻关系，家庭与家庭之间、家庭成员之间需要有边界和边界感，希望你们能够提高这方面的认识并有所感悟，这对你们自己的家庭和孩子们的家庭都会有很大的帮助。"

老顾看着妻子说："我们会认真对待的。"

王老师："妻子有什么要对先生说的吗？"

马女士："看他表现吧。"

王老师："那我们的咨询可以结束了，希望你们能保持在这次咨询中呈现出来的正向的沟通交流方式和自我反省的状态，将它们应用在你们日常的生活当中。在结束之前，王老师想问一下，你们有多长时间没有拥抱或者牵手了？能不能以牵手或拥抱的方式结束我们的咨询？"

老顾大方地搂着马女士说："对不起，老婆，我会好好表现的。"

马女士有点不自然，但没拒绝老顾的拥抱，然后牵着老顾的手一起离开了。

策略与技巧

1. 本案例的家庭忽略了家庭关系的核心是夫妻关系，原生家庭和新生家庭之间缺乏边界感，新生家庭中双方的母亲都把孩子的家庭作为重心，而忽略了自己家庭的夫妻关系。

2. 马女士对儿子的过度关注，给孩子的家庭带来了困惑，也给自己的夫妻关系带来了危机。

3. 咨询通过重新定位角色、调整家庭关系、引导家庭成员及时觉察到自己所需要改善和调整的部分，挽救了马女士和老顾的婚姻。

4. 在整个大家庭的困惑和问题当中，儿子的主动求助意识显得至关重要，而且还带动了其父母一起来寻求咨询和帮助。

5. 作为父母，在原生家庭帮助新生家庭的过程中，要考虑和顾及新生家庭的真实需要，不要把自己的固定模式强加给子女，特别是以爱的名义去达成父母的意愿和愿望，这本质上是一种非爱行为。

后记

阿德勒说："我们每个人终其一生都在追求归属感和价值感。"每个人的心理问题产生都源于这两个方面出了问题，归属感源于爱，价值感源于社会成就，所有的心理问题都是对合作中缺陷的理解出现了某些偏差，如果一个人跟家人、社会合作没有缺陷的话，这个人的心理就很健康。在现实的生活和真实的咨询案例中，很多人的心理问题源于家人之间的合作出了问题。从婚姻家庭来说，爱情和激情的存续和延续需要情侣、夫妻、爱人和亲人之间保持亲密的合作方式，这不仅能让家庭关系融洽，也可以让婚姻生活成为相互的情感支持和依存。

根据个体心理学的研究，人的心理问题一般会在三个方面表现出来，一是婚姻家庭，二是工作职业，三是社区生活（人际交往）。无论心理问题从哪一方面体现出来，都跟人的发展与成长有关，特别是人从出生到独立走向社会，需要漫长的家庭教育与培养，家庭对孩子的发展就起到了至关重要的作用。我们不能否认，在人的成长和发展过程当中，会遇到各式各样的问题和困难以及突发事件，对人产生生理、心理的影响，但是人们应对这些影响和问题的模式和方式，其实早就已经在家庭关系的互动模式中习得或养成。就像书中说到的，很多孩子的问题的形成在家庭和成长过程，问题的暴露和表现在学校或社会。

本书兼容了专业性、可读性、指导性以及可操作性，既适合专业的老师、心理咨询师、社会工作者阅读学习，也适合家长、学生以及在恋爱、婚姻、家庭等方面有困惑的朋友学习和阅读。正如您所看到的，本书首次尝试把恋爱、婚姻、家庭及家庭各种属性功能的相关理论和重点做了集中整合及分类。除此之外，对相关的内容概念如家庭角色、家庭关系、爱、爱情、家庭功能、亲子沟通以及家庭咨询的策略与技巧等还做了详细的解读和解释。让读者能够系统地了解、学习到相关的理论和知识并加以运用。

在“婚姻家庭的咨询策略”一章中，我们详细地解释了家庭咨询和个体咨询的区别，以及目标和咨询策略的不同，给心理咨询师、心理学研究者等专业人士提供了示范、借鉴以及应用的参考和启发。

家庭咨询对咨询师的要求更高，如觉察力、洞察力、控场能力以及对各种专业知识的掌握、技能的应用。

在本书的理论部分，根据我们长期的咨询实践和经验的积累结合传统文化、先哲思想，如老子、庄子、孔子等以及中国哲学的不同流派，我们首次提出了一些全新的概念，比如“洞穴情结”“心理对镜技术”等。这些概念受到中国古老的文化传承的启发，比如说原始人的进化与生存环境、图腾，古代先哲的禅修、冥想，出世入世的身心灵与自然、社会的沟通交流。传统文化与现代心理学可以有很多方面的结合与运用，我们在这方面做了有益的尝试，相信中国的心理学和心理咨询的学者、研究者、应用者在这些方面将大有可为，为心理学的发展，为人类的进步和发展可以做出中国人特有的贡献。

助人助己，彼此成就，传递人间温暖，照亮生命旅程。是我们创作“心理咨询案例与策略丛书”的初衷。

真诚地感谢各位读者朋友以及在撰写编辑本书过程中给予帮助的老师、编辑策划团队、同行和朋友。特别要感谢我的执笔团队老师们的辛勤付出。书中的不足和缺陷在所难免，希望各位读者朋友给予批评指正，提出宝贵的意见与建议，以便在后续的“心理咨询案例与策略丛书”中进一步改进完善。

感谢著名书法家杨上华先生为该丛书题字赠书！

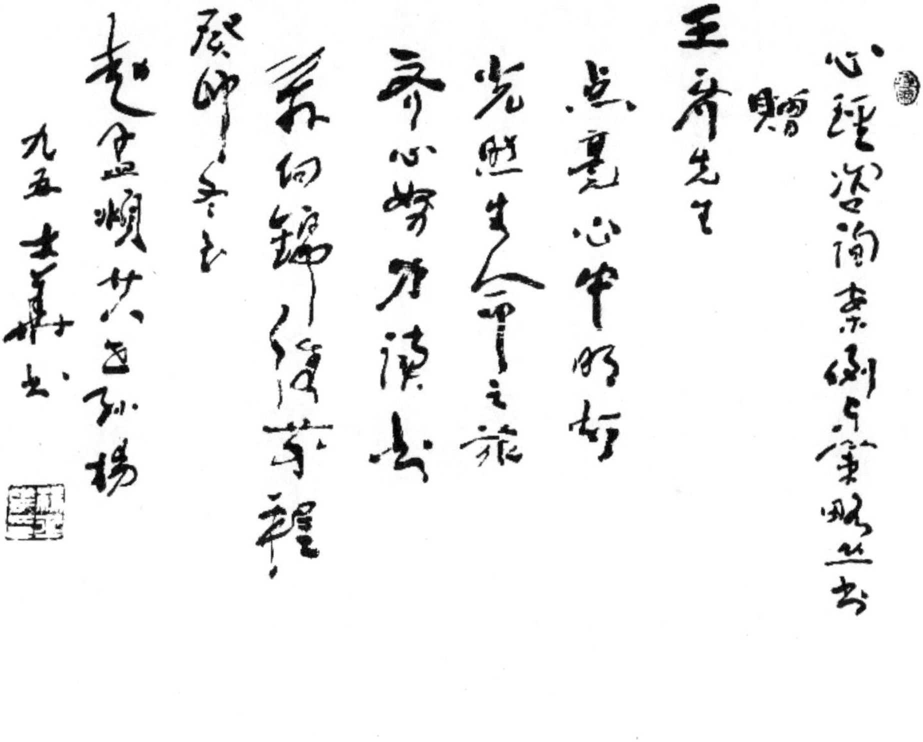